아파트 게임

아파트 게임

그들이 중산층이 될 수 있었던 이유

박해천 지음

Humanist

  1968년생 작가 박민규가 장편소설《삼미 슈퍼스타즈의 마지막
팬클럽》을 발표한 것은 2003년, 외환 위기가 휩쓸고 간 지 6년이
지난 시점이었다. 주인공의 친구는 1985년의 삼미 슈퍼스타즈가
모든 팀이 우승을 향해 매진하던 프로야구의 경쟁 구도에서 벗어
나 자신만의 독창적인 야구를 고안해냈다고 설파한다. 그에 따르
면 삼미 야구의 요체란 바로 "치기 힘든 공은 치지 않고 잡기 힘
든 공은 잡지 않는" 것이다. 친구의 이야기에 감화된 주인공은
남들만큼 살기 위해 발버둥치는 중산층의 고달픈 일상에서 벗어
나려 한다. 그의 탈출 방법은 삼미 야구만큼이나 단순명료하다.
구조조정의 한파가 몰아닥친 직장에 사표를 던진 다음, 주변 사
람들과 함께 사회인 야구단을 운영하며 더디고 느리게 살아가는
것이다.

  이 소설은 출간 당시 젊은 독자들 사이에서 큰 인기를 누렸다.
프로야구라는 렌즈를 통해 고도성장기 중산층의 삶을 응시하는
시선도 새로웠지만, 프로야구와 중산층의 발흥기인 1980년대로
되돌아가 삼미의 야구에서 '자발적인 낙오의 전략'을 발견해내려
는 시도 역시 참신했다. 게다가 이 소설의 인기를 드높인 데는 당

시 시대 분위기도 한몫 거들었다. 배경은 1998년이지만, 소설의 출간 시점은 '국민의 정부'가 IMF 구제금융체제를 벗어났다고 선언한 지 2년, 국가대표 팀이 한일월드컵의 '4강 신화'를 일궈낸 지 1년, 대통령 선거의 대역전극이 펼쳐진 지 7개월이 지난 시점이었다. 많은 사람이 묘한 자신감으로 흥분된 상태였고 이전과는 다른 삶이 가능하다고 믿고 있었다. 나 역시 마찬가지였다.

흥미로운 것은 이런 들뜬 분위기에도 프로야구만큼은 이제 본격화될 변화가 기대와는 전혀 다른 양상으로 펼쳐질 것임을 암시하고 있었다는 점이다. 82승 4무 47패의 1위 삼성 라이온즈와 66승 6무 61패의 4위 엘지 트윈스가 맞대결을 벌인 2002년 한국 시리즈가 특히 그랬다. 박민규 식으로 표현하자면 '재벌의 야구'와 '중산층의 야구'가 맞붙은 상황이었다. 김성근 감독이 이끄는 엘지의 주축 선수들은 국민소득 1만 달러 돌파를 눈앞에 둔 1994년에 '신바람 야구'라는 신조어를 탄생시키며 팀을 우승으로 이끈 주역들이었다. 그들은 이제 30대 초반의 나이로 다시 우승에 도전하고 있었다. 하지만 가을 야구만 열세 경기를 치른 4위 팀이 막강한 화력을 앞세운 1위 팀의 벽을 넘기란 쉽지 않았다. 6차전 9회말, 이승엽 선수와 마해영 선수는 외야 펜스 너머로 연달아 타구를 날렸고, 결국 우승 트로피는 삼성에 돌아갔다. 그런데 이 경기에서 내게 무엇보다 강렬한 인상을 안겨준 것은 동점 홈런을 허용한 직후 엘지 투수 이상훈의 모습이었다. '야생마'라는 별명으로 불리던 이 1971년생 투수는 자신을 완전히 소진해버린 사람의 표정을 짓고 있었다.

돌이켜보건대, '각본 없는 드라마'를 연출한 이 6차전 경기는 한 시대의 종언을 고하는 세리모니 같은 것이었다. 물론 당시 나는 이 경기가 무엇을 의미하는지 이해하지 못했다. '남들만큼 사는 사람들'이 '남부럽지 않은 삶'을 향해 얼마나 악착스럽게 달려들지 전혀 예상하지 못한 채, 여전히 '남다른 삶'이 가능하리라 믿고 있었던 것이다.

아파트에 대한 첫 번째 책 《콘크리트 유토피아》를 출간한 뒤 가장 많이 받은 질문은 "디자인 연구자가 어쩌다가 아파트에 관심을 가지게 되었느냐"였다. 내 답변은 한결같았다. 20세기 디자인의 역사는 사실상 중산층의 역사이고, 한국 중산층의 역사는 실질적으로 아파트의 역사라는 것이다. 그러니까 디자인 연구자로서 아파트에 관심을 가지게 된 것은 지극히 자연스러운 일이었다. 지금도 이 생각에는 변함이 없다. 게다가 아파트의 역사를 들여다봄으로써 관심사의 범위를 사물과 이미지의 시각적 차원에서 도시 규모의 공간적 차원으로 확장할 수 있던 것도 큰 수확 중하나였다. 하지만 디자인에서 아파트로의 비약이 부담스럽던 것도 사실이다. 그럼에도 이렇게 아파트에 대한 책을 한 권 더 보태기로 한 것은 환희와 절망, 환멸과 냉소로 점철되었던 21세기의 첫 10년 동안 중산층의 삶이 어떻게 급격히 변모했는지, 그리고 그 과정에서 아파트가 어떤 역할을 했는지를 찬찬히 들여다보고 싶었기 때문이다. 《삼미 슈퍼스타즈의 마지막 팬클럽》의 애독자라면 이 문제의식을 다음과 같은 질문으로 바꿔볼 수도 있을 것이다. "그때 서울의 28평 아파트를 팔고 남양주 변두리의 전셋집으로 이사한 주인공은 이후에 어떤 삶을 살았을까?"

나는 이런 질문에 내 나름의 방식으로 답하기 위해 이전 책에서 실험한 바 있는 글쓰기 전략을 이 책에서 다시 활용했다. 내가 '비평적 픽션'이라는 이름으로 부르는 이 전략은 특정한 인공물과 이해관계를 맺고 있는 가상의 행위자를 선택하면서 시작한다. 그리고 신문, 논문, 소설 등 다양한 자료를 바탕으로 상황의 얼개를 짜서 행위자를 그 내부로 밀어 넣은 뒤, 특정한 시점을 택해 양자의 상호작용을 관찰하고 그 결과를 기록한다. 여기서 행위자는 사람일 수도 있고 사물이나 이미지일 수도 있다. 중요한 것은 그 행위자가 얼마만큼 역동적으로 상황과의 관계를 드러내고 얼마나 설득력 있게 자신의 행위를 정당화할 수 있느냐다.

사실 독자들에게 '비평적 픽션'이라는 형식 자체가 임시방편처럼 보일 수도 있다. 비평이라고 하기에는 허구의 힘이 너무 강하고, 픽션이라고 하기에는 지나치게 설명적이니까. 그럼에도 이 전략을 택한 이유는 아파트와 관련된 사회 현상 속 개별 행위자들의 개인사를 들춰보고 그 내부에서 아파트가 의미하는 바를 파악하는 데, 그들이 아파트와 맺게 되는 일상적인 관계의 내막을 구체적으로 들여다보는 데 유용하다고 판단했기 때문이다. 나는 이런 장점을 극대화하면서 독자들에게 좀 더 쉽게 다가갈 수 있는 방향으로 글쓰기를 진척시키고자 했다.

이 책의 구성은 이렇다. 객관적인 사실을 바탕으로 쓴 1장 〈아파트, 중산층 가족 로망스의 제2막〉은 고도성장기의 아파트가 중산층의 형성에 어떤 역할을 했는지 살펴본다. 특히 정치 격변, 경제 호황, 아파트 건설이라는 일련의 사건이 10년 주기로 되풀이되는 과정에서 개별 세대의 구성원들이 중산층으로 발돋움하기 위해 아파트와 게임을 벌인다는 점에 주목했다. 2장 〈저 너머 도미노의 끝〉과 3장 〈한강의 두 번째 기적〉은 2000년대 초·중반 아파트값 폭등이 가져온 삶의 변화상을 롱테이크로 들여다본다. 이두 장에 등장하는 1955년생과 1962년생 주인공들은 이 시기에 진행된 중산층의 분화 과정을 극단적인 방식으로 경험한 인물 유형이다. 이들을 주인공으로 택한 것은 정치·경제적 측면에서 아파트와 중산층의 관계를 명쾌하게 드러내 보여줄 수 있을 것이라 판단했기 때문이다. 4장 〈이름 하여 신세대, 그리하여 청춘의 시뮬라크르〉는 제2차 베이비붐 세대의 하위 종족이라고 할 수 있는 '신세대'의 등장과 그들의 1990년대 문화 경험이 지닌 특이한 면모를 '청춘의 시뮬라크르'라는 낯선 화자의 시선으로 돌이켜보고 있다. 이 장의 화자는 아파트에 대해 직접 언급하지 않지만, 도시 중산층 부모를 둔 신세대 중 상당수가 아파트 키드 1세대이기도 했다는 사실을 상기해본다면 신세대 문화의 발원지 중 하나가 서울의 아파트 단지였음을 어렵지 않게 추론할 수 있을 것이다. 5장 〈지상의 방 한 칸〉은 아파트에 거주하는 중산층 상당수가 통과의례처럼 거쳐 갔던 방들의 변화상을 짚어보면서 지금의 청년들이 처한 주거 현실을 살펴본다.

1장이 총론이라면, 나머지 네 장은 비평적 픽션의 전략으로 쓰인 각론이다. 1장을 진입로로 공유하는 네 개의 각론은 각각의 시선으로 우리가 아파트와 맺고 있는 단계의 단면을 보여주는 허구의 구조물이다. 독자들이 우리 시대의 아파트를 이해하는 데 이 진입로와 네 개의 구조물이 조금이라도 도움이 되었으면 하는 바람이다.

보통 저자들은 감사의 마음을 전해야 할 분들을 위해 서문의 마지막 문단을 비워놓곤 한다. 나 역시 예외는 아니었다. 사실 글을 쓰는 틈틈이 이 마지막 문단에 언급해야 할 분들을 떠올리면서 소소한 즐거움을 맛보기도 했다. 그런데 이번만큼은 한 분만을 위해 이 비좁은 공간을 쓰기로 했다. 이 책을 쓰는 동안 아버지가 큰 병을 앓고 계시다는 사실을 알았다. 가족 모두에게 큰 충격이었지만, 아버지는 담담하게 받아들이셨고 지금은 병마와 싸우고 계신다. 두 아이를 키우다가 문득 어린 시절의 기억을 떠올릴 때면, 아버지가 다른 누구의 아버지가 아닌 바로 내 아버지였다는 사실에 안도하곤 했다. 이 지면을 통해 깊은 감사의 말씀을 전해드리고 싶다. 부디 쾌차하시길 빈다.

2013년 9월
박해천

1
아파트,
중산층
가족 로망스의
제2막

"그때 국민 대다수는 안정된 직장에서 크고 작은 주주가 되기도 하고, 가장은 가족과 더불어 주말을 즐기며, 주부는 편리한 부엌을 갖춘 살기 좋은 주택에서 알뜰한 생활을 꾸밀 것이며, 자녀는 씩씩하게 자라고 슬기롭게 배워 세계에서 으뜸가는 한국인의 자질을 자랑하게 될 것이다."

— 박정희, 〈승리하는 자는 중단하지 않는다〉, 《한국 국민에게 고함》(동서문화사, 2005), 174쪽.

산수와
수학

중산층의 성장 신화는 20세기 후반기의 한국 사회를 지탱하는 데 중요한 버팀목 중 하나였다. 번듯한 직장과 30평대 아파트와 중형차를 배경으로 삼아 행복한 미소를 짓고 있는 4인 가족의 사진은 고도성장이 가져다준 물질적 풍요의 실체를 가감 없이 보여주는 KS 마크 같은 이미지였다. 하지만 지난 세기의 막판, 1997년 외환 위기가 닥치면서 이 이미지에도 균열이 생기기 시작했다. 표면적으로 위기는 오래가지 않을 듯 보였다. 중산층을 중심으로 '국난 극복'을 위한 강고한 대오가 형성되고, '바이코리아'와 '신용카드'라는 응급수단이 동원되었다. 21세기에 접어들면서 중산층의 신화는 부동산 시장의 활황세에 힘입어 기력을 회복한 듯 보였다.

하지만 2008년 미국발 금융 위기가 닥치자 모든 것이 분명해졌다. 멀쩡한 듯 행세하던 중산층 상당수가 태평양 건너편에서 타전된 갑작스러운 소식에 치명타를 맞은 듯 휘청거리기 시작했다. 그들이 지난 10여 년간 애써 잊고 지냈던 내상(內傷)이 강한 통증을 동반하며 재발한 것이다. 그 결과 중산층 내부의 분화가 빠르게 진행되었고, 두 부류의 새로운 종족이 출현했다. '아파트로 인해 허덕이는 하우스푸어'와 '은퇴를 앞둔 베이비부머'가 바로 그들이었다.

각종 언론이 최근 4~5년간 되풀이하며 기사화한 이들의 이야기는 대충 이런 패턴이었다. 먼저 '아파트로 인해 허덕이는 하우스푸어'의 경우를 살펴보자. 스스로를 중산층이라 여기는 40대 가장 김모 씨가 주인공이다. 성실한 직장인으로 6,000만 원 정도의 연봉을 받고 있으며, 수도권 신도시의 30평대 아파트에서 살고 있다. 아내와 딸 둘, 김 씨의 가족은 외견상 중산층의 삶을 누리고 있는 듯 보인다. 하지만 속으로는 곪아 있다. 부동산 열풍이 최고점을 찍던 2006년 그는 아파트를 구입했다. 모두가 대세 상승을 외치던 터라 구매비용의 절반을 은행 대출로 충당했다. 집값이 오르면 원리금 상환은 어렵지 않으리라고 판단했던 것이다. 그러나 예측은 빗나갔다. 이후 집값은 완만하게 하향곡선을 그렸고, 월급의 상당 부분이 금융비용으로 통장에서 빠져나갔다. 이들에게 남은 것은 적자 가계부뿐이지만, 그렇다고 중산층의 씀씀이를 포기하지는 못한다. 아이들의 교육비는 계속 오름세이고, 맏딸이 대학에 들어가면 등록금까지 감당해야 할 처지다. 김 씨는 자신이 처한 현실 앞에서 "그저 막막하다"는 말만 되풀이할 뿐이다.

한편 '은퇴를 앞둔 베이비부머'의 이야기는 이런 식이다. 꽤 알려진 기업에 다니고 있는 '58년 개띠' 박모 씨. 지방의 명문고와 서울의 명문대를 졸업한 그는 1980년대에 직장생활을 시작했고, IMF 구제금융 체제에서도 꿋꿋이 버티며 임원 자리에까지 올랐다. 하지만 은퇴를 앞둔 지금 그의 자산은 목동의 아파트 한 채가 전부다. 부모를 공양하고 자녀를 교육하는 데 월급을 써온 탓에 40대 초반부터 현상 유지에 급급한 삶을 살아왔다. 박 씨는 퇴직한 뒤의 삶이 걱정이다. 아파트를 담보로 매달 생활비를 받는 역모기지론을 이용해볼까 생각도 해봤지만, 혼기를 앞둔 자녀들의 미래를 생각하면 쉽게 결정할 수 있는 일이 아니다. 번듯한 집안과 혼인하려면 자금이 필요하기 때문이다. 결국 그는 창업을 고려 중이다. 친구들은 50대에 섣불리 창업했다가는 투자비용을 날리고 나락으로 떨어지는 것은 순식간이라고 말렸다. 실제로 2010년 중소기업청의 조사에 따르면 음식업과 숙박업의 3년 생존율이 28퍼센트, 8년 생존율이 15퍼센트라고 한다.[1] 그래도 그의 책상 맨 아래 서랍은 각종 프랜차이즈 외식업 창업 안내 브로슈어들로 가득하다. 그런데 요즘 아파트 단지 주변에 문을 여는 프랜차이즈 제과점과 음식점, 커피전문점은 왜 그리 많은지, 그는 키 큰 바람인형이 춤추는 모습을 볼 때마다 급하게 노후 준비에 나선 자기 자신의 몸부림을 보는 것 같아 마음이 편치 않다.

이 두 종족의 이야기를 요약하자면 이렇다. 전자는 빚내서 마련한 아파트 때문에 난리이고, 후자는 손에 움켜쥔 것이라곤 달랑 아파트 한 채뿐이라서 문제라는 것이다. 양자 모두 어느 날 갑자기, 그러나 너무 늦게 '자신만의 산수'를 발견했다는 공통점이 있다. 박민규의 단편소설 〈그렇습니까? 기린입니다〉에서 표현한 대로 "인간에겐 누구나 자신만의 산수가 있"고, "언젠가는 그것을 발견하게 마련"이다. "균등하고 소소한 돈을 가까스로 더하고 빼"는 삶의 반복, 그 속에서 아득함을 느낀 생활인이라면 누구나 "수학 정도가 필요한 인생"을 꿈꿔야 한다는 사실을 깨닫게 된다.[2] 그런데 이 두 종족의 문제는 이 사실을 너무 뒤늦게 알아차렸다는 것이다.

그렇다면 2000년대 후반, 이들이 갑작스럽게 출현하게 된 까닭은 무엇일까? 미국의 1946년생 영화감독 올리버 스톤이 〈월스트리트: 머니 네버 슬립스〉 개봉 당시 국내 언론과의 인터뷰에서 발언한 내용은 이 질문에 답하기 위한 적절한 출발점이다. 그는 다음과 같이 말한 바 있다.

내 인생에서만 버블을 네 번이나 보았다. 1960년대 말 베트남전쟁 이후, 1980년대 레이건 대통령 때, 1990년대 말 인터넷과 함께 찾아온 버블. 그리고 네 번째가 2008년의 부동산 버블이다.[3]

올리버 스톤 또래의 한국인이라면 어떻게 말했을까? 이 인용문을 응용해본다면 다음과 같이 말하지 않을까?

내 인생에서만 버블을 다섯 번 정도 경험했다. 제2차 경제개발계획이 성공적으로 제 궤도에 올랐던 1960년대 후반, 제2차 유류 파동이 오고 박정희 대통령이 죽기 직전인 1970년대 중후반, 3저 호황의 1980년대 중반, 국민소득 1만 달러를 돌파한 1990년대 중반, 그리고 다섯 번째가 IMF 외환 위기 이후 바이 코리아 열풍-카드 대란-아파트 버블로 이어지던 2000년대 초중반이다.[4]

여기서 주목해야 할 대목은 묘하게도 이 버블의 시기들은 10년을 주기로 삼는 듯 보이며, 이 시기야말로 자신의 삶이 "산수에서 끝장" 나지 않기를 바라는 이들이 중산층의 신화를 일구기 위해 발 빠르게 움직이던 시기이기도 했다는 점이다. 그들은 간단한 사칙연산을 통해 목돈을 모으면서 사신만의 수학을 고안해내려고 했다. 그들이 주목한 것은 버블의 기운이 사회 전반으로 퍼져나가는 경로들이었다. 그 경로들 어딘가에 자신의 입지를 마련할 수 있다면 "수학 정도가 필요한 인생"으로 도약할 수 있으리라 판단한 것이다. 흥미롭게도 그 경로의 교차점에는 어김없이 대규모 아파트 단지가 솟아오르고 있었다. 실제로 1970년대 이후 세 번의 버블은 각각 강남의 아파트, 과천·목동·상계·중계의 아파트, 수도권 5개 신도시의 아파트와 앞서거니 뒤서거니 하며 짝을 이루고 있었다. 고도성장으로 인해 시중의 유동성이 늘어나면서 그 돈의 상당 부분이 아파트 건설 시장으로 흘러들어갔던 것이다.

따라서 버블과 아파트의 관계를 눈여겨 본 이들은 다음과 같은 가설을 정식화할 수 있었다. 고도성장의 열매가 성과급의 형태로 예비 중산층의 계좌로 흘러들었다가 아파트 분양 대금으로 용도를 변경한 뒤, 부동산 시장의 가파른 상승세와 보조를 맞춰 몸집을 불려 다시 아파트 보유자의 호주머니로 되돌아온다는 것. 그들은 아파트를 매개물로 삼는 두 번의 교환과정을 주의 깊게 살펴본 뒤 본 뒤 경제 성장률과 도시 팽창 속도를 변수로 삼는 자신만의 수학 공식을 이끌어냈다. 약간의 배짱과 뚝심을 뒤섞어 주사위를 던져야 하는 엄격한 확률의 세계, 그것이 바로 그들의 수학이었다. 따라서 좀 더 과감하게 도식화하자면 다음과 같이 말할 수도 있을 것이다. 경제개발의 성과가 구체화된 1970년대 이후, 중산층을 꿈꾸던 사회 구성원 중 상당수는 이 버블을 몇 차례 경험했느냐에 따라, 그리고 어떻게 대응했느냐에 따라 그들의

'집'과 '계층'이 결정되었다고 말이다.

흥미로운 것은 버블과 대규모 아파트 단지만 10년을 주기로 등장한 것이 아니라는 점이다. 흔히 '세대론'을 주장하는 이들이 개별 세대의 정체성과 경험 구조를 규정하는 상징적 사건으로 현대사의 정치적 격변을 내세우곤 하는데, 그 격변 역시 10년 주기로 발생했다. 1960년의 4·19 혁명, 1972년의 유신헌법 제정, 1980년의 5·18 광주 민주화 운동 등. 세대론의 주창자들은 이 사건들을 주요 지표로 활용해 그에 맞춰 4·19 세대, 유신 세대, 386 세대 같은 명칭의 개별 세대들을 호명한다. 이들이 취하는 방식은 간단하다. 일단 그들은 자신이 호명하는 세대가 청년기에 경험한 정치권력과의 물리적 마찰을 강조하면서 기성세대와 차별화되는 그 세대의 특권적 면모를 부각한다. 오이디푸스의 서사가 반복되는 것은 기본 메뉴다. 여기서 독재 권력자는 폭군 아버지의 자리를 차지하고 물리적 폭력을 앞세워 온갖 부정부패를 저지르며, 뜨거운 가슴의 청춘들은 갖은 탄압에도 불구하고 그 아버지가 만들어놓은 세계에서 벗어나기 위해 발버둥 친다. 젊은 그들은 폭군 아버지의 가부장적 독재를 대신할 '민주주의'라는 새로운 사회 질서를 상상하면서 '역사의 진보'라는 대의를 실현하기 위해 살부(殺父)의 음모에 몰두한다. 이들에게 광장은 매우 중요한 장소다. 왜냐하면 수많은 군중이 집결한 광장이야말로 폭군 아버지의 권능을 무너뜨릴 수 있는 비장의 무기이기 때문이다.

그런데 세대론의 발명가들이 관심을 쏟는 것은 딱 여기까지다. 그들의 시선은 자신이 호명한 세대가 오이디푸스의 배역을 연기하는 광장의 가설무대 주변에서 벗어나지 않는다. 하지만 오이디푸스의 서사는 가족 로망스의 제1막에 불과하다. 그들의 청춘은 이내 저물지만, 그들의 인생은 계속될 것이기 때문이다. 폭군 아버지에 저항하던 아들들은 이제 취업을 하고 결혼도 할 것이며 자녀도 낳을 것이다. 즉 '진짜 아버지'가 되는 것이다. 가족의 생계를 걱정하며 밥벌이에 나서야만 하는 가장, 삶의 무게를 양 어깨에 짊어진 채로 고개 숙여 '산수' 문제를 풀어야 하는 어른. 이제 그들은 더는 젊지 않다. 바로 이 시점에 가족 로망스의 제2막이 시작된다. 이 제2막의 전개가 극적인 방향 전환을 꾀하는 것은 체제가 이들 중 일부에게 중산층의 아버지가 될 수 있는 기회를 제공하면서부터다. 그렇다면 이 가족 로망스 제2막에서 아파트는 어떤 역할을 수행하는 것일까? 세대론자들의 호명법에 따라 4·19 세대, 유신 세대, 386 세대의 뒤를 따라가보자.

4·19 세대와
강남

먼저 1940년대생부터 살펴보도록 하자. '4·19 세대'로 불리는 이들의 가족 로맨스 제1막은 이런 식이다. 유소년기에 한국전쟁과 절대 빈곤이라는 절망적 체험을 통과하며 한글로 '민주주의'를 배웠고, 청년기에는 4·19 혁명과 5·16 군사 쿠데타를 경유하면서 광장의 자유가 안겨준 환희와 함께 정치적 좌절감을 맛보았다는 것. 그런데 이들이 가족을 꾸리고 30대의 문턱을 넘어서 '조국 근대화'의 실무자로 변신할 무렵, 가족 로맨스 제2막은 이전과는 극적으로 단절된 형식으로 상연되기 시작했다. 물론 4·19 세대 중 일부가 이런 행보를 보일 수 있었던 것에는 경제 호황의 역할이 컸다.

실제로 이 시기에 박정희 군사 정권은 1960년대 중반 이후 중화학 공업 육성을 통해 추진해온 수출 주도형 경제 정책의 성과를 가시화하고 있었다. 경제 성장률은 1971년과 1973년 각각 8.2퍼센트와 12.0퍼센트로 호흡을 가다듬었다가 제1차 유류 파동으로 잠시 주춤거린 뒤 1976년부터 1978년까지 10.6퍼센트, 10.8퍼센트, 9.3퍼센트로 고공행진을 이어가고 있었다. 이와 더불어 국내 시장에는 돈이 넘쳐나기 시작했다. 과잉 유동성이 정점을 찍은 것은 전년도에 비해 통화량이 급속히 증가한 1977년이었다. 중동 건설 붐을 통해 해외 파견 노동자들이 가계로 송금한 외환 이 통화량 증가의 주요 원인이었다. 급격한 통화 팽창이 불러온 인플레이션, 그리고 20퍼센트에 달하던 이자율을 가뿐히 넘어서 하늘 높이 치솟는 물가 상승률. 갑자기 몸집이 불어난 시중의 유동성 자금은 자연스럽게 출구를 찾기 시작했다.

그 돈의 일부가 흘러든 곳은 강남 지역에 솟아오르던 아파트 단지들이었다. 주택 공급이 절대적으로 부족한 상태라 그리 이상한 일이 아니었다. 그런데 여기서 주목할 점은 아파트 시장의 상황이 이전의 투기 시장과는 약간 다른 양상을 띠었다는 사실이다. 1950년대의 '상품 투기', 1960년대의 '토지 투기'[5] 등 이전의 투기가 정보력과 자금력을 지닌 특정 상류층에 국한했던 반면, 아파트를 대상으로 한 투기는 그 특성과 규모 면에서 이전보다 훨씬 폭넓은 계층들을 끌어들이고 있었다.

전·월세방을 전전하던 4·19 세대에게 도약의 기회가 주어진 것은 바로 이 시점이었다. 생물적 아버지에서 경제적 아버지가 될 기회. 덧셈만 영원히 반복될 것 같은 '정기적금'의 삶에서 벗어나 "수학 정도가 필요한 인생"으로 전환할 수 있는 기회. 진학률 6퍼센트대의 벽을 넘어서 대학 졸업장을 받은 이들이 상대적으로 유리한 위치에 서 있었고, 그중 세상 돌아가는 이치에 밝은 이들은 이 기회를 놓치지 않았다. 그들은 산수를 건네주고 아파트를 건네받았고, 동시에 오이디푸스의 역할을 그만두고 본격적으로 아버지의 배역을 연기하기 시작했다. 1970년대 초반부터 모습을 드러낸 모델하우스는 광장과 아파트를 연결해 이런 상징적 교환을 가능케 하는 공간이었다. 그리고 이후에 뒤늦게 기본 골격을 갖춘 주택청약예금 제도는 그 교환의 규칙이었다.[6]

주목해야 할 것은 이 교환과정에서 이 아버지의 아내들이 상당히 중요한 역할을 떠맡았다는 점이다. 그들 중 일부는 직장생활에 바쁜 남편을 대신해 복덕방 순례와 아파트 청약을 도맡음으로써 1970년대형 치맛바람을 완성하기도 했다. 연속성을 따지자면 비평준화 시대에 학원가를 떠돌던 1950년대형 치맛바람, 그리고 목돈 마련을 위해 계에 몰려들었던 1960년대형 치맛바람의 바통을 이어받은 결과였다.[7] 이런 상황을 고스란히 반영하듯이 어느 중개업자의 말을 빌린 부동산 관련 신문 기사는 아파트 시장의 실수요자들을 크게 두 부류로 나누었다. 한 부류는 "월 40만~100만 원의 봉급를 받는 대기업 임원 혹은 부차장급의 부인들"이었고, 다른 부류는 중동 파견 건설 노동자의 부인들이었다.[8] 그들 상당수는 내 집 마련의 기회를 엿보던 4·19 세대의 구성원이었다.

물론 아파트만 마련했다고 해서 이 세대의 가족 로망스 제2막이 마무리된 것은 아니었다. 중산층에 안착하기 위해 거쳐야 할 관문들이 아직 남아 있었다. 아파트라는 새로운 주거 모델에도 적응해야 하고, 거기에 내재한 새로운 수학 공식도 체득해야만 한다. 이를테면 박완서의 소설 〈닮은 방들〉과 〈서울 사람들〉을 보자. 〈닮은 방들〉의 주인공은 7년간 문안의 친정집에서 더부살이를 한 끝에 내 집을 마련하려고 나선다. 100만 원 정도의 돈이 모인 데다 쌍둥이인 아이들도 초등학교에 들어갈 나이가 되고, 퇴근길마다 처갓집 대문 앞에서 위축된 손놀림으로 초인종을 누르는 남편도 안쓰럽다. 그녀 앞에 놓은 선택지는 단독주택과 아파트. 올케는 "구공탄을 가는 구질구질한 일을 면할 수 있고, 부엌

등 모든 시설이 편리하니 식모도 필요 없고, 잠그고 외출할 수 있고, 이웃과 완전히 차단된 독립성이 보장"되는 아파트를 권한다. 주인공도 같은 생각이다. 그녀는 무엇보다 아파트의 '독립성'이 마음에 들었다. 남의 집 일에 사사건건 참견하거나 뒤에서 흉보는 데도 익숙한 구도심의 이웃들에게 그녀는 진력이 난 터였다.

그녀는 18평짜리 계단식 아파트로 이사한다. 생전 처음 갖게 된 내 집에서 살림살이를 하는 즐거움에 빠져들지만 그것도 잠시. 그녀는 자신이 맞은편 집에 살고 있는 철이 엄마를 흉내내고 있다는 사실을 깨닫는다. 처음 이사 왔을 때 "동화 속에 나오는 방"처럼 꾸며놓은 그 집 살림살이에서 강렬한 첫인상을 받은 탓이었을까? 그녀는 "가구의 배치나 커튼의 빛깔"부터 "동치미에 떠 있는 꽃 모양으로 도려낸 당근 조각"까지 철이 엄마를 고스란히 따라 하고 있었던 것이다. 그런데 얼마 후 그것이 자신만의 문제가 아님을 눈치 챈다. 서로 닮은 "상하좌우의 방들"에서 비슷한 표정의 주부들이 비슷한 형편의 살림을 하고 있었던 것이다. 약간의 우월감이라도 내비칠 요량으로 세탁기나 피아노를 들여놓는 집도 있었지만, 그 정도 차이는 오래가지 못했다. 그마저도 곧 누군가가 그대로 따라 할 테니까.

아파트가 강요하는 삶의 기묘한 동일성, 그리고 그로부터 벗어나려는 주부들 간의 "고단하고 허망한 경쟁". 그녀는 그런 경쟁에서 불안감을 느끼지만, 남편은 그저 "현대인의 노이로제" 정도로 치부한다. 결국 그녀는 철이 엄마와 함께 "기상천외한 방법"에서 탈출구를 찾는데, 그것은 매주 당첨금 800만 원짜리 주택복권 한 장을 구입한 다음, "공기 좋고 아름다운 전원도시의 언덕"

위에 "다락방이 있는 뾰족한 지붕을 가진 오밀조밀한 집"을 짓는 꿈에 빠져드는 것이다.

한편 〈서울 사람들〉의 혜진은 〈닮은 방들〉의 주인공보다 한발 늦게 강북의 개량주택을 팔고 부랴부랴 강남 변두리의 미분양 아파트로 이사한다. 처음 아파트에 살게 된 그녀도 노이로제에 시달린다. "지척에서 나는데도 아득한 지난 시간 속에서 들려오는 것처럼 희미하고 (……) 기분 나쁜" 소리가 그녀의 귓전을 계속 맴도는 것이다. 혜진이 찾아낸 소리의 출처는 벽 속이다. 아파트의 세대와 세대 사이, 방과 방 사이에 뒤엉켜 있는 "전화선, 전깃줄, 수도관, 온수관, 하수도, 난방관, 안테나 줄" 등 수많은 선과 관이 벽 속에 몸을 감춘 채 웅성거리고 있는 것 같다. 혜진은 자기 또래의 영란 엄마에게 고충을 털어놓는다. 영란 엄마는 이를 두고 "아파트 멀미"라고 진단한다. 그녀에 따르면, 자신들이 사는 아파트가 날림 공사로 지은 것이라서 주부들 상당수는 내부 시설과 설비가 언제 고장 날지 모른다고 전전긍긍하며 노이로제에 시달리고 있다는 것이다.

여기에서 흥미로운 점은 아파트 노이로제의 증상이 〈닮은 방들〉과는 다르다는 점이다. 주부들 간의 강박적인 경쟁은 부실 공사에 대한 걱정과 근심으로 바뀌고, 처방전도 달라졌다. 전자의 경우 아파트 탈출을 기원하며 전원의 단독주택에 대한 몽상에 빠져드는 것이었던 반면, 후자의 경우는 "좀 더 큰 아파트로 이사가는 것"이다. 영란 엄마는 이 비법을 알려주면서 이렇게 말한다. "새로 짓는 아파트 청약만 하러 다녀도 그 증(症)이 감쪽같이 가신다니까요. 아파트에 3년 이상 사는 사람 별로 없는 게 다 그런 까닭이라구요." 혜진은 그제야 "1년 만에 분양가의 배가 된 집을 팔아 새로 지은 걸 분양가로 살 경우 40평도 넘는 걸 살 수 있다."는 사실을 깨닫는다.⁹ 얼마 뒤 그녀는 인근의 모델하우스를 들락거리기 시작한다. 아파트의 '수학'을 이해하게 되자, 달리 말하자면 "500만 원짜리 아파트가 금방 1,000만 원짜리가 되"는 "재미에 눈을 뜨게" 되자 '아파트 멀미'는 정말 감쪽같이 사라진다.¹⁰ 그녀는 "독립주택식 존재"에서 "아파트적 존재"¹¹로 변신하는 데 성공한 것이다.

이렇게 4·19 세대의 가족이 주부의 활약에 힘입어 우여곡절 끝에 아파트의 새로운 수학 공식을 발견하고 중산층으로의 안착을 꾀하고 있었다면, 즉 가족 로망스 제2막의 해피엔딩을 향해 전진하고 있었다면, 동일한 시기에 이들과는 전혀 다른 차원에서 '축재의 경제학'을 정립하고 실행에 옮긴 이들도 있었다. "담대하고 탁월한 사업가" 기질을 갖추고 있는 데다가 상당한 규모의 유동 자금을 끌어올 능력을 지닌 중상류층의 여성들이 그 주인공이었다. 그들의 관심사는 아파트가 아니라 땅이라는 '대자연' 그 자체였다. 그녀들은 자신을 사모님이라고 부르는 젊은 부동산 중개업자의 승용차에 몸을 싣고 투자처를 발굴하러 나섰다. 그녀들의 가장 탁월한 능력은 "야트막한 불모의 민둥산"을 보면서도 "바둑판처럼 질서 정연한 택지"를 상상할 수 있는 감각이었다. 그녀들은 투시도적 시선을 타고난 듯 보였다.

물론 그녀들의 자질은 여기에 그치지 않는다. 그녀들은 확신만 있다면 개발 정보가 옆으로 새기 전에 신속하게 투자를 결정할 줄 알았다. 투시도적 상상력, 사업가적 판단력, 신속한 의사 결정. 그녀들은 이 세 가지 능력 덕분에 토지 매매의 설계자로서 열 배, 스무 배의 폭등을 부채질하며 그 폭등의 파고를 능수능란하게 타고 넘을 수 있었다. '복부인'으로 불렸던 그녀들, 사실 그녀들은 '축재의 경제학'을 실험한 현대인이었던 것이다. 그러니 이들의 눈에 "무력한 남편과 가난한 이웃이란 지지리 못나고도 미련한 족속으로 보"[12]인 것은 이상한 일이 아니었다.

이렇게 아파트와 토지의 폭등세가 지속되자 일부 지식인들이 신문 지상을 통해 부동산 시장의 투기 세력이 국가 경제를 교란 상태에 빠뜨리고 있다며 비판했다. 막무가내로 터져 나오던 이런 비판들에 종지부를 찍은 것은 폭군 아버지였다. 그는 "범국민 저축생활화운동"의 시작을 알리는 담화문을 발표하면서 근로소득에 바탕을 둔 저축의 증대를 통해 안정 속의 성장을 추구해야 한다고 강조했다.

> 최근 호경기에 들떠서 우리 사회 일부에는 불로소득의 허황된 꿈으로 부동산 투기나 환물 매점을 하는 사람들이 있는가 하면 분수를 모르고 사치와 낭비에 흐르는 등 지각없는 풍조가 있는 것은 매우 개탄스러운 일이며, 모처럼 다져진 범국민적 근로의욕과 총화 분위기를 해치는 분별없는 행동으로 지탄받아야 할 것이다. …… 우리는 지난날의 어려웠던 시절을 잊지 말고 모든 국민이 근검, 성실한 생활 속에서 절약하고 저축하는 기풍을 체질화해야 한다.[13]

대통령이 직접 발표한 이 담화문은 4·19 세대 일부가 발명한 '수학'의 공식을 "불로소득의 허황된 꿈"이라고 비판하면서, '산

수'의 핵심 공리라고 할 만한 근검, 절약, 성실의 중요성을 강조하고 있었다. 그런데 더 중요한 것은 이 담화문이 일종의 신호였다는 점이다. 4·19 세대의 가족 로망스 제2막을 마무리할 시점이 되었다는 신호 말이다. 1970년대 중·후반에 걸쳐 화려하게 펼쳐졌던 한바탕의 소란은 제2차 유류 파동 이후 빠르게 해피엔딩을 향해 돌진했다. 그 결말은 모두가 아는 바 그대로였다. 4·19 세대의 일부는 중산층의 대열에 올라섰고, 그 와중에 폭군 아버지는 충복이 쏜 총탄에 맞아 사망했다.

마포아파트(1962)
642
[단위: 세대]

와우아파트 붕괴(1970)

시민아파트 건설(1969)

한강맨션(1970)
717

여의도 시범아파트(1971)
1,790

반포 주공아파트(197
1단지 3,590

아파트 준공(서울)
[단위: 호]

232

22,315

1,280

아파트 준공(경기)
[단위: 호]

**4·19 세대의
생애 주기별 경제 지표,
아파트 공급량,
주요 아파트 가격 변동**

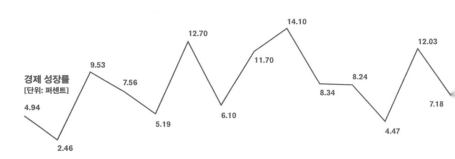

경제 성장률
[단위: 퍼센트]

4.94

2.46

9.53

7.56

5.19

12.70

6.10

11.70

14.10

8.34

8.24

4.47

12.03

7.18

GNP [단위: 달러]
79

1940년생 생애 주기
20세

25세

 결혼

30세

'60 '61 '62 '63 '64 '65 '66 '67 '68 '69 '70 '71 '72 '73 '7

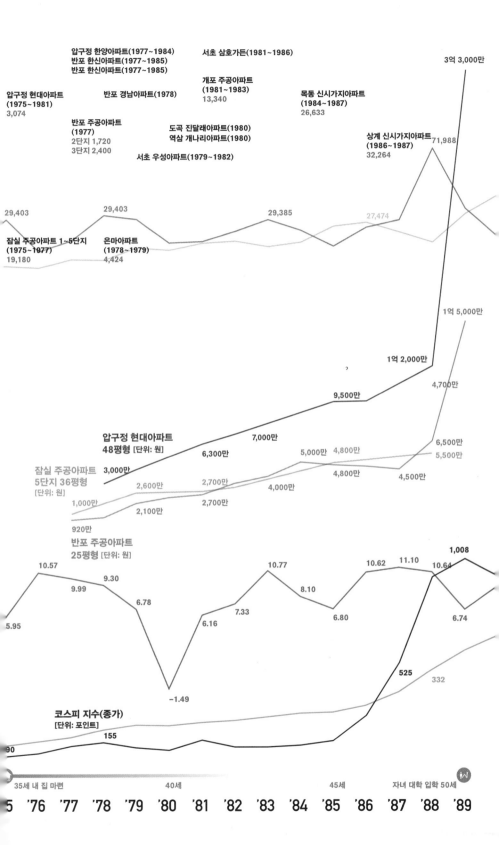

압구정 한양아파트(1977~1984)
반포 한신아파트(1977~1985)
반포 한신아파트(1977~1985)

서초 삼호가든(1981~1986)

압구정 현대아파트
(1975~1981)
3,074

반포 경남아파트(1978)

개포 주공아파트
(1981~1983)
13,340

목동 신시가지아파트
(1984~1987)
26,633

반포 주공아파트
(1977)
2단지 1,720
3단지 2,400

도곡 진달래아파트(1980)
역삼 개나리아파트(1980)

서초 우성아파트(1979~1982)

상계 신시가지아파트
(1986~1987)
32,264

3억 3,000만

71,988

29,403   29,403   29,385   27,474

잠실 주공아파트 1~5단지
(1975~1977)
19,180

온마아파트
(1978~1979)
4,424

1억 5,000만

1억 2,000만

9,500만   4,700만

압구정 현대아파트
48평형 [단위: 원]

7,000만

6,300만   5,000만 4,800만   6,500만

잠실 주공아파트
5단지 36평형
[단위: 원]

3,000만
2,600만 2,700만   4,000만   4,800만   4,500만   5,500만

1,000만   2,700만

920만   2,100만

반포 주공아파트
25평형 [단위: 원]

10.57   10.77   10.62   11.10   10.64
9.99   9.30   8.10
6.78   7.33   6.80   6.74
5.95   6.16

1,008

-1.49

코스피 지수(종가)
[단위: 포인트]

525
332

155
90

35세 내 집 마련   40세   45세   자녀 대학 입학 50세

'75 '76 '77 '78 '79 '80 '81 '82 '83 '84 '85 '86 '87 '88 '89

유신 세대와
신시가지

시간이 흘러 이제 1950년대생들의 차례가 왔다. '유신 세대'로 불리는 이들의 가족 로맨스 제1막은 4·19 세대와는 비슷하면서도 약간 다른 모양새였다. 전쟁의 폐허 위에서 태어나 철이 들 무렵부터 단 한 명의 대통령 아래서 성장했으며, 국민교육헌장과 유신헌법과 긴급조치가 겹쳐진 청년기에는 폭군 아버지의 압도적인 힘에 짓눌린 채 별다른 저항도 해보지 못했지만, 그 대신 통기타 음악에서 마음의 평안을 구하곤 했다는 것. 이들이 가족을 꾸리고 30대의 문턱을 넘어서 '산업화의 주력부대'로 성장할 무렵, 가족 로맨스 제2막은 제1막과는 전혀 다른 형식으로 상연되기 시작했다. 물론 유신 세대 일부가 이 대목에서 4·19 세대와 유사한 행보를 보일 수 있었던 것은 때마침 "단군 이래 최대의 경제적 호황"의 시대가 시작된 덕분이었다.

이 시기의 경제 성장률은 10년 전과 유사한 그래프를 그리고 있었다. 1980년에는 그 전해의 박정희 대통령 사망과 제2차 유류 파동의 여파로 마이너스 1.9퍼센트까지 주저앉았지만, 1983년에 잠시 12.2퍼센트를 찍은 뒤 1986년부터 1988년까지 10.6퍼센트, 11.1퍼센트, 10.6퍼센트의 경이적인 고공행진을 거듭했다. 그들의 조국은 저유가, 저금리, 저환율의 3저 호황을 거치면서 어느덧 개발도상국의 자리에서 벗어나려고 하고 있었다.

그런데 이후 상황은 10년 전과는 유사하면서도 약간 다른 양상으로 전개되었다. 1970년대 후반의 투기 과열이 유동성 증대, 강남 개발, 아파트 건설과 한 치의 엇갈림 없이 동시다발적으로 발생했던 반면, 1980년대의 투기 과열은 군사 정권의 '주택 500만 호 건설' 정책이 어느 정도 현실화된 뒤에야 약간 시간차를 두고 일어났다. 주지하다시피 과천 신도시와 개포, 목동, 상계의 신시가지에 아파트가 솟아오른 것은 1980년대 초·중반의 일이었다.[14] 1981년 이후 정부는 민간 주택의 분양가를 지자체 장의 승인을 받도록 주택 공급에 관한 규칙을 개정했고, 서울시는 전용면적 85제곱미터 이하는 105만 원, 그 이상은 134만 원으로 평당 분양가의 상한선을 정해놓은 상태였다.[15] 이와 같은 분양가 규제를 통한 정부의 가격 안정화 정책에도 상당수의 신축 아파트는 미분양이라는 고역에 시달려야만 했다. 과열의 도화선에 불꽃을 일으킬 과잉 유동성이 아직 도착하지 않은 상태였던 것이다.

국면이 바뀐 것은 대통령 직선제 선거를 앞둔 1987년 하반기였다. 3년 연속 경상수지 흑자로 외화가 차곡차곡 쌓인 데다 대선과 총선을 치르면서 선거 자금까지 흘러들어 시중의 유동성이 크게 증가했다. 거기에 올림픽 이후의 인플레이션에 대한 우려, 그리고 대선 당시 남발되던 개발 공약에 대한 기대까지 가세했다. 아니나 다를까, 1년 반이 지난 뒤 전국의 집값은 두 배 가까이 뛰어올랐다. 그 상승 행진에서 선두를 이끈 것은 역시 강남의 아파트들이었다. 이를테면 1978년에 1,100만 원이던 25평 반포 주공아파트의 가격은 이 시기를 지나쳐 1989년에 이르자 1억 5,000만 원으로 13.6배나 껑충 뛰었다. 또한 1988년 8월에 3억

4,000만 원이던 압구정 현대아파트 61평은 불과 8개월 만에 4억 5,000만 원으로, 2억 3,500만 원이던 청담 진흥아파트 55평은 3억 7,000만 원으로 올랐다. 1980년대에 건설된 신시가지의 아파트도 강남의 뒤를 따랐다. 1986년에 평당 95만~108만 원으로 분양되던 상계 주공아파트 23평은 이 시기 동안 4,200만 원에서 5,000만 원대로, 1981년에 평당 89만 원선에 분양되던 과천 주공아파트 16평도 3,500만 원에서 5,000만 원대로 뛰어올랐다. 이런 폭등세로 인해 신축 후 10년 정도 지나면 아파트 가격이 열배 가까이 뛰는 게 당연하다는 인식이 팽배하기 시작했다.[16]

가정을 꾸린 후에도 전·월세방을 전전하던 유신 세대 일부에게 도약의 기회가 주어진 것은 바로 이 시간대였다. 신시가지의 아파트 분양과 1988년 서울 올림픽 대회의 개최, 바로 그사이의 시간대. 그것은 시세 차익의 실현을 디딤돌로 삼아 생물적 아버지에서 경제적 아버지로 발돋움할 수 있는 절호의 기회였고, 덧셈만 영원히 반복될 것 같은 '주택청약통장'과 '근로자재산형성저축'의 삶에서 벗어나 "수학 정도가 필요한 인생"으로 전환할 수 있는 출발점이기도 했다. 승승장구하던 강남에 대한 소문도 익히 들어왔던 터라 세상 돌아가는 이치에 밝은 이들은 이 기회를 놓칠세라 재빨리 산수를 건네주고 냉큼 아파트를 건네받았다. 20퍼센트 대의 진학률을 기록했던 이 세대의 대학 졸업자들이 이 대열에 진입하는 데 상대적인 우선권을 쥐고 있었고, 여태껏 자기 집을 마련하지 못한 4·19 세대 일부도 여기에 끼어들려고 애쓰고 있었다.

물론 유신 세대 일부는 1987년 6월 항쟁의 넥타이 부대로 나서 시청 광장이나 명동성당 인근을 서성거리기도 했다. 하지만 그들 대부분은 이미 체제에 합승한 아버지들 중 한 명일 뿐, 이제 오이디푸스가 아니었다. 이런 변신의 맥락을 제대로 이해하지 못한 이들은 아파트 투기에만 초점을 맞춰 비판의 목소리를 드높이기도 했다. 건축가 조건영은 이 시기에 "따는 사람만 있고 잃는 사람은 없는 이상한 도박장은 경제 원리상 지상에 존재할 수 없음에도 이 나라엔 부동산 투기라는 형태로 존재해왔다."고 말한 바 있었다.[17] 그런데 이런 지적은 정치적으로는 올바를지 모르지만 경제적으로는 순진한 지적이었다. 조건영의 비판과는 달리 아파트는 고도성장에 따른 경제 규모의 팽창을 동력원으로 삼아 실제로 그런 노름판을 가능케 하는 부동산 상품이었기 때문이다.

그렇다면 아파트에 안착한 유신 세대는 이후에 어떤 행보를 보였는가? 흥미롭게도 그들은 가족 로망스 제2막을 마무리하는 과정에서도 앞 세대와 유사한 전철을 밟아나가고 있었다. 이를테면 구효서의 소설 〈자동차는 날지 못한다〉에 등장하는 주인공의 아내를 보자. 그녀는 동네 언덕 위에 19평짜리 아파트가 새로 들어선 이후 "아파트 귀신에 단단히 들씌워"버린다. 그리고 "그 요란을 떨던 13대 총선과 대선"에도 별다른 흥미를 느끼지 못한 채 3년 동안의 "살인적"이고 "끔찍한" 내핍 생활로 아파트 구입 자금을 마련한다. 그녀는 그 기간 동안 "치열한 전투 현장의 모진 지휘관"의 역할을 떠맡아 가족을 이끌면서 "나가면 돈이라며 불효자식 삼년상 치르듯 집 안에다 스스로를 엄격히 유폐"시킨다.

덕분에 마침내 아파트를 장만하지만, 그 후유증도 만만찮다. 그동안 "부실하게 보낸 세월"을 보상받으려는 것인지 아내의 씀씀이가 돌변한 것이다. 그녀는 마치 "신 내린 신딸"이 분망하게 내림굿을 벌이듯이 "어항, 식탁, 비디오, 오디오, 소파, 가스보일러, 각양각색의 화분, 화초, 액자, 족자 등" 온갖 잡다한 물건을 사들인다. 반면 주인공은 아파트의 "반듯반듯한 창, 창백하리만큼 깨끗한 도배지, 비정하게만 보이는 거실과 화장실의 사기 타일"이 자신의 삶을 압박해옴을 감지한다. 그것들이 주인공의 "게으름과 나태해지려는 마음과 비생산적인 관념들을 미리미리 단속하여 분발케 하는 지엄한 주인"으로 군림하려 들기 때문이다. 그는 우여곡절 끝에 아버지의 자리를 차지했지만, 그 아버지의 초자아를 지배한 것은 아파트였던 것이다.[18]

여기에서 주목해야 할 대목은 이미 내 집 마련에 성공한 4·19 세대와 유신 세대 중 일부가 이 시기에 아파트에 대한 1970년대적 수학 공식과 해법 들을 좀 더 정교하게 업그레이드하고 있었다는 점이다. 이들의 실험은 주로 투기 과열 과정의 시간차를 활용해 전세 제도를 자산 증식의 지렛대로 전용하는 금융화 전략에 집중되어 있었다.[19] 이를테면 박완서의 소설 〈그대 아직도 꿈꾸고 있는가〉에 주인공으로 등장하는 전직 여교사의 사례를 보자. 이혼녀로 아이를 홀로 키우며 가장 노릇까지 도맡아야 하는 그녀는 강남의 아파트 단지에 거주하면서 젊은 맞벌이 부부들을 상대로 아이 놀이방을 운영한다. 겨우 자리를 잡은 지 얼마 지나지 않아 아이 엄마들 사이에 이상한 소문이 돌면서 놀이방 문을 닫아야만 하는 처지에 몰린다. 결국 주인공은 18평짜리 아파트를 팔고 다른 동네로 이주하기로 결심한다. 살고 있던 아파트의 가격이 많이 오른 터라 강남이 아닌 동네에서 단독주택 한 채를 전세로 얻고, 남는 돈으로 장사라도 할 요량이다.

하지만 과거 동료 교사였던 임 선생이 팔을 걷어붙이고 반대하고 나선다. 어차피 전셋값이 집값의 3분의 2도 넘는데 아파트를 왜 파느냐는 것이다. 임 선생은 "딴 동네 집값이나 전셋값의 상승률이 8학군보다 훨씬 둔하니까 잘하면 몇 번 올려 받은 전셋값을 보태서 집을 또 한 채 장만할 수 있을" 것이라고 조언한다. "황금알을 낳는 거위를 덧들이거나 놓치지만 않으면 차 선생도 부르주아 되는 건 시간문제"일 것이라고 덕담을 건네면서 말이다. 실제로 주인공은 임 선생의 조언에 따라 강북의 다세대 주택에 전세로 입주하고, 남은 돈으로 아파트 단지의 상가를 분양받아 반찬가게를 차린다.[20]

물론 이들과는 질적으로 차원이 다른 투자자들, 그러니까 토지를 통한 자본 이득의 확대재생산 실험에 눈독을 들인 투자자들도 있었다. 바로 재벌들이다. 3저 호황 덕분에 몸집이 크게 불어난 재벌들은 개발주의적 정책이 약화되면서 정부의 통제가 느슨해진 틈을 타서 재빨리 부동산 시장에 뛰어들었다. 당연히 그들에게 아파트 따위는 안중에도 없었다. 1970년대 복부인의 바통을 이어받은 그들의 관심사는 대규모 토지였다. 그들은 연구개발 투자와 부동산 투자 간의 장단점을 분석해 적절한 비율로 투자금을 분배하면서 지목별 지가 상승률을 정교하게 예측했다. 그리고 난 뒤 헬기를 띄워 창공에서 조감의 시선으로 개발 잠재력을 갖춘 땅을 발굴해내려고 애썼다.[21] 그 결과, 1989년 말에 국내 30대 재벌이 보유한 부동산의 총면적은 약 1억 4,000만 평으로 서울시의 70퍼센트를 넘는 규모였다. 당시 장부 가격으로 가장 많은 부동산을 보유한 재벌은 1조 9,690억 원대의 현대였고, 1조 8,897억 원대의 삼성과 1조 5,008억 원대의 럭키금성이 그 뒤를 좇고 있었다. 이 기업들은 몇 년 뒤면 '세계화'의 물결을 타고 글로벌 기업으로 거듭나게 될 법인체들이었다.

이렇듯 부동산 투기가 걷잡을 수 없이 번져나가자, 아니나 다를까 신문 지상에는 내 집 마련이라는 서민의 꿈이 분노로 바뀌고 있다는 기사들이 오르내리기 시작했다. 이를테면 당시 언론들 중 가장 진보적인 입장을 견지했던 〈한겨레〉의 경제 시평은 제조업의 성장을 통한 선진국 진입이라는 당시의 낙관적 전망에 공감을 표현하면서도, 근로 의욕 감소와 과소비 풍조를 일으키는 부동산 투기가 큰 걸림돌로 작용할 것이라고 우려를 나타냈다.

불과 몇 달 사이에 아파트값이 기천만 원씩 오르고 땅값이 몇 배나 뛰어도 나만 돈 벌면 된다는 식의 투기심리가 판을 치고 있다. 아무리 애써 저축해도 내 집 마련의 꿈을 이루지 못하는 서민들의 허탈감을 누가 채워줄 것인가. 부패와 투기는 국민의 일하려는 의욕을 앗아가고 국민경제의 바탕을 뒤흔들고 있다. 이미 제조업체의 생산직 노동자는 모자라는 반면 호텔이나 유흥업소는 우후죽순처럼 늘어나 국민의 소비 풍조를 조장하고 있다.[22]

아파트 시장의 과열 과정이 1970년대의 변주였다면, 이를 비판하는 담론은 1970년대의 반복이었다. 10여 년 전, 박정희가 우려했던 '근로 의욕 상실'과 '소비 풍조 조장'이라는 레퍼토리가 여기서 되풀이되었고, 이런 현상은 보수와 진보를 가리지 않았

아파트 게임

다. 부실한 법망을 자유롭게 넘나드는 자본 이득에 대한 욕망을 도덕적 단죄의 대상으로 삼으려는 태도는 여전했고, 은행을 제조 산업의 투자 자본을 마련하기 위한 저축 창구 정도로 보는 관점도 굳건했다. 이런 비판들이 쏟아지는 가운데 정부는 투기 억제 대책 공표와 전면 세무 조사 실시라는 익숙한 선택 메뉴를 내놓았고, 뒤이어 '주택 200만 호와 수도권 5개 신도시 건설'이라는 획기적인 방안을 제시하기에 이르렀다.

정부가 내놓은 강도 높은 대처 방안은 사실상 유신 세대의 가족 로망스 제2막이 이제 막을 내릴 시점이 되었다는 신호이기도 했다. 1980년대 중·후반에 걸쳐 요란하게 진행되었던 야단법석의 소란은 1988년 서울 올림픽 대회의 성공적 개최를 거치면서 해피엔딩에 다가서고 있었다. 그 결말은 모두가 아는 바 그대로였다. 유신 세대의 일부는 중산층의 대열에 올라섰고, 그 와중에 "신라의 귀면와(鬼面瓦)"를 닮은 또 다른 폭군 아버지는 백담사로 25개월간의 귀양생활을 떠나야만 했다.

한강맨션(1970)
717
[단위: 세대]

여의도 시범아파트(1971)
1,790

반포 주공아파트(1973)
1단지 3,590

압구정 현대아파트
(1975~1981)
3,074

반포 주공아파트
(1977)
2단지 1,720
3단지 2,400

압구정 한양아파트(1977~1984)
반포 한신아파트(1977~1985)
반포 한신아파트(1977~1985)

반포 경남아파트(1978)

서초 삼호가든(1981~1986)

개포 주공아파트
(1981~1983)
13,340

도곡 진달래아파트(1980)
역삼 개나리아파트(1980)

서초 우성아파트(1979~1982)

22,315

아파트 준공(서울)
[단위: 호]

29,403

잠실 주공아파트 1~5단지
(1975~1977)
19,180

29,403

은마아파트
(1978~1979)
4,424

29,385

1,280

아파트 준공(경기)
[단위: 호]

유신 세대의
생애 주기별 경제 지표,
아파트 공급량,
주요 아파트 가격 변동

4,800만

경제 성장률
[단위: 퍼센트]

8.34

8.24

12.03

4.47

7.18

5.95

10.57

9.99

9.30

6.78

−1.49

6.16

7.33

10.77

8.1

코스피 지수(종가)
[단위: 포인트]

GNP
[단위: 달러]

90

155

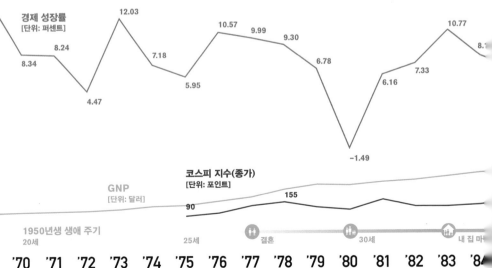

1950년생 생애 주기
20세

25세

결혼

30세

내 집 마

'70 '71 '72 '73 '74 '75 '76 '77 '78 '79 '80 '81 '82 '83 '84

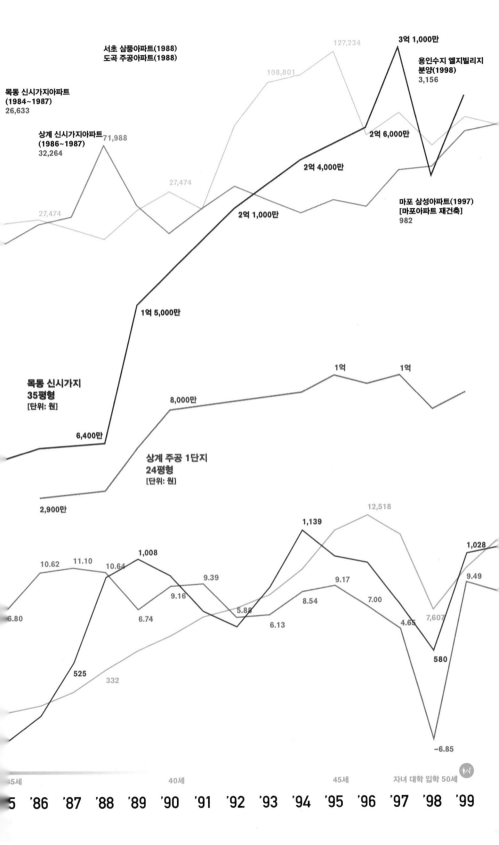

목동 신시가지아파트
(1984~1987)
26,633

상계 신시가지아파트
(1986~1987)
32,264

서초 삼풍아파트(1988)
도곡 주공아파트(1988)

127,234

108,801

3억 1,000만

용인수지 엘지빌리지
분양(1998)
3,156

71,988

27,474

27,474

2억 6,000만

2억 4,000만

2억 1,000만

마포 삼성아파트(1997)
[마포아파트 재건축]
982

1억 5,000만

목동 신시가지
35평형
[단위: 원]

6,400만

8,000만

1억

1억

상계 주공 1단지
24평형
[단위: 원]

2,900만

1,139

12,518

10.62

11.10

10.64

1,008

9.39

9.17

1,028

9.16

6.74

5.88

8.54

7.00

9.49

6.80

6.13

4.65

7,607

525

332

580

−6.85

45세

40세

45세

자녀 대학 입학 50세

'85 '86 '87 '88 '89 '90 '91 '92 '93 '94 '95 '96 '97 '98 '99

386 세대와
신도시

또다시 시간은 흘렀고 이제 1960년대생들의 차례가 왔다. '광주 세대' 혹은 '386 세대'로 불리는 이들의 가족 로망스 제1막은 어느 세대보다 강렬했다. 산업화의 초창기에 태어나 고교 평준화의 물결을 타고 성장했으며 '80년의 봄'과 '5월의 광주'를 경유해 상아탑에 진입한 이후 전두환 정권의 폭압적인 독재에 맞서 변혁의 이상을 키워나갔던 것. 그런데 이들이 1987년 6월 항쟁의 선봉대로서 성공적으로 가족 로망스의 제1막을 마무리하려던 찰나, 잔치가 끝났다는 신호가 여기저기서 울려 퍼지기 시작했다.

1987년 군부 세력의 재집권부터 1989년의 동구권 사회주의 붕괴를 거쳐 1991년의 보수대연합과 구소련 해체까지 국내외의 정치적 격변은 서른을 눈앞에 둔 그들을 환멸과 냉소의 늪에 빠져들게 하기에 충분했다. 물론 이 와중에도 아파트들은 무심한 표정으로 끊임없이 솟아오르고 있었다. 이미 1980년대 후반부터 노태우 정권의 주택 200만 호 건설 정책에 따라 분당, 평촌, 일산, 산본, 중동 등 수도권에 5개 신도시가 건설되고 있었고, 평당 분양가 180만~200만 원대로 책정된 막대한 물량의 아파트들이 공급되기 시작했던 것이다.[23]

정치적 무기력에 찌든 채로 전셋집을 전전하던 386 세대 일부에게 경제적으로 숨통을 틔울 수 있는 내 집 마련의 기회가 주어진 것은 바로 이 시기였다. 이제 가장이 된 그들은 덧셈만 반복될 것 같은 '주택청약통장'과 '근로자재산형성저축'의 삶에서 벗어나기 위해, 그러니까 "수학 정도가 필요한 인생"으로 변신할 수 있는 기회를 잡기 위해 신도시의 모델하우스로 몰려들었다. 그리고 민주화에 대한 결의로 충만했던 광장의 기억을 건네주고 중산층 진입의 꿈을 담은 아파트를 건네받았다. 특히 대학 졸업장을 보유한 이 세대의 일부는 오이디푸스의 자리를 떠나는 것을 못내 아쉬워했지만, 언제까지 청춘의 열정에 매달려 있을 수만은 없는 노릇이었다. 이전 세대의 무주택자들도 이번이 마지막 기회가 될지도 모른다고 직감해서인지 이 대열에 끼어들기에 안간힘을 썼다.[24]

아파트 공급 물량이 많다 보니 386 세대의 가족 로망스 제2막은 확실히 이전보다 더 큰 규모로, 마치 집체극과 같은 양상으로 진행되었다. 물론 앞 세대들과 마찬가지로 이들 역시 아파트에 입주했다고 해서 무대에서 내려올 수 있는 처지는 아니었다. 내집 마련을 통해 아버지 구실을 할 수 있게 되었지만, 그것만으로는 충분치 않았다. 중산층에 진입하기 위해서는 아직 거쳐야 할 관문이 남아 있었다.

그런데 이번에는 시작부터 약간 이상했다. 이전과는 전혀 다른 출발이었다. 신도시 아파트의 대규모 분양이 마무리되어가던 1993년 초반, 김영삼 정권은 헌정 사상 최초로 국회의원 및 고위 공직자의 재산 공개를 단행했다. 정국의 주도권을 장악하기 위해 내놓은 정치적인 묘책이긴 했지만, 공개된 내용은 본래 의도와는 무관하게 지난 30여 년 동안 부동산을 매개로 진행된 '아버지 되기'의 역사, 그리고 그것을 넘어선 '축재의 경제학'의 역사를 축약해 보여주었다. 실제로 상당수의 장차관급 공직자들이 두 채 이상의 주택을 소유하고 있었고, 검찰 고위 간부들 일부는 개발 정보를 이용해 경부고속도로 일대의 토지를 투기 목적으로 매입한 전력이 있었으며, 국회의원과 그 가족이 보유한 전국의 땅은 모두 800만~900만 평으로 여의도의 열 배나 되는 넓이였다.

특히 이들 중 입법부와 사법부의 두 수장이 행한 투기는 '축재의 경제학'의 극한을 보여주는 실험적인 사례에 속하는 것이었다. 당시 1925년생이었던 박준규 국회의장은 1956년 이후 본인과 부인, 자녀 들의 명의로 모두 20여 차례에 걸쳐 경기 여주, 경북, 대구 일대에서 약 21만여 평의 땅을 매입했고, 1966년에는 정부의 강남개발계획 확정 직전에 잠실 땅 4,000평을 사들인 바 있었다. 특히 당시 37세였던 그의 아들은 자신이 보유한 130억 원대의 지하 5층 지상 12층짜리 대형 빌딩과 11~14평 규모의 소형연립주택 11개동 75가구의 주택으로 임대사업을 벌이고 있기도 했다.[25] 한편 1933년생이었던 김덕주 대법원장은 용인 지역의 임야 3만 평, 수원 시내 대지 180평, 인천 지역의 논 1,000평을 보유하고 있었는데, 수원과 인천의 땅은 각각 1970년대 초반에 틈틈이 헐값에 사들인 것이었고, 용인의 임야는 대법관에서 물러나 변호사로 활동하던 1986년에 사들인 것이었다. 당시 용인은 재벌들도 눈독을 들이던 부동산 투기 1번지였다.[26]

이렇게 고위 공직자들의 자산 이력이 공개되자 언론은 사회 지도층에 만연한 부동산 투기 풍토를 개탄하면서 정부 주도의 부정부패 척결과 지도층의 도덕성 회복을 주장하고 나섰다. 하지만

1993년 상반기를 뒤흔든 이 사건은 오히려 부작용을 가져온 것으로 보인다. 일반인들에게는 감히 범접하기 어려운 구름 위의 별세계를 엿볼 수 있는 기회를, 그리고 스스로 중산층이라고 생각하는 이들에게는 '수학'의 중요성을 다시 한 번 복습할 계기를 제공했기 때문이다.

이전까지 해피엔딩을 장식하던 정부의 개입이 극의 초반부를 강타한 것은 심상치 않은 신호였다. 그것은 386 세대의 가족 로맨스 제2막이 앞 세대와는 전혀 다른 패턴으로 전개될 것을 암시했다. 실제로 이 시기에는 경제성장이 아파트 가격 상승으로 이어지지 않는 기현상을 보였다. 1990년대 초반에 9퍼센트대의 성장률을 기록했던 국내 경제는 1992년부터 2년간 각각 5.9퍼센트와 6.1퍼센트로 주춤했다가 1994년부터 다시 8퍼센트대로 올라섰다. 예전과 같은 상승세는 아니었지만 뚜렷한 회복세를 보인 것만큼은 분명했다. 또한 1980년대 후반 노동자 대투쟁 이후 근로 소득의 지속적인 상승세는 '국민소득 1만 달러 시대'와 함께 소비자본주의 시대의 개막도 견인해냈다. 신도시 상업 지구에 대형 할인매장이 줄줄이 들어서고 백화점 버스가 아파트 단지를 바쁘게 오고가기 시작한 것도 이 시점이었다. 그런데 이런 변화에도 불구하고 묘하게도 아파트 가격만큼은 이전과 같은 상승세를 보여주지 못하고 있었다. 200만 호에 달하는 주택 물량이 조금씩 강도를 높여가는 유동성의 압력을 흡수하고 있는 데다, 재산 공개 이후 토지 공개념 도입과 부동산실명제 시행 등 제도 정비로 인해 투기적 수요는 어깨를 잔뜩 움츠린 채 숨을 죽이고 있었던 것이다.

사정이 이렇다 보니 386 세대의 가족 로맨스 제2막 후반부는 별다른 사건 없이 지루하게 전개될 조짐을 보였다. 이를테면 공지영의 〈고독〉에 등장하는 여주인공을 보자. "사랑하구 결혼하구, 애 낳구, 가계부 쓰구, 집 늘리구" 그런 일을 "목숨이라도 걸어야 하는 일인 줄 알았던"[27] 그녀, 지금 결혼 10년 차다. 시를 쓰고 싶었던 국문학과 출신이지만 손에서 책을 놓은 지 오래다. 청약통장 덕분에 결혼한 지 3년 만에 분당 신도시에 27평짜리 아파트를 장만했다. 20여 년 전 〈닮은 방들〉의 주인공에 비하면 내 집 마련에 걸리는 시간을 4년이나 단축했지만, 아파트 입주 후 "사랑도 식고, 싸움도 줄고, 잠자리도 시들해졌다." 한동안 이혼하네 마네 하며 거친 말을 토해내기도 했다. 한참 시간이 지난 후, 그녀는 그 거친 말들이 마지막 남았던 사랑이라는 감정의 찌꺼기를 깨끗이 씻어내기 위한 푸닥거리였음을 깨닫는다. 아이들이 자라자 그녀는 그저 '주어' 없이 현상 유지의 삶을 살고 있다. 남편도 마찬가지다. 아이들은 아빠 얼굴 본 지 오래라고 성화지만, 가장은 날마다 야근이고 심지어 일요일에도 출근한다.

　사실 1990년대 초반 이후 신도시의 아파트에 안착한 30대 여성들 상당수는 어려서부터 남녀평등의 이념을 교육받아온 터라 결혼 전까지만 해도 가부장제의 습속으로부터 상대적으로 자유로웠다. 하지만 결혼 후 상황은 바뀐다. '남편의 경제적 역할'과 '아내의 정서적 역할'이라는 핵가족의 기능적 분업화에 적응해야만 하는 처지가 된 것이다. 특히나 고학력의 전업주부일수록 후자의 역할로 인해 자아실현을 포기해야 한다는 사실에 망연자실해한다. 게다가 한때 혈기 넘치는 청년이었던 남편도 예전 같지 않다. 그는 세상과 부딪치다가 수컷의 논리를 내면화한 가부장으로 변신하기 시작했으니까. 그런 남편의 모습을 지켜보던 주부는 자신이 자기 엄마의 운명을 반복할지도 모른다는 불안감에 빠져든다.

게다가 거대한 아파트들이 그녀를 겹겹이 포위하고 있는 형국. 주변에 "제 또래의, 아직 삼십대 중반의", "빳빳한 와이셔츠 깃을 올리고 넥타이 맨 남자" 중에 그녀에게 말을 건넬 만한 남자라고는 "예수 믿고 구원을 받으라고 하는 젊은 전도사"뿐인 상황. 따라서 그녀로서는 권태로운 일상에서 벗어나기 위해 이렇게 자문해보는 것도 이상해 보이지 않는다. "삼십대 중반을 넘기고 사십을 바라보면서 남편 아닌 남자와 바람이 나는 것처럼 쉽게 짜릿한 도피처가 또 있을까"라고 말이다. 〈고독〉의 주인공은 상상이라는 우회로를 통해 잠시 일탈의 로맨스에 빠져들 뿐 실행에 옮기지는 않는다. 반면 외도를 통해 다른 삶의 가능성을 살짝 엿보려는 이들도 적지 않았다. 신도시 외곽 도로변에 늘어선 카페와 모텔이 그들의 무대였다.

한편 주부의 자리를 지키던 일부는 낭만적 사랑에 대한 탈신화화된 견해나 결혼 제도에 대한 냉소적 입장을 표명하기도 한다. 그들은 거침없이 "결혼은 아무나하고 하는 거"라며, "결혼식을 올림으로써 두 사람 각자의 계산은 모두 끝"나고, 바로 그 이후부터 '합산'을 위한 사랑을 다시 시작해야 한다고 주장한다. 그들에 따르면 사랑의 감정이란 언제나 변하게 마련이니, 결혼 상대를 결정할 때는 "변하지 않는 것을 기준으로" 삼는 것이 합리적이라는 것이다.[28] 이런 입장에 계속 기울다 보면 "변하지 않는"

아파트를 부부 사랑의 결실을 '합산'하는 정량적 지표로 간주한다고 해도 그리 이상하지 않다. 그래서일까? 이제 그녀들 중 일부는 스스로 아파트 자체가 되기로 작심이라도 한 듯 인근의 대형 할인매장에서 물품을 조달받으며 "한국의 표준이라 봐도 무방한 34평의 아파트"[29]를 '스위트홈'의 견고한 요새로 꾸미는 데 여념이 없다. "살아가는 것은 진지한 일이다. 비록 모양틀 안에서 똑같은 얼음이 얼려진다 해도 그렇다, 살아가는 것은 엄숙한 일이다."[30]라고 속으로 되뇌면서 말이다.

아파트 가격 상승이라는 사회적 이동의 추진력이 제대로 작용하지 못했기 때문일까? 이 세대의 가족 로맨스 제2막은 별다른 진척 없이 공회전만 되풀이하면서 구성원들 사이에 가족 제도에 대한 회의와 냉소, 체념의 분위기만 확산시켜가고 있었다. 이런 상황이 예고도 없이 급반전된 것은 1997년 하반기의 일이었다. 돌이켜보건대 그 한 해 전에 경상수지가 237억 달러라는 사상 최대의 적자폭을 기록한 것이 격변의 조짐이었다. 실제로 기업들의 수익률 저하와 과잉 중복 투자, 외채 급증과 단기 차입금 증가에 대한 우려가 확산되었고, 지난 시기의 개발주의적 경제 정책이 한계에 도달했다는 진단도 나오기 시작했다. 하지만 부정적인 경제 전망에도 대통령 선거를 앞둔 1997년 초반부터는 부동산 시장의 움직임이 심상치 않게 돌아가기 시작했다. 실제로 전해에 강남과 수도권 신도시에서 불어닥쳤던 전세 파동을 앞으로 다가올 아파트 가격 상승에 대한 일종의 신호로 간주하는 이들이 적지 않았다. 하지만 예측은 완전히 빗나갔다. 그들이 1997년 하반기에 이르렀을 때 386 세대를 반갑게 맞은 것은 10년 주기의 부동산 시장의 폭등세가 아니라 한반도를 급습한 외환 위기, 그리고 대선 4수 끝에 대통령에 당선된 전라도 출신의 사내였다. 또 다른 시작이었다.

서초 삼풍아파트(1988)
도곡 주공아파트(1988)

서초 삼호가든(1981~1986)

도곡 진달래아파트(1980)
역삼 개나리아파트(1980)

개포 주공아파트
(1981~1983)
13,340
[단위: 세대]

목동 신시가지아파트
(1984~1987)
26,633

상계 신시가지아파트
(1986~1987)
32,264

71,988

108,801

27,474

아파트 준공(서울)
[단위: 호]   29,385

27,474

아파트 준공(경기)
[단위: 호]

386 세대의
생애 주기별 경제 지표,
아파트 공급량,
주요 아파트 가격 변동

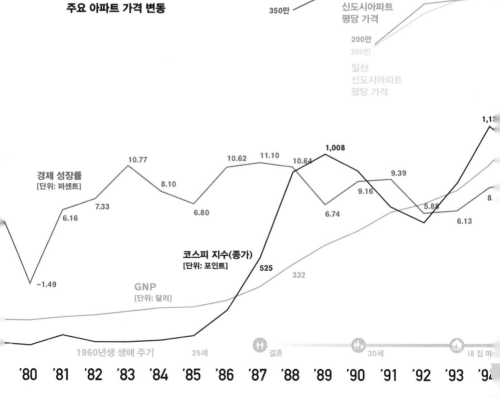

강남 아파트
평당 가격

780만

분당
신도시아파트
평당 가격

350만

200만
200만

일산
신도시아파트
평당 가격

경제 성장률
[단위: 퍼센트]

10.77

8.10

10.62   11.10

10.64

1,008

9.39

9.16

5.88

1,1

6.16   7.33

6.80

6.74

6.13   8

−1.49

코스피 지수(종가)
[단위: 포인트]

525

332

GNP
[단위: 달러]

1960년생 생애 주기   25세   결혼   30세   내 집 마

'80 '81 '82 '83 '84 '85 '86 '87 '88 '89 '90 '91 '92 '93 '94

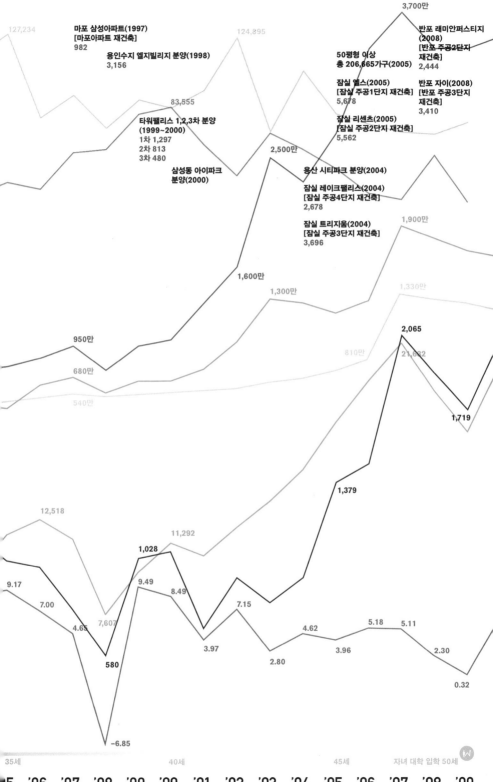

127,234

마포 삼성아파트(1997)
[마포아파트 재건축]
982

용인수지 엘지빌리지 분양(1998)
3,156

124,895

반포 래미안퍼스티지
(2008)
[반포 주공2단지
재건축]
2,444

50평형 이상
총 206,665가구(2005)

83,555

잠실 엘스(2005)
[잠실 주공1단지 재건축]
5,678

반포 자이(2008)
[반포 주공3단지
재건축]
3,410

타워팰리스 1,2,3차 분양
(1999~2000)
1차 1,297
2차 813
3차 480

잠실 리센츠(2005)
[잠실 주공2단지 재건축]
5,562

삼성동 아이파크
분양(2000)

2,500만

용산 시티파크 분양(2004)

잠실 레이크팰리스(2004)
[잠실 주공4단지 재건축]
2,678

잠실 트리지움(2004)
[잠실 주공3단지 재건축]
3,696

1,900만

1,600만

1,300만

1,330만

950만

810만

680만

2,065

540만

21,632

1,719

1,379

12,518

11,292

1,028

9.49

8.49

9.17

7.15

7.00

5.18   5.11

4.65

7,607

4.62

3.97

3.96

2.80

2.30

580

0.32

−6.85

35세   40세   45세   자녀 대학 입학 50세

'95   '96   '97   '98   '99   '00   '01   '02   '03   '04   '05   '06   '07   '08   '09

외환 위기 이후의 아파트

　개별 세대별로 나름의 우여곡절이 있었지만, 오이디푸스들은 1970년대 이후 10년 주기로 세 차례에 걸쳐 광장에서 아파트로 가족 로망스의 무대를 옮기면서 중산층 아버지로 변모했다. 그들 중 첫 번째 세대는 근로소득을 능가하는 자본 이득의 중요성에 눈을 떴고, 두 번째 세대는 전세 제도를 지렛대 삼아 아파트 한 채를 더 보유하는 방법을 터득했으며, 세 번째 세대는 수도권 일대의 지도를 들여다보면서 자신들에게는 앞 세대와 같은 자산 증식의 기회가 주어지지 않을지도 모른다는 조바심에 시달렸다.

　이런 편차에도 이들의 수학에서 변치 않는 공리의 역할을 해준 것은 "실패하지 않은 건 끊임없이 지어지는 아파트뿐"[31]이라는 명제였다. 흥미로운 것은 이 중산층 아버지들 중 어느 누구도 아파트가 고도성장을 통해 축적된 사회적 부를 시세 차익이라는 형태로 그 소유자들에게 배분하는 사회 시스템이라는 사실을 제대로 인지하지 못했다는 점이다. 따라서 그들은 이 시스템의 근간이라고 할 수 있는 분양가 상한제와 주택청약 제도의 설계 의도에 대해 굳이 알려 들지 않았으며, 연간 10퍼센트를 넘나들던 특정 시기의 경제 성장률이 사실상 복지 제도를 대신했던 이 시스템의 에너지원이었다는 사실에 대해서도 무관심했다. 그들은 정말로 자신의 노력과 수완으로 내 집 마련과 더불어 중산층에 진입했다고 철석같이 믿고 있었고, 따라서 자신이 아버지라는 배역을 맡아 수행해야 할 역할 놀이에 더 관심을 기울였다.[32] 종종 "식구들이 원하는 것을 못 사주게 될까 봐, 그렇게 열심히 공부하고, 남보다 나은 직업과 직장을 위해 한눈 한 번 안 팔고 매진한 것일까"[33]라고 쓸쓸하게 자문해보는 아버지들도 없지는 않았다. 하지만 그것은 해답을 구하기 위한 질문이라기보다는 자기 위안을 위해 고안된 질문에 가까웠고, 따라서 성찰의 시간은 오래 지속되지 않았다.

상황이 바뀐 것은 1997년 외환 위기 이후였다. 제일 먼저 포문을 연 것은 환율 폭등과 부동산 가격 하락이었고, 그 바통을 이어받은 것이 분양가 상한제 폐지와 부동산 거래 규제 완화였다. 주식 시장이 닷컴 버블의 물결을 타고 고공비행을 하는 사이, 평당 분양가 500만 원대를 처음으로 돌파한 용인의 대규모 아파트 단지, 그리고 1,000만 원대 평당 분양가를 자랑하는 강남의 주상복합 아파트가 속속 등장했고, 강남의 아파트 단지들은 이제 노구를 이끌고 재건축의 소용돌이 한복판에 뛰어들었다.

이런 변화에 대한 대응은 제각각이었다. 여전히 '산수'의 도덕을 신봉하는 이들은 나라 경제를 살리겠다는 일념으로 금 모으기 운동에 참여하기 위해 동네 은행 창구로 향했고, 노후 대비용으로 여유자금을 비축해놓은 50, 60대 중산층 일부는 재벌 건설사들이 짓고 있는 용인의 고급 대형 아파트의 모델하우스나 반포, 잠실, 개포 일대의 저밀도 노후 아파트 주변 부동산 중개업소를 들락거렸다. 사람들 앞에서는 자신을 '중산층'이라고 낮춰 부르곤 하지만 실제로는 중산층보다 대여섯 계단 위에 서 있다고 자부하는 이들은 재벌 건설사의 VVIP 초청장을 손에 쥐고 주상복합 아파트의 비공개 모델하우스로 발걸음을 옮겼다. 한편 이제 막 사회 초년생으로 20대 후반의 문턱을 넘어서고 있던 1970년대 초반생들은 상황을 파악하지 못한 채 우왕좌왕하며 눈치만 살피고 있었다. 그들은 자신이 속한 세대의 구성원 상당수가 자력으로 내 집을 마련하는 것이 불가능한 첫 세대가 될 것이라는 사실을 아직 깨닫지 못하고 있었다.

그리고 2~3년이 지났다. 아파트에 투자했던 이들이 엄청난 시세 차익을 거둔 사실이 알려지고, 특정 지역에 국한되었던 부동산 열기가 이후 서울과 수도권 일대로 빠르게 퍼져나갔다. 실제로 이 시기에 서울 아파트의 평균 매매가는 한 달 평균 약 300만 원의 속도로 상승곡선을 그리고 있었고, 이 수치는 2인 이상 도시 가구의 월평균 소득에 육박하는 수준이었다.[34] 뒤늦게 이 사실을 알아차린 수많은 중산층 아버지는 자신보다 한발 앞서 수학의 새로운 가설을 실험했던 일군의 선구자를 본보기로 삼아 서울이나 수도권 일대의 모델하우스 주변을 서성거리기 시작했다. 그들의 목표는 명료했다. "대한민국 1퍼센트"까지는 어렵다고 하더라도 남들이 부러워할 만한 "부자가 되"는 것, 혹은 "당신의 이름이 되는 아파트"에서 사는 것이었다. 이 대열에 끼지 못할까봐 전전긍긍하던 일부 주부는 참다못해 무심한 남편과의 전쟁을 선포하기도 했는데, 도발은 보통 이런 식으로 시작되었다.

사내아이 둘 키우다 보면 좁은 집 안이 얼마나 난장판이 되는지 알기나 해? 아파트 가격 그렇게 올라서 남들은 앉아서 몇 억 벌 때 여긴

십 원 한 장 오르지 않잖아. 대출이라도 받아서 아파트 사놓는 게 투자잖아. 여기보다는 신도시 같은 데가 아이들 키우기에도 낫잖아. 내 친구들 보면 안 그런데 왜 나만 이렇게 살아야 돼?[35]

용인에서 강남으로, 다시 강남에서 수도권 전역으로 걷잡을 수 없이 확산된 전염성 강한 유행병, 그 과정에서 중요한 촉매제 역할을 도맡은 것은 저금리였다. 많은 사람이 '밀레니엄 버그'를 상상하면서 맞이했던 새로운 21세기는 바야흐로 저금리의 시대였다. 2001년 미국 연방준비은행은 기준 금리를 1퍼센트로 낮췄고, 이에 따라 한국은행 역시 기준금리를 4퍼센트로 내렸다. 여태껏 고도성장 시대의 산수와 수학 문제를 풀어온 사람들에게 이 자율 4퍼센트는 외계인의 암호나 다름없는 수치였다.[36] 중산층 아버지들이 받아든 수학 문제도 이전과는 완전히 달라질 수밖에 없었다. 분양가 자율화와 저금리 시대의 수학 문제는 환율과 성장률과 금리, 코스피 지수와 평당 분양가, 아파트 시세를 동시에 고려해야 하는 다변수 함수였기 때문이다. 구구단을 이제 막 떼었거나 근의 공식을 겨우 외우는 수준의 이들이라면 도저히 풀 엄두를 낼 수 없는 난이도였다. 섣불리 뛰어들었다가는 패가망신하기 딱 좋은 상황이었다.

하지만 중산층의 아버지들은 아랑곳하지 않았다. 지금이 아니면 영영 기회를 놓칠지도 모른다는 불안감, 그리고 사태의 복잡성을 애써 무시하는 근거 없는 낙관주의가 그들의 등을 떠밀고 있었다.《부자 아빠 가난한 아빠》같은 재테크 관련 서적들을 읽는 것은 빼먹어서는 안 되는 필수 코스였다. 그들은 실패의 확률은 늘 있게 마련이라고, 그래도 자신만큼은 부동산 거래에 돈을 던져놓고 기도만 하는 이들과는 다르다고, 재테크 서적을 통해 습득한 "금융 지능"을 잘만 활용하면 위험성을 줄이고 대박 신화를 일굴 수 있다고 자기 최면을 걸었다.[37] 그들이 독서를 마친 다음 발걸음을 옮긴 곳은 다름 아닌 은행 창구였다. 투자금의 일부를 대출받기 위해서였다. 하긴 아파트를 통해 가까운 미래에 실현될 시세 차익의 규모가 그들이 부담해야 할 차입금의 이자에 비해 훨씬 더 크리라는 예측이 지배적인 상황에서 무엇을 고민하겠는가? 근로소득만으로는 자녀의 사육비도 감당하기 힘든 터에 자산 시장에라도 발을 걸치지 않으면 아버지 노릇도 하기 힘든 게 현실이지 않은가?[38]

이들이 이렇게 각오를 다지며 새로운 투전판에 적응하느라 분투하는 사이, 이미 중산층의 굴레에서 벗어나는 데 성공한 이들은 사회적 이동의 사다리들을 하나둘 걷어차면서 세상의 거친 풍파에도 흔들리지 않는 자산 불패의 요새를 구축하려고 했다. 이를테면 1970년대 초반 사당동의 집장사 집을 첫 내 집으로 마련했던 1944년생 여성인 조모 씨의 사례를 보자. 아파트 역사의 산 증인이나 다름없는 그녀는 1970년대 후반 반포의 22평 아파트를 시작으로 1990년대 초반에는 분당에 아파트를 마련했고, 2000년대 초반에는 한 해에 네 채의 아파트를 사들였다. 세 번의 버블을 능수능란하게 통과한 덕분에 그녀의 손에는 자녀 명의의 아파트를 포함해 모두 여섯 채의 아파트가 쥐어졌다. 2006년 당시 용인의 84평 아파트에 남편과 단 둘이 살고 있던 그녀는 아직 사칙연산 수준에 머물러 있는 군인 출신 남편의 셈법과 비교하면서 아파트에 대한 자신의 수학을 다음과 같이 명료히 정리한다.

> 근데 그게 어떻게 내가 운이 맞아가지고 내가 아파트만 사면 집값이
> 자꾸 오르더라고. 우리 애 아빠는 나보고 당신은 한번 움직이면 1억
> 씩 한대. 근데 더 웃긴 건 우리 애 아빠는 곶감 꼬치 빼먹듯이 빼먹구
> 사는 거 그거 계산밖에 할 줄을 몰라요. 그러니 내가 보기엔 한심스
> 럽지. 돈 얼마를 갖고 1년에 얼마씩 몇 년을 살고, 그거 계산하고 앉
> 았어요. 그러면 나는 뭐라 그러냐면 그걸 왜 계산하냐, 그걸 가지고
> 이용해서 그 돈을 살려놓고, 이용하는 거 갖고 실컷 먹고 살지, ……
> (용인의) 84평, 이건 주웠어. 5억 4,000에 샀나?[39]

1997년 외환 위기 이후 10년이라는 시간 동안 '바이 코리아'부
터 '카드 대란'을 거쳐 '부동산 폭등세'까지 폭주에 폭주를 거듭
하며 계속된 이른바 '투기적 과열 상태'. 그 뜨거운 열기 속에서
어떤 사람은 즐겼고, 어떤 사람은 즐기는 사람을 따라 하려고 발
버둥 쳤고, 어떤 사람은 모른 척했고, 어떤 사람은 정말로 아무것
도 모른 채 그냥 견뎠고, 어떤 사람은 쫓겨났다. 영원히 지속될
것 같던 부동산 열기가 한풀 꺾이기 시작한 것은 2008년 미국발
금융 위기 이후였다. 그로부터 얼마 지나지 않아 서두에서 언급
한 '아파트로 인해 허덕이는 하우스푸어'와 '은퇴를 앞둔 베이비
부머' 같은 종족들의 문제가 가계 대출 문제와 더불어 사회적으
로 표면화되기 시작했다. 전자는 바뀐 게임의 규칙에도 아랑곳하
지 않고 섣불리 수학 문제를 풀려고 나섰다가 궁지에 몰린 경우
였고, 후자는 별다른 노후 준비도 없이 난이도 낮은 산수 문제만

풀면서 시종일관 부동의 기마 자세로 버티는 축에 속했다.

이 지점에서 주목해야 할 것은 앞서 살펴본 4·19 세대, 유신 세대, 386 세대와 같은 10년 주기의 세대론도 점차 힘을 잃어간 반면 '베이비붐 세대'와 같이 출생 인구의 통계치를 근거로 삼는 세대론이 점차 영향력의 범위를 넓혀가기 시작했다는 점이다. 혹자들이 말하듯이 개별 세대의 청춘들로 하여금 살부의 음모에 뛰어들게 만들었던 정치적 적대의 분위기가 이전과는 달리 크게 약화되었기 때문일까?

아니, 방향을 달리해서 다음과 같이 근본적인 질문을 던져보는 것은 어떨까? 결국 청년기의 정치적 경험에 방점을 찍는 세대론이란, 10년 주기로 펼쳐진 '정치적 격변, 경제적 호황, 대규모 아파트 건설'이라는 일련의 사건을 거치면서 성공적으로 중산층에 진입한 집단 중 일부가 자신의 정치적 발언권을 특권화하며 그 진정성을 인정받기 위해 만들어낸 자기 정체성의 판타지였던 것은 아닐까? 혹시 그 사건들의 구조가 아파트라는 거푸집을 통해 중산층을 대량복제하는 데 그치지 않고, 그들의 의식 내부에 세대론이라는 신기루를 주조해냈던 것은 아닐까? 바로 이 신기루 덕분에 수많은 오이디푸스가 끊임없이 자신의 사회적 이동을 가족 로망스의 형식으로 서사화하면서 자신이 제 삶의 주인인 양 부지런히 '내면'의 두께를 쌓아갈 수 있었던 것은 아닐까? 제1막에서는 광장을 무대로 젊은 오이디푸스를, 그리고 제2막에서는 아파트 거실에서 중산층 아버지를 연기하면서 말이다. 이런 측면에서 보자면, 다음과 같이 말할 수도 있지 않을까? 10년 주기의 세대론이야말로 고도성장기 중산층의 계급의

식이었다고 말이다.

그렇다면 격동의 2000년대에 청년기를 보낸 이들은 어떤 상황일까? 철이 덜 든 앞 세대의 삼촌들은 익히 해오던 대로 세대론의 형식으로 조카들을 호명하며 사회의 불평등과 부조리에 맞서 광장에 모여 짱돌을 던지라고 부추기곤 했다. 하지만 상당수의 조카는 삼촌들의 말을 한 귀로 듣고 한 귀로 흘렸다. 그들은 새로운 세상의 질서에 노출된 채 아무런 방어막 없이 그것을 삶의 선험적 원리로 받아들일 수밖에 없는 처지였으니까. 순응은 처세의 기술이 아니라 생존의 조건이었다. 혹시 1997년 외환 위기 직전, 소설가 백민석이 농담처럼 던졌던 이야기가 일종의 예언 같은 것이었을까?

> 프로이트 이후로 가장 인기 있는 무대였는데, 이젠 제 아버지가 누군지도 몰라들 하는데 어떻게 아빠를 죽이겠어? 차라리 발가벗은 아버지 열댓 명과 함께 한 방에 들어가 노는 게 요즘 추세라고.[40]

광장과 아파트를 무대로 삼았던 가족 로망스의 서사가 불가능해진 세계, 결국 후속 세대 상당수는 아르바이트와 김밥의 천국으로 발길을 돌려 청춘의 시간을 소진해야 하는 처지였다. 소설가 김사과의 표현대로 "아파트와 전자 칩, 자동차를 제외한 모든 것"이 의미를 잃어버린 그 세계에서 청춘의 자아는 "지나치게 얄팍"해 "셀로판지 같지만 셀로판지가 아닌", "셀로판지가 되기엔 너무 두껍고 또 인간이 되기엔 너무 얇은 뭔가"[41]로 존재하며 아무런 희망도 없이 게임의 규칙을 묵묵히 견뎌내야 했던 것이다.

특정 시대의 끝을 알리는 영도(zero degree)의 인간형? 흥미로운 점은 이 인간형이 고도성장 이전 시절의 인간형과 매우 유사하다는 점이었다. 4·19 세대가 가족 로망스 제2막을 고안해내기 직전, 김승옥의 1960년대 소설 속 화자는 자신을 이렇게 표현한 적이 있다.

나는 인간인 동시에 뭐라고 설명할 수 없는 곡선의 평면이다. 화려한 풍경 속에 창백한 백지로 남는, 곡선으로 이루어진 어떤 하얀 평면.[42]

닳고 닳아 아무것도 남지 않은 셀로판지와 아무것도 그릴 게 없어 휑하게 남겨진 백지라는 은유의 유사성. 단순히 40년의 시차를 둔 닮은꼴의 반복일까? 아니면 김승옥의 주인공이 4·19 세대의 가족 로망스 제2막이 오르기 이전에 존재하던 '납작한 반투명의 주체'라면, 김사과의 주인공은 그 가족 로망스 자체가 시효를 끝낸 시점에 등장한 '납작한 반투명의 주체'라고 할 수 있지 않을까?

제2차 경제개발 5개년 계획이 시작된 1967년부터 IMF에 구제금융을 신청해야 했던 1997년까지, 약 30년에 걸쳐 지속된 경제 팽창의 시대, '67년 체제'라고 부를 만한 이 시대의 입구에 아직 들어서지 못한 1960년대의 청춘은 "자유가 무엇인지를 다만 책에 적힌 지식으로만 배운 세대"로서, 4·19 혁명을 경험하며 "괴물"과도 같은 자유의 무한한 가능성이 자신의 눈앞에 펼쳐지는 것을 목격하고서는 공포심을 느꼈다가, "농촌에서 자라 육사를 나온" 바로 앞 세대의 "촌스러운 오기"에 압도당한 채 무기력하게 골방에 틀어박혔다.[43] 반면에 호황의 시대로부터 쫓겨나 경기 침체 국면에 머물고 있는 2010년대의 청춘은 자신을 들끓게 만드는 분노를 표출할 출구를 찾지 못한 채 앞 세대들이 남겨놓은 구역질 나는 가족 로망스의 자취를 말끔히 지워내려고 애쓰다가[44] 결국에는 "이제 끝이 아닌 세계를 어디서도 발견할 수가 없다"[45]고 읊조린다. 어느 겨울의 끝과 또 다른 겨울의 시작, 그들은 30년 동안의 고도성장 국면을 사이에 두고 겨울의 이미지처럼 닮아 있었던 것이다.

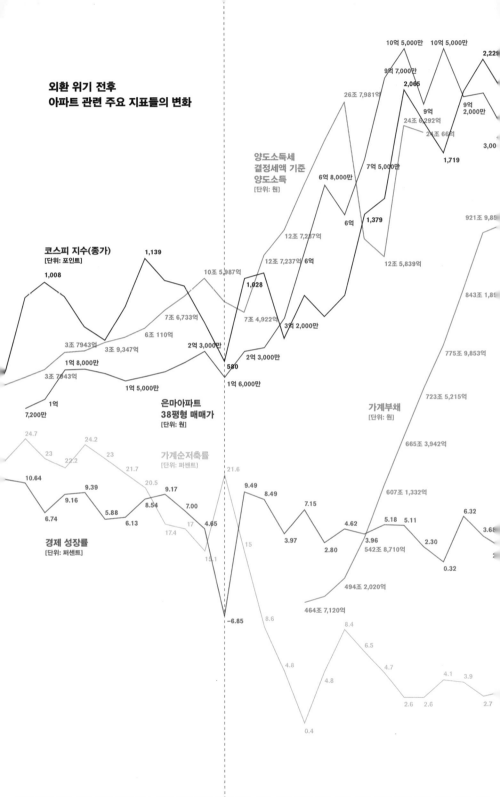

외환 위기 전후
아파트 관련 주요 지표들의 변화

양도소득세
결정세액 기준
양도소득
[단위: 원]

코스피 지수(종가)
[단위: 포인트]

가계부채
[단위: 원]

은마아파트
38평형 매매가
[단위: 원]

가계순저축률
[단위: 퍼센트]

경제 성장률
[단위: 퍼센트]

'88 '89 '90 '91 '92 '93 '94 '95 '96 '97 '98 '99 '00 '01 '02 '03 '04 '05 '06 '07 '08 '09 '10 '11

게임의 새로운 규칙,
혹은 욕망의 구조조정

　이렇게 '하우스푸어'와 '베이비부머', 그리고 젊은 청춘들이 세계의 끝에 직면하여 힘겹게 버티는 동안, 다른 한편에서는 아파트와 관련된 충격적인 사건들이 잇달아 발생했다. 그것은 쫓겨난 이들의 비극이었다. 부동산 열기가 식어가던 2008년 2월 10일 밤에 발생한 사건이 그 신호탄이었다. 1990년대 초반 신도시 건설로 인해 일산에서 쫓겨났던 50대 초반의 중년 남자가 인생의 모든 피로가 엉겨붙은 69세 노인으로 바뀐 채 등산용 배낭을 메고 서울 숭례문 누각으로 올라갔다. 그는 기대에 못 미쳤던 토지 보상금 때문에 자신의 인생이 망가졌으니 언젠가는 사회에 복수하겠다는 생각을 품고 살아왔다. 뒤늦게 찾아온 기회. 그는 2층 누각 바닥에 시너를 뿌리고 라이터로 불을 붙였고, 숭례문은 그로부터 다섯 시간 후 누각을 받치는 석축만 남긴 채 불타버렸다.[46]

　1년이 흐른 2009년 1월 20일 이른 아침, 용산의 철거 직전 건물에서 대형 참사가 일어났다. 기존의 건물들을 헐어내고 그 땅 위에 40층 규모의 주상복합 아파트 6개 동을 세우려는 재개발 사업. 조합과 일부 세입자 사이에 보상비를 둘러싼 갈등이 지루하게 계속되고 있었다. 결국 출구를 찾지 못한 세입자들은 전날 새벽에 남일당 옥상을 무단 점거하고 농성을 시작했다. 사고는 경찰이 농성자들을 강제로 진압하는 과정에서 벌어졌다. 경찰은 물대포와 컨테이너 박스를 동원해 건물로 진입하려고 했고, 농성자들은 화염병으로 위협하며 경찰의 진입을 막으려고 애썼다. 이들 사이에 무력충돌이 계속되는 동안 불행하게도 건물 내부의 인화물질이 타올랐고, 불길은 걷잡을 수 없이 번졌다. 이 사고로 경찰 특공대 대원 1명을 포함한 5명이 목숨을 잃었다.

그해 5월 23일 아침에는 또 다른 비극이 벌어졌다. 취임 직전 자신 명의의 빌라를 팔아버렸던 1946년생 전임 대통령의 자살이 그것이었다. 경제적으로 무능했던 아버지는 자기 세대의 다른 법조인들과는 달리 자식에게 아파트 한 채를 증여해줄 능력이 없었고, 자식 가족의 앞날을 걱정하던 어머니는 아버지 몰래 지방 토호로부터 수상한 돈을 건네받았다. 그리고 아버지는 어느 날 새벽, 자신의 고향 마을이 한눈에 내려다보이는 뒷산 절벽에서 뛰어내렸다.

숭례문 방화, 용산 재개발 화재 참사, 전직 대통령의 자살로 이어지는 일련의 사건. 첫 번째 사건은 '중산층의 성장 신화'가 점차 희미해져가던 시대, 그 신화에서 희생양 역할을 억지로 떠맡아야 했던 이가 귀환한 것이었다. 성수대교가 무너진 지 14년, 그리고 삼풍백화점이 무너진 지 13년 후의 일이었다. 그렇다면 두 번째와 세 번째의 비극이 의미하는 것은 무엇이었을까? 혹시 그 사건들은 스스로 아파트가 되지 못했던, 그리하여 그저 견디고만 있던 아버지들이 어떻게 파국을 맞이하게 될 것인지를 미리 보여주며 중산층의 무의식 깊숙이 몰락의 공포를 각인시킨 외상적 사건이 아니었을까? 하긴 폭등에 대한 기대감이 역병처럼 번졌다면, 폭락에 대한 공포는 피할 길 없는 후유증이지 않은가? 혹시 이제 가족 로망스의 제3막이 펼쳐질 차례가 온 것일까? 적어도 이것만큼은 분명해 보인다. 그 무대에서 '정치'가 '저성장' 시대에 걸맞게 새로운 게임의 규칙을 고안해내지 못하고 중산층이 욕망의 구조조정을 단행하지 않는다면, 그리하여 아파트가 여전히 주인 행세를 계속한다면 세상은 악화일로를 걷게 될 것이라는 점이다.

■ 1장에 수록한 그래프의 출처는 다음과 같다. 경제 성장률, 주가 지수, 양도소득세 결정세액 기준 양도소득 규모는 각각 세계은행, 한국거래소, 국세청 자료를 참고했고, 1인당 GDP, 가계순저축률, 가계부채는 한국은행 자료에 근거했나. 준공연도별 지역별 아파드 규모 헌찹온 대한주택공사 주택도시정보센터의 아파트 주거환경 통계, 압구정동 현대아파트, 잠실 주공아파트, 반포 주공아파트, 목동 주공아파트, 상계 주공아파트의 가격 변동은 〈동아일보〉, 〈매일경제신문〉, 〈한겨레〉의 아파트 가격 시세표, 강남·분당·일산 지역의 아파트 평당 가격은 부동산정보업체 '닥터아파트' 가격 정보, 은마아파트 38평형 매매가는 부동산정보업체 '부동산뱅크'의 장기 가격 정보를 각각 참고했다.

2

저 너머

도미노의 끝[1]

| 1955년생 베이비부머의

울화와 환멸

"최고의 시절이자 최악의 시절, 지혜의 시대이자 어리석음의 시대였다. 믿음의 세기이자 의심의 세기였으며, 빛의 계절이자 어둠의 계절이었다. 희망의 봄이면서 곧 절망의 겨울이었다. 우리 앞에는 모든 것이 있었지만 한편으로는 아무것도 없었다. 우리는 모두 천국으로 향해 가고자 했지만 우리는 엉뚱한 방향으로 걸어갔다."

—찰스 디킨스 지음, 이은정 옮김, 《두 도시 이야기》(펭귄클래식 코리아, 2011), 13쪽.

카페 정경

　K씨가 운영하는 국산 프랜차이즈 커피전문점은 3층짜리 건물 1층에 자리 잡은 세 개의 점포 중 하나다. 보통 커피전문점이라고 하면 대형 카페를 떠올리곤 하지만, K씨의 점포는 테이크아웃 전문점에 가깝다. 비좁은 공간에 2인용 탁자 세 개만 달랑 놓여 있을 뿐이다. K씨가 커피전문점의 문을 연 것은 3년 전이었다. 당시만 해도 이 동네 주변의 상권은 소박하기 짝이 없었다. 에스프레소 커피를 파는 카페는 K씨 점포뿐이었다. 그 덕분에 호황도 없지만 불황도 없이 고만고만한 매출로 무탈하게 지내왔다. 돌이켜보면 행복한 시절이었다.

　그런데 얼마 전부터 상황이 바뀌었다. 상권에 변화가 오기 시작한 것이다. 이 골목에 드나드는 손님들이야 예전과 별로 달라지지 않았고 주변의 보행 인구가 크게 늘지도 않았는데, 새로 문을 연 카페들이 지하철역 주변에 하나둘 늘어났다. K씨는 자신의 점포와 거리도 있고 해서 처음에는 대수롭지 않게 생각했다. 하지만 이는 잘못된 판단이었다. 단골손님들의 발길이 하나둘 끊기더니 매상도 줄기 시작했다. 게다가 엎친 데 덮친 격으로 건물주가 보증금과 월세를 올리겠다고 갑자기 통보해왔다. 상권 변화에 촉각을 곤두세운 부동산 중개업자들이 부추긴 탓이었다. 중개료를 받아 챙기는 입장에서는 같은 가격이라면 기존 세입자와 재계약하는 것보다는 신규 창업자로 물갈이하는 것을 선호하는 게 당연했다. 실제로 소규모 편의점과 프랜차이즈 떡볶이 가게를 개업하려는 이들이 이 동네에 자리를 알아보고 다닌다는 소문이 파다했다.

무한경쟁의 시작이었다. K씨는 자신의 생존 가능성을 알아보기 위해 며칠 전부터 주변 경쟁자들의 상황을 살피기 시작했다. 새로 문을 연 카페들은 한 곳을 제외하곤 하나같이 고급 프랜차이즈였다. 서울 시내의 번화가나 역세권 어디서나 흔히 볼 수 있는 간판을 내건 그 카페들은 업체가 제공하는 매뉴얼대로 인테리어를 꾸미고 메뉴를 내걸고 음료를 만들어내고 있었다. 부동산 중개업자들이 귀띔해준 바에 따르면, 점주들의 사정은 K씨와 그리 다르지 않았다. 차이가 있다면 K씨보다 조금 늦게 은퇴했고 투자금이 훨씬 더 풍부했다는 정도였다.

그런 이유로 K씨는 프랜차이즈 간판을 내걸지 않은 유일한 카페에 더 눈길이 갔다. 젊은 주인이 유학파 파티시에를 모셔다가 직접 운영한다는 프랑스 이름의 카페였다. 나름 유명세가 있는지, 인터넷에서 카페 이름으로 검색해보면 개인 블로그에 올라온 소개 글들을 심심치 않게 볼 수 있었다. 주로 타르트와 케이크에 대한 품평이었다. 오늘 K씨는 그 카페를 한번 둘러보기로 마음먹었다. 경쟁자라고 하기에는 터무니없는 만용을 부려야 할 처지였지만, 그래도 어떻게 손님을 불러모으는지 궁금했기 때문이다.

K씨는 아르바이트생에게 가게를 맡겨놓고 그 카페로 나섰다. 동네 한 바퀴를 천천히 빙 돈 다음 그 카페의 문을 열고 들어섰다. 오전이라 한산했다. 주인처럼 보이는 30대 남자는 말쑥하게

차려입고서는 창가의 테이블에 앉아서 아이패드를 열심히 들여다보고 있었다. 카운터에 다가서자 고운 선의 눈매를 지닌 여자 아르바이트생이 살짝 미소를 건넸다. K씨는 아메리카노를 주문했다. 안쪽 구석 자리에는 대학생처럼 보이는 젊은이가 이어폰을 낀 채 고개를 까딱까딱하며 토익 책을 들여다보고 있었다. K씨는 젊은 주인이 앉은 창가의 옆자리에 앉았다.

카페의 고즈넉한 분위기가 깨진 것은 K씨가 향을 음미하면서 머그잔에 담긴 아메리카노를 한 모금 들이키려는 찰나였다. 갑자기 한 무리의 30대 여인들이 카페에 등장했던 것이다. K씨는 옷차림새만 보고도 그녀들이 길 건너편 아파트 단지에서 온 주부들이라는 걸 단박에 눈치 챌 수 있었다. 그녀들은 둥근 테이블이 있는 가장 널찍한 자리에 앉더니 수다에 몰입하기 시작했다. 분위기가 심상치 않았다.

"먼저 커피부터 시켜야지? 뭐 마실래? 그래, 영린 엄마가 주문 좀 해줘. 나는 단 게 좀 당기네. 캐러멜 마키아토가 좋겠어. 케이크도 좀 시킬까? 여기 딸기 타르트하고 밀크초콜릿 무스가 괜찮아. 프랑스 유학 갔다 온 파티시에가 만든 거래. 응, 맞아. 그래. 그렇게 좀 주문해줘. 고마워."

"내 말 좀 들어봐. 글쎄, 지난 주말에 성호 엄마가 우리 집에 잠깐 놀러왔잖아. 그런데 이사 간 동네 분위기가 장난 아니래."

"남편 직장 때문에 그쪽으로 간 거잖아. 여기 아파트 전세 내주고, 곧 돌아온다며 갔잖아."

"응. 그런데 성호를 거기 유치원엘 보냈는데, 글쎄 그 유치원 엄마들이 세 파로 갈려 있다지 뭐야. 거기 짱 먹은 엄마들이 따로 따로 불러내서는 '자가냐 전세냐'부터 이것저것 호구조사를 하더래. 성호 엄마는 어이가 없으면서도 묻는 말에 다소곳이 답하면서 혼자 속으로 이랬대잖아. '내가 니들 아파트값 얼만지 다 아는데 감히 나를 불러다가 면접을 봐?'"

"하여간 어정쩡한 것들이 더하다니까. 근데 성호 엄마 성격이면 그 동네 아줌마들쯤은 순식간에 휘어잡을 텐데, 가만히 있었나 보네?"

"연초에 점쟁이가 금년만큼은 오지랖을 줄이고 자존심도 버리라고 했대. 그리고 우리 동네에서 이사 왔고 지금 집은 전세라니까 갑자기 불쌍해하는 표정을 짓더래. '여기 망한 중산층 하나 더 추가요.' 뭐 그런 표정이었다나? 그래서 그 동네에선 그냥 '몰락한 중산층'으로 연기하면서 고분고분 살기로 했대."

"호호호."

"요즘 동욱 엄마 봤어? 그 엄마, 맞벌이하잖아. 근데 얼굴 보니까 불과 몇 달 사이에 살이 많이 부어올라 있더라구. 그래서 임신한 줄 알고 물었더니 갑상선 문제래. 집에서 쉬지 그러냐니까, 그래도 직장은 나가야 한대."

"하여간 어딜 가나 그런 독종들이 꼭 있어요. 교회도 안 다니잖아."

"남편 벌이가 시원치 않나 보네."

"애들도 계속 학원으로 뺑뺑이 돌리는 거 같던데, 선생들 말 들어보니 그저 그렇다대."

"애들이 누굴 닮아서 그렇겠어?"

"용훈 엄마 이야긴 들었어? 그 집 전세잖아. 이번에 주인이 사천 더 올려달라고 했다네? 남편이 벌어오는 돈은 모두 애들 과외 시키는 데 들어가는데 모아둔 돈이 어디 있겠어? 결국 시댁에 손 벌일 수밖에 없지. 그런데 시어머니가 글쎄 용인으로 들어오라고 했대. 시댁 아파트가 70평이라나. 시어른들은 손자들을 곁에 두고 싶은 데다 거실도 넓고 방도 남아도니까 들어오라는 거지."

"원래 그 시절에 지은 대형 아파트 중에는 두 세대가 들어와서 살 걸 염두에 두고 설계된 게 있으니까 그럴 만도 하지."

"용훈 엄마는 허걱 했겠네."

"그런데 용훈네도 참 이해가 안 된다니까. 용훈 엄마도 여기 산 지 한 10년 되었잖아."

"그렇지, 결혼하고 줄곧 이 동네에서 전세로 살았으니까."

"그 돈도 시어머니가 해줬다잖아."

"그러니까 말이야. 여기 전셋값이면 차라리 변두리 아파트 사서 들어갔어야지. 지금 서울 시세면 못해도 종잣돈을 두 배로 불렸을걸?"

"그렇지! 근데 눈만 높아서 이 동네에 전세로 들어왔던 모양인데, 결국 첫 단추를 잘못 끼워서 평생 전세 신세를 못 면하게 생겼어."

"아니면 뒤늦게 용인 들어가서 시집살이를 하시던지. 호호호."

"그래도 우리 또래 시어머니들은 예전보다는 시집살이 덜 시키는 것 같지 않아? 며느리들 눈치도 살피시고. 우리 언니 시부모님은 우리 시부모님보다 열 살 정도 많은데, 너무 차이가 많이 나. 언니네 시부모님은 옛날 분들이라서 그런지 이것저것 챙기시는 것도 많고 요구하시는 것도 많아."

"그래도 요즘 같은 세상에 이것저것 챙기실 정도면 옛날에 웬만큼 사셨던 분들 아냐?"

"일제강점기에 태어나신 분들일 텐데, 그때면 모 아니면 도였잖아."

"도이신 분들이면 평생 며느리 눈치 살펴야 하는 처지지. 자신들은 제대로 교육도 못 받았지만 자식들은 대학 교육까지 꾸역꾸역 시켜놓고 대학 나온 며느리까지 얻었는데, 막상 그 똑똑한 며느리 데려다 시집살이 시킬 능력은 안 되는 거지. 뭐라도 시킬 양이면 잘난 며느리가 오히려 이것저것 가르치려 들 테니까."

"그런 분들 보면 좀 짠하기도 해."

"우리 또래 시부모님들은 해방 전후로 태어나신 분들이라 그래도 좀 낫다니까. 미국식 교육을 받은 분들이니까. 직접 신식생활을 해보진 못했어도 들어본 건 있고, 게다가 미국식 생활에 대한 환상도 있으신 분들이라 며느리 살림하는 데 쉽게 이것저것 참견 못 하는 것도 있지."

"그런데 그것도 천차만별이라니까. 오히려 예전보다 더하는 분들도 적지 않잖아. 잘난 시부모일수록 돈줄 쥐고 있을 공산이 높으니까."

"하긴. 그런 면에서 난 현이네가 부러워."

"그 집도 부부가 맞벌이하잖아? 그 집 아빠가 막내인데도 몇 년 전에 혼자되신 시어머니 모시고 살고, 그 덕분에 집도 40평대로 넓혔지 아마?"

"그 집 시아버지가 돌아가시기 직전에 재산을 남매에게 증여해줬대. 그런데 그 시아버지가 시어머니 이름으로 해놨던 재산도 상당했나 봐. 땅이니 아파트니, 뭐 그런 부동산하고 통장 몇 개. 그래서 그 집 시어머니는 그 재산 들고 현이네 들어오셔서 일손 놓지 않고 바쁘게 사시잖아. 맞벌이하는 아들네 살림살이 도맡아서. 물론 직접 살림을 하시는 건 아니지. 당신 돈이 있으니까 그 돈으로 가정부 불러서 일 시키고, 아이들 과외비도 보태고."

"아, 그거 내가 꿈꾸는 노후의 삶인데."

"그것도 다 모아둔 돈이 있어야지, 우리가 늙으면 그렇게 할 수 있겠어?"

"아참, 우리 유치원 원장이 빌딩 부자인 건 알지?"

"그렇구나, 어쩐지 콧대가 유별나게 높다 싶었어."

"그 콧대는 압구정동에서 수술해서 높인 거구."

"호호호."

"우리 시아버지가 물려준 아파트 월세 때문에 부동산 아줌마랑 이야기하다가 원장 얘기가 잠깐 나왔는데, 요 앞 지하철역 가는 길목에 새로 올린 원룸 다세대 주택하고, 제과점 들어선 3층짜리 상가건물이 원장 거라네."

"하긴 이 동네에 아파트 들어설 때 유치원을 시작했으니까 아무래도 기회가 많지 않았겠어? 목돈 모일 때마다 부동산에 투자했겠지."

그녀들은 그렇게 카페 실내에 커다란 수다의 적란운을 만들어 놓고 있었다. K씨는 이미 잘 알고 있기에 될 수 있으면 듣고 싶지 않던 이야기를 그냥 멍하니 듣고 있을 수밖에 없었다. 예상치 못한 소나기에 흠뻑 몸을 적신 기분이었다. 그들의 수다가 조금씩 잦아드나 했더니 이번에는 50대 주부들이 카페에 들어와 수다의 바통을 이어받았다. K씨는 조건반사적으로 귀를 쫑긋 세웠다.

"여기 비싼 데 아냐? 난 제일 싼 거 마실래, 아메리카노."

"쟨 건물주 사모님이면서 저렇게 궁기를 떤다니까."

"저렇게 아끼고 사니까 사모님 소릴 듣는 거지."

"그렇긴 해."

"호호호."

"자, 다들 여기 종이에다가 주문 적어주시고, 영숙아, 네가 카운터에 주문 좀 건네줘."

"우리가 아까 어디까지 이야기했지? 아, 맞다, 잠자리 이야기까지 했지. 그러니까 다시 말하지만, 우리 나이에 남편이 잠자리 밝히는 게 그렇게 나쁜 것도 아니라니까. 물론 보챈다고 다 받아줄 수는 없지만 말이야. 그래도 내가 잠자리 생각날 때 남편이 먼저 애정 표현을 해주는 게 좋잖아, 내가 나서는 것보다야. 아무리 30년을 함께 산 부부지간이라도 약간은 뻘쭘할 텐데, 그래도 남편이 그렇게 나서주면 기분이 좋다니까. 아직도 남편이 날 여자로 생각하는구나, 그런 느낌도 있고, 내 스스로도 매력을 수시로 확인해볼 수도 있고 말이야."

"부부 금실이 아주 좋구나. 너, 얼굴색 좋은 건 다 이유가 있었다니까."

"어차피 바깥일 때문에 돌아다니다 보면 법인카드 들고 다니는 친구나 거래처 사람들 만나 룸살롱 가는 건 뻔한 일이고, 거기에 젊은 여자들 끼어들 테고, 난 여태껏 그냥 모른 척하고 살았다니까. 어차피 걔네가 내 경쟁 상대도 아니고. 하룻밤 술시중인데 그것마저 이래라저래라 하는 것도 성격에 안 맞고."

"하긴 옛날처럼 몰래 둘째 각시 얻어서 딴살림 차렸다가 어느 날 갑자기 어린애 손 붙잡고 나타나 아이들에게 너네 동생이다, 이럴 것도 아니니까."

"참, 그런 게 무서운 것 같아, 어린 시절 기억 말이야. 정숙이는 남편이 늦바람 불어서 술집에 드나드는 것에 유난 떨더니 결국 이혼했잖아."

"그게 벌써 몇 년 전 일이야."

"따지고 보면 걔가 그랬던 게 다 집안 콤플렉스 때문이잖아."

"하긴 걔네 아버지가 고향에서 워낙 유명한 바람둥이였으니. 사업한다고 집안 재산 다 말아먹고, 정숙이 엄마에게 좀 심하게 대하긴 했지. 배다른 형제도 줄줄이고."

"옛날에 시골에서 논밭뙈기 좀 있는 집안에서 태어난 사내들이야 첩 들여서 두 집 살림하는 걸 당연하다고 생각했으니까. 오죽하면 난봉기도 도가 트이면 풍류가 된다는 말까지 나왔겠어."

"요즘 같으면 꿈도 못 꿀 이야기야. 두 집 살림하려면 도대체 얼마를 벌어야 하는 거야? 웬만한 중소기업 사장님도 허리가 휘어질걸?"

"호호호."

"그러니까 그 짓 못해서 룸살롱에 나가는 젊은 애들이나 건드리는 거지. 아니면 그 누구처럼 아예 나이가 좀 있어도 혼자 사는 여자들 어떻게 해보려고 달려드는 거구."

"아, 그 큐레이터인가 뭔가 하는 여자! 우리 그이도 그 여자가 학력 위조 때문에 뉴스에 나왔을 때 애틋한 눈으로 쳐다보더라니까. 옛사랑을 만난 것처럼 말이야."

"그 또래 남자들 다 그렇다니까. 자기들 로망이니까."

"호호호."

"참, 그런데 경숙이 소식은 들었니? 걔네 딸 이번에 시집간다 더니 결국 엎어졌대."

"어머머! 경숙이 딸 결혼한다기에 우리가 벌써 그렇게 늙어버 렸나 했는데! 나는 우리 애들이 아직 대학교랑 대학원에 다니니 까 실감이 잘 안 나더라구. 우리 애들 장가가려면 아직 멀었잖아. 그런데 왜 엎어졌는데?"

"사위 될 사람이 딱 개천에서 용 난 경우였지, 아마? 집안은 별 볼 게 없지만, 사람 반듯하고 피부과 의사인 데다가 연애도 꽤 오 래 했으니까 별 문제 없을 줄 알았는데, 시어머니 될 사람이 혼수 로 이것저것 요구하더라는 거야. 옛날처럼 의사 사위 얻으니까 열쇠 세 개 내놔라 이런 건 아니었지만, 그래도 경숙이네도 그냥 평범하게 사니까 조금 힘겨웠나 봐."

"그런데 원래 결혼 준비라는 게 다 그런 거잖아. 남 말 하는 거 좋아하는 사람들은 허례허식이다 체면치레다 말이 많지만, 내가 보기엔 혼수는 일종의 스트레스 테스트 같은 거라니까. 일단 세 게 눌러보고, 밀고 당기면서 어디까지 버티나 보는 거지. 평생 살 면서 결혼식처럼 큰일을 몇 번이나 더 겪겠어? '비록 니들이 지 금 날 욕하겠지만, 그래도 이번에 통과하면 앞으로 어떤 고난이 닥쳐도 잘 버틸 수 있을 거야.'라는 믿음, 부모 입장에서 그런 믿 음 때문에 시험 삼아 스트레스 강도를 높이는 경우도 많다니까. 통과의례처럼 말이야. 사실 결혼하고 나서까지 양가 집안 내력까 지 들먹이며 혼수 이야기 꺼내는 경우는 많지 않지. 골수까지 천출이 아니라면 말이야. 게다가 옛날처럼 평생 시부모 공양하고 사는 것도 아니잖아. 딸 가진 부모라고 너무 저자세로 나가도 곤란하지만, 그래도 좀 버텨보는 게 낫지 않았을까? 지금 백수 노릇하는 딸년을 둔 내 형편에선 '아주 배가 불렀네, 배가 불렀어.' 이런 소리가 목구멍까지 치밀어 오른다니까."

"난 그렇게 생각 안 해. 요즘에는 개천에서 용이 나는 경우도 점점 드물어지고 있지만, 그렇게 용이 된 남자랑 결혼하는 건 용과 행복하게 사는 게 아니라 결국 개천에서 흙탕물 뒤집어쓰며 평생 허우적거리다가 끝난다니까. 누군가의 마누라가 아니라 어느 집안의 며느리로 평생 사는 거지. 딱 그 경우였을 것 같은데? 그런 혼사는 중간에 엎어지는 게 낫지. 요즘 같아선 부모도 노후 준비하느라 제 코가 석 자인데, 딸 가졌다고 이것저것 요구한다는 게 말이 되니?"

"잠깐, 개천에서 용이 된 남자라고 그러니까, 어머 얘, 네 남편 이야기 같다."

"호호호."

"왜 아니겠어, 내가 산증인이잖아."

"하긴 너, 시어머니 돌아가시기 전까지 이것저것 가족 친지 뒷바라지하느라 정신없었지. 이제야 좀 한숨 돌린 거고. 그래도 지금 여기서 너만큼 노후 걱정 없는 사람이 어디 있니? 남편에게 이 나이까지 사랑받지, 네가 진흙탕에서 뒹군 덕분에 네 자식들이 아빠 닮아서 용이잖아. 다들 반듯하고 똑똑해서 부모 속도 안 썩이고."

"역시 나이 들면 이 빽 저 빽 해도 남편 빽이 최고지. 평생 휘청거릴 일 없이 살다가 말년에 허덕이는 것보다야 젊었을 때 고생 좀 하다가 말년에 아무 걱정 없이 사는 게 정말 복이라니까."

"그런데 예전에는 진짜 좀 살 만한 집은 좀 못 사는 집에서 며느리를 데리고 오고 그러지 않았나? 그래야 시집 어려운 줄 안다면서 말이야."

"맞아, 그랬지. 그런데 친정이 너무 못살아도 안 된다고 했지. 그런 집 출신들은 어딜 가든 문제를 일으킨다고. 그런데 그것도 다 옛날이야기야. 요즘 누가 그래? 조금이라도 더 잘사는 집이랑 혼사 치르려고 그러지."

"하긴 요즘에는 애들 공부 좀 시키려고 해도 할아버지, 할머니 재력이 받쳐줘야 하니까. 그 뭐라더라? 엄마의 정보력, 아이의 체력, 아빠의 무관심, 둘째의 희생, 그리고 조부모의 재력이라나? 우리가 손자 볼 때도 그러려나?"

"그게 언제 적 유머니? 노무현 때 아파트값 미친 듯이 오르던 시절 이야기잖아. 우리가 그런 돈이 어디 있어? 옛날에 땅이라도 좀 사두었으면 모를까. 다들 제 앞가림하기 바쁜 개털들인데."

"남들처럼 살기 힘들다니까."

"호호호."

그녀들의 수다와 웃음소리를 가만히 듣고 있던 K씨는 문득 자신의 커피전문점이 승산 없는 게임을 벌이고 있다는 사실을 깨달았다. 이 프랑스 이름의 카페를 비롯해 고급 프랜차이즈 카페들은 '커피'만 제공하는 것이 아니었다. 그러니까 손님은 커피를 주문해 테이블 사용권을 얻었고, 일정 시간 동안 그 테이블을 응접실이나 독서실 용도로 활용했다. 저 끊임없이 수다를 이어가는 주부들, 그리고 그 가운데서도 이어폰을 귀에 꽂은 채 토익 책을 들여다보고 있는 학생이 이런 판단의 근거였다.

반면 K씨의 커피전문점은 비좁은 점포로 인해 커피만 팔고 있을 수밖에 없는 처지였다. K씨는 자신이 그동안 편하게 장사해왔음을 인정할 수밖에 없었다. 그리고 오래전에 본 영화 〈악어〉의 한 장면을 떠올렸다. 그 영화에서 배우 전무송이 맡은 배역은 인간 커피자판기였다. 그는 한강 공원에 설치된 고장 난 커피자판기 속으로 들어가 동전이 투입될 때마다 커피를 직접 만들어 배출구로 한 잔씩 내밀었다. 커피를 뽑아 마시는 사람들 중 아무도 자판기 안에 사람이 들어 있다는 사실을 눈치 채지 못할 정도로 능숙한 솜씨였다. K씨가 보기에 현재 자신의 처지가 그 인간 자판기와 별로 다를 바 없었다.

K씨는 편두통이 몰려오고 있음을 느꼈다. 이제는 정말 숨이 막힐 것 같았다. 소음에 대한 인내심이 한계에 도달했다는 신호였다. 더는 참고 앉아 있기 어려웠다. K씨는 꾸부정한 어깨를 펴지도 못한 채 몸만 일으켜 문 쪽으로 발걸음을 옮겼다. 그녀들의 웃음소리는 여전히 그치지 않고 있었다. K씨는 재빨리 문을 닫으며 자신을 뒤쫓아오는 웃음소리의 꼬리를 잘라냈다.

2002년 12월 18일,
명동

자신의 커피전문점에 돌아온 K씨는 매장 책꽂이에서 잡지를 집어들었다. 머릿속에서는 아직도 그녀들의 웃음소리가 사라지지 않고 있었다. 그는 약하게 머리를 흔들고선 맨 안쪽의 비좁은 자리에 앉아 기계적으로 잡지를 넘기기 시작했다. 그러다 기사 하나에 시선이 고정되었다. 그 기사는 몇몇 40, 50대 전문직 중산층이 아파트에서 벗어나 단독주택을 짓고 그곳으로 이사한 이야기를 담고 있었다. 사진 속 그들은 모두 '땅콩집'이나 2층짜리 단독주택을 배경으로 삼아 행복한 표정을 짓고 있었다. 아파트에서는 상상하기 어려운 색다른 일상이 그들의 얼굴을 한층 밝게 만들어준 듯 보였다. K씨는 내심 그들이 부러웠다.

K씨 역시 그들처럼 아파트에서 벗어나는 꿈을 꾼 적이 있다. 그러나 그에게는 기회가 오지 않았다. 베이비붐 초반 세대에 속한 그는 아파트에 발목 잡힌 상태로 명예퇴직을 해야 했고, 이제는 자영업자로 생계를 유지해야 하는 처지였다. 30년이 넘는 직장생활 끝에 손에 거머쥔 것이라고는 몇 푼 안 되는 퇴직금, 그리고 꽤 많은 대출금이 묶여 있는 용인의 50평대 아파트 한 채가 전부였다. 누군가는 "인생 이모작의 시작"이라고 말하기도 했지만, 그는 자영업자의 생존율이 그리 높지 않다는 사실을 잘 알고 있었다. 직장생활과는 또 다른 피 말리는 경쟁의 시작이었고, 퇴

직금에다가 대출금까지 털어 넣어야 하는 형편이었다.

그는 너무 오랜 시간 동안 봉급과 저축만으로도 충분히 중산층이 될 수 있다고 믿었다. 돌이켜보면 그의 인생은 언제나 뒤늦게 막차에 올라타 상투를 잡는 행위의 반복이었다. 1980년대 후반 신도시 아파트 청약 때도 그랬고, 1997년 외환 위기 직후 바이코리아 열풍 때도 그랬고, 2000년대 중반 아파트와 펀드 열풍 때도 그랬다. 남들이 쾌속으로 질주하고 난 뒤에 두세 발 늦게 길 위에 나서면 어김없이 과속방지턱이 생겨났다. 그는 슬랩스틱 코미디언처럼 매번 턱턱 걸려 넘어져야만 했다. 고개를 들고 일어서려고 하면 부모 공양과 자식 교육이라는 가장의 의무가 어깨를 무겁게 짓누르고 있었다. 생각한 대로 살기 힘든 세상이었다.

요즘 K씨는 새벽에 혼자 깨어나 멍하니 앉아 있을 때가 많다. 그때마다 그냥 흘려보낸 기회를 되찾기 위해 타임머신이라도 타고 과거로 되돌아갔으면 하는 생각뿐이다. 더도 말고 덜도 말고 딱 2002년 정도면 적당할 것 같기도 했다. 강남 아파트들의 평당 분양가가 1,000만 원대를 갓 넘어선 시점이었다. K씨는 잠깐 숨을 돌리기 위해 창가로 시선을 돌렸다. 2002년의 주요 사건들이 주마등처럼 스쳐 지나갔다.

그해 새해의 문을 연 것이 모 카드사의 광고였던 것은 매우 상징적이었다. 눈이 쏟아지는 설원에서 한창 주가를 올리고 있던 젊은 여배우가 빨간 벙어리장갑을 낀 손을 입가에 대고 큰 소리로 외치고 있었다. "여러분, 부자 되세요." 이 문구는 새해 덕담을 대체할 정도로 강한 전염성이 있었다. 3월이 되자 집권 여당이 대선 후보 경선을 시작했다. 군소후보로 평가되던 노무현 후보는 최대 승부처인 광주에서 당시 부동의 1위였던 이인제 후보를 꺾어 파란을 일으키며 극적인 대반전을 예고했다. 우여곡절이 없진 않았지만, 광주에서 불기 시작한 '노풍'을 막을 수 있는 것은 아무것도 없었다.

비슷한 시기, 삼성물산이 새로운 형식의 아파트 광고를 선보였다. 그 광고는 이렇게 시작했다. 곧 공연이 시작될 시점의 오페라하우스. 두 명의 여성이 초조하게 누군가를 기다리고 있다. 때마침 도착한 여성이 관람권을 꺼내드는데 그녀의 손가락에는 어느아파트의 브랜드가 박힌 키홀더가 끼워져 있다. 유난히 반짝이는 브랜드 로고, 그리고 그 위에 발음이 익숙지 않은 세 개의 한자. 친구들은 부러운 시선으로 쳐다보고, 광고 문구가 이어진다. "래미안, 당신의 이름이 됩니다." 이 건설사는 1999년에 타워팰리스를 성공적으로 분양하고 2001년에는 반포 2단지 재건축 시공사로 선정되면서 이제 막 전성기에 돌입한 상태였다. 당시 도급 1위였던 현대건설이 창업주 2세들 간의 그룹 계승권 다툼, 그리고 뒤이은 유동성 위기와 부도로 휘청거리고 있었고, 2위였던 삼성물산이 그 빈틈을 빠르게 치고 올라갔던 것이다.

그해 여름으로 가는 길목은 월드컵 열기로 뜨거웠다. 한 달간 치러진 2002 한일 월드컵에서 히딩크 감독이 이끄는 태극전사들이 4강 진출이라는 위업을 달성했고, 국가대표 경기가 펼쳐지는 날이면 세종로와 시청 광장 일대는 붉은 악마들로 가득 메워졌다. 반면 월드컵 기간 동안 치러진 지방선거는 별다른 주목을 받지 못했다. 선거법 위반으로 의원직을 잃었던 건설사 사장 출신 정치인은 이런 어수선한 분위기 덕분에 어렵지 않게 서울 시장으로 당선되어 정치 일선에 복귀할 수 있었다.

가을이 되자 부산 아시안게임이 월드컵 열기를 이어갔다. 월드컵 4강 진출에 비견될 만한 극적인 장면을 연출한 종목은 남자 농구였다. 최강 중국과의 결승전, 종료 시간 1분가량 남은 상황에서 국가대표 팀은 8점 차를 극복하고 금메달을 획득했다. 역전 드라마는 그해 11월의 프로야구 한국 시리즈에서도 계속되었다. 삼성은 우승 청부사로 스카우트된 코치진과 선수들을 앞세워 창단 이후 첫 한국 시리즈 우승을 노렸고, LG는 플레이오프에서 3위 현대 유니콘스와 2위 기아 타이거즈를 꺾는 기염을 토하며 1994년 우승의 영광을 되살리려고 했다. 대역전극이 펼쳐지던 6차전의 9회 말이었다. 3점 차로 지고 있던 삼성은 이승엽과 마해영의 백투백 홈런포로 우승 트로피를 안았다.

한편 1999년에 분양을 시작했던 국내 최대 주상복합 아파트 타워팰리스가 10월 말부터 입주를 시작했다. 이 아파트는 1조 원 규모의 분양을 비공개로 마무리하면서 화제를 모았는데, 그로부터 2년이 지난 뒤 시세가 분양가의 두 배 가까이 올라 다시 한 번 세간의 이목을 집중시켰다. 이런 흐름을 전후로 강남의 재건축 대상 아파트 주변 중개업소가 북적이기 시작했다. 다들 '자신의 이름이 되어줄 아파트'를 찾아 나섰던 것이다.

2002년의 대단원을 마무리한 것은 12월의 대통령 선거였다. 경선 이후 10퍼센트대까지 지지율이 떨어졌던 노무현 후보는 1강 2중의 판세를 뒤집기 위해 정몽준 후보와의 단일화에 나서야만 했고, 11월 말의 여론조사를 통해 가까스로 단일 후보로 결정되었다. 그 후 그는 급상승세를 타면서 48.9퍼센트의 득표율,

57만 표차로 당선되었다. K씨는 선거 전날 저녁, 마지막 유세 지역이던 명동에 나가 있었다.

믿을 수 없는 역전의 드라마들이 넘쳐나던 2002년. 그런데 다시 되짚어보면 그해의 사건들은 크게 두 가지 흐름으로 나눌 수 있다. 하나는 지역 대결의 정치구도에 신물이 난 사람들이 정치 개혁의 열망에 들썩거리며 만들어낸 사건들이었고, 다른 하나는 경제적 불확실성에 노출된 사람들이 자본 소득의 욕망을 뒤좇으며 만들어낸 사건들이었다. 흥미로운 것은 두 흐름의 사건들이 대형 스포츠 이벤트들의 중재 덕분에 서로 무심한 척 평행선을 그리며 2002년의 시간 축을 질주할 수 있었다는 점이다.

K씨는 두 가지 흐름 중 전자에 속해 있었다. 그는 정말로 "국민이 주인 되는 세상"을 꿈꾸고 있었다. 지인들 일부가 모델하우스로 발걸음을 옮겼지만, K씨는 여전히 정치가 세상을 바꿀 수 있다고 믿었다. 달리 말하자면 그는 낙관주의자였던 것이다. 실제로 그가 지지했던 노무현 후보는 대선 당시 "서민의 내 집 마련 실현"을 목표로 삼는 주거 정책을 내세우지 않았던가? 5년간 총 250만 호의 주택을 건설하되 수도권에는 153만 호, 국민임대주택은 50만 호를 건설해 2007년까지 주택보급률을 110퍼센트까지 높이겠다는 것이었다. 개혁 성향의 대통령이 내세운 이런 공약 덕분에 대선 직후에는 아파트 가격이 전반적인 안정세에 접어들 것이라는 전망이 우세했다. 세계 경제의 저금리 기조라는 변수가 있긴 하지만, 행정수도 이전 공약과 맞물려 수도권 부동산 시장의 위축은 불가피하다는 것이었다. K씨는 신문에서 이런 경제 전망 기사들을 읽으면서 자신의 정치적 선택에 큰 자부심을

느꼈다. 그는 "참여하는 시민"이었던 것이다.

당시 K씨를 지켜보던 그의 아내는 바람 중에 가장 무서운 게 늦바람이라며 "386들은 명칭까지 붙여가며 즈이끼리의 동질감을 과시하는데" K씨 같은 "70년대 학번들은 그러지도 못하고"[2] 쪼잔하게 젊은 애들 뒤꽁무니만 쫓아다닌다고 못마땅해하기도 했다. 그러나 K씨는 그녀의 말에 별로 괘념치 않았다. "불의에 항거하는 젊은 열정만으로 어떤 암흑도 밝힐 수 있을 것처럼 물불 안 가리던 때"[3]는 지나간 지 오래였지만, 40대 중반을 넘어선 나이에 그 열정의 일부라도 다시 맛볼 수 있다는 사실이 행복했다.

그런데 K씨의 기대치가 너무 높았던 것일까? 정치 개혁의 열망과 자본 소득의 욕망, 이 두 흐름은 새 정부의 출범 직후부터 5년 내내 끊임없이 서로 충돌하면서 마찰과 갈등의 파열음을 빚어냈다. 그 도화선은 2002년 하반기부터 급증하던 카드 빚 연체율이었다. 국민의 정부가 조세 투명성 확보와 내수 경기 진작을 위해 조성한 신용카드 붐이 신용 불량자를 양산하면서 집권 초기의 참여정부에게 부메랑이 되어 돌아왔다. 특히 2003년의 카드 대란은 그 파급력이 단순히 경제 문제에만 국한되지 않았다. 과잉 신용에 힘입어 급격히 팽창한 소비의 욕망은 위기 속에서도 제 부피를 유지하면서 오히려 자본 소득의 욕망을 더 부추기고 있었다.

대통령은 취임 직후 국회 연설에서 "집값, 전셋값은 대통령이 직접 챙겨 반드시 안정시키겠다."고 천명했지만, 정부가 카드 위기의 여파를 최소화하기 위해 금리 인하와 경기 부양 쪽으로 정책의 초점을 맞추자 모든 것이 분명해졌다. 몇 개월간 눈치만 살피던 시중의 유동 자금이 급격히 아파트 분양 시장으로 쏠리기 시작했던 것이다. 서울과 수도권의 아파트 분양가는 40퍼센트 이상 뛰어올랐고, 강남 지역의 분양가는 순식간에 2,000만 원대를 넘어섰다. 눈 깜짝할 사이에 벌어진 일이었다.

　정부는 부랴부랴 그해 5월에서야 "주택 가격 안정 대책"을 내놓았다. 이 대책은 수도권 전역과 충청권 일부 지역의 분양권 전매 금지, 투기 지역 내 주상복합과 조합 아파트 분양권 전매 금지 등을 골자로 하여 분양 시장의 과열을 막으려는 조치였다. 하지만 그다지 큰 실효를 거두지 못했다. 이 대책은 카드 대란을 돌파하기 위한 성장 중심의 경제 정책과 엇박자를 이루고 있었으며, 따라서 누가 보더라도 수세에 몰려 어쩔 수 없이 내놓은 임시방편에 불과했다. 정부는 시장의 주도권을 제대로 움켜쥐지 못한 채 갈팡질팡하고 있었다. 이런 상황을 그대로 반영하듯이 모델하우스로 향하는 사람들의 대열은 여전히 줄지 않았고, 청약 열기 역시 식지 않았다.

　상황이 걷잡을 수 없이 전개되자 정부는 다시 그해 9월과 10월에 소형 주택 및 임대주택 비율 강화와 조합원 지분 전매 제한, 양도세 강화, 종합부동산세 조기 도입 검토 등을 담은 대책을 잇달아 내놓았다. 강남의 재건축 예정 단지가 투기 수요의 진원지라는 판단에 근거한 것처럼 보였다. 이런 규제 정책과 짝을 이뤄 대통령의 엄포성 발언들도 쏟아져나오기 시작했다. 노 대통령은 국정 연설에서 1980년대 후반 위헌 판정을 받은 토지공개념제의 재도입을 검토하겠다고 선언했고, 부동산 대책 관련 경제 부처 회의석상에서는 "금리소득 수준을 넘는 부동산 투기 초과소득은 전액 과세로써 환수한다는 정도의 의지를 가져야 한다."며 자신의 입장을 밝혔으며, 심지어는 텔레비전 좌담 프로그램에 직접 출연해 "강남불패(不敗)라지만 그에 관한 한 대통령도 불패가 될 것"이라고 말하기도 했다.

정부가 강남 일대에 규제 정책의 융단 폭격을 가하며 사실상 "투기와의 전쟁"에 돌입하자 전세는 역전되는 듯 보였다. 실제로 아파트 가격의 오름세가 한풀 꺾이기 시작했다. 표면적으로는 정부가 승리를 거둔 듯 보였다. K씨는 이미 큰 폭으로 올라버린 아파트 가격 앞에서 망연자실했지만, 그래도 정부의 반격이 성공을 거두자 다른 지지자들과 함께 안도의 한숨을 내쉬었다. 그러나 승리의 기쁨은 그리 오래가지 못했다. 돌이켜보면 당시 상황은 영구적인 종전 상태가 아니라 일시적인 휴전 상태에 불과했다. 2002년 "부자 되세요"라는 광고 문구를 신호로 시작한 대혈전의 전반전이 이제 막 끝났을 뿐이었던 것이다. 두 흐름이 결판을 지을 후반전이 아직 남아 있었다.

부동산 시장이 잠잠하던 2004년, 그해의 전반기는 무엇보다 변화무쌍한 정치 드라마가 최고의 시청률을 기록한 시기였다. 3월에 야당의 대통령 탄핵 소추와 대규모 촛불 시위, 4월에 집권당의 제17대 총선 승리와 과반수 의석 확보, 진보 정당의 의회 진출, 그리고 5월에 헌법재판소의 탄핵 기각에 이르기까지 정부와 집권 여당은 대통령의 승부사 기질을 앞세워 지지자들을 결집하면서 막판 대역전의 드라마를 완성해냈다. 실제로 제17대 총선을 "1987년 민주화 이행의 마지막 단계를 의미하는 정치권의 대대적인 물갈이"⁴를 성취한 선거로, 혹은 정치 개혁에 대한 시민들의 열망에 힘입어 헌정 사상 최초로 의회 권력을 교체한 2002년 대

선의 진정한 완결편으로 이해하는 이들이 적지 않았다.[5]

탄핵이라는 상대편의 무리수가 불러온 뜻밖의 승리, 그 들뜬 분위기에 도취되었기 때문일까? 정부와 집권 여당은 정책 노선을 두고 개혁이냐 실용이냐 옥신각신하더니 얼마 지나지 않아서는 아파트 분양 원가 공개 여부를 두고 논쟁을 벌였다. 집권 여당은 총선 국면에 "주택공사 분양 원가 공개"를 공약으로 내세운 바 있었다. 하지만 총선에서 승리한 이후 청와대는 이에 반대하고 나섰다.[6] 노무현 대통령은 "시장 원리에 어긋난다"며 분양 원가 공개 공약을 백지화하려는 고위 관료들의 손을 들어주었고, "노 대통령의 정치적 경호실장"을 자처하던 어느 정치인은 "원가 공개는 개혁이고, 원가 연동제는 반개혁이라는 식의 논란은 집값 안정에 아무런 도움이 안 된다"고 주장했다. 상황이 이렇게 전개되자 여당의 전 원내대표가 직접 나서서 "계급장 떼고 논쟁하자"며 청와대와 여당 지도부를 향해 직격탄을 날리기도 했다.

하지만 한바탕 소란은 수많은 말만 쏟아낸 채 별 소득 없이 끝났다. 불과 1년 전만 해도 토지공개념까지 들먹였던 대통령은 지지자들의 비판 여론에도 끝내 총선 공약의 이행을 거부했다.[7] 줄곧 정부와 반목해왔던 보수 언론은 이번만큼은 정부의 편에 서 있었다. 몇몇 전문가는 보수언론의 지면을 빌린 칼럼을 통해 꽤 독창적인 이유를 들면서 아파트 분양 원가 공개에 반대하고 나서기도 했다. 가령 어느 경제학자는 "원가 공개로 분양가가 낮아지면 그 혜택은 운 좋은 최초 분양자들에게 돌아갈 뿐이며, 장기적으로 집이 덜 지어지거나 품질이 낮아져 대부분의 소비자에게 해가 될 것이다."라는 견해를 피력하기도 했다.[8] K씨는 말 같지 않은 말의 홍수 앞에서 아연실색할 수밖에 없었다.

이렇게 정부와 여당이 갈팡질팡하는 사이, 잠시 뒤로 퇴각해 있던 건설사들은 막간의 휴식시간을 활용해 숨을 고르면서 대반격을 준비하고 있었다. 앞서 언급했듯이 2002년에 '래미안'이 신드롬을 일으킨 뒤 건설업체들은 너도나도 아파트의 고급화를 내세우며 브랜드 마케팅에 뛰어들었다. 분양가 자율화로 시장 경쟁이 본격화되었지만, 아파트처럼 표준화된 주거 공간을 홍보하면서 건설사마다 남다른 특성을 부각하는 데에는 한계가 있을 수밖에 없었다. 그런 이유로 건설사들이 제일 먼저 주목한 것은 브랜드의 차별화였다. 그들은 기존의 구태의연한 아파트 작명법에서 탈피하기 위해 독특한 브랜드의 명칭을 내놓았다. 각각 개성이 넘쳤지만 그중에는 설명을 들어야 이해가 되는 암호 같은 이름도 있었고, 지나치게 노골적이어서 민망한 이름도 있었다. 후자의 대표적인 사례는 롯데 건설이 내놓은 '캐슬'이라는 이름이었다. 이 건설사의 본래 기획 의도는 고분양가 시대를 이끄는 "호텔 같은 고급 아파트"를 브랜드화하는 것이었다. 호텔 체인점을 운영하던 재벌의 계열 건설사다운 발상이었다. 하지만 이 건설사가 최종안으로 낙점한 것은 그런 의도와는 별 상관없어 보이는 '캐슬'이라는 이름이었다. 잠실 롯데월드의 '매직캐슬'에서 따온 것이었고, 이 건설사의 공채 1기 출신 사장이 내놓은 아이디어였다.[9]

전반전까지만 해도 상당수의 건설사들은 아직 브랜드 마케팅에 익숙하지 않은 터라 허둥지둥하는 모양새가 역력했다. 대중 매체를 통해 브랜드의 인지도를 높이는 데 주력할 뿐이었다. 건설사들이 좀 더 정교한 광고 전략을 내놓은 것은 바로 전반전 종료 직후였다. 그들의 핵심 전략은 도시적이고 세련된 이미지의 유명 여배우를 브랜드의 페르소나로 내세우는 것이었다. 신문 지면에서 옥외 광고까지 소비자의 눈길을 끌 수 있는 곳이라면 어디나 아파트와 연애하는 여배우들로 넘쳐났다. 그녀들은 새로운 주거 공간이 안겨준 행복감을 들뜬 표정으로 연기하면서 자신을 바라보는 시선들로부터 선망의 감정을 이끌어내려고 애썼다. 이 아파트 광고들이 목표로 삼은 것은 명확했다. 하루에도 수십 번씩 이 광고들에 반복 노출된 예비 소비자들이 자신의 결핍을 감지하고 모델하우스로 향하도록 만드는 것이었다. 이때의 결핍은 단순히 선망의 대상을 소유하는 것으로는 채워지지 않는 것이었다. 왜냐하면 그들을 움직이도록 만든 것은 남들이 부러워하는 매력적인 존재로 거듭나고 싶다는 욕망이었기 때문이다.

이 광고들 중 사람들의 시선을 가장 많이 사로잡은 히트작은 2004년 봄에 대우건설이 내놓은 푸르지오의 텔레비전 광고였다. 광고의 시작은 이러했다. 건설사의 브랜드 로고와 같은 색상의 블라우스를 입은 인기 여배우, 그녀가 거리를 거닌다. 당연하게도 "그녀가 입는 것은 유행이 된다." 이번에는 책을 본다. 그녀는 책을 읽지도 않고 그저 보고 있을 뿐인데도 그 책은 베스트셀러가 된다. 그녀는 세련되고 남다르다. 그래서 모두가 그녀를 따라한다. 그런데 그녀가 이제 '푸르지오'로 이사 가자고 한다. 그리고 화면에 떠오르는 광고 문구. "보이는 크기보다 가치의 크기"를 아는 "그녀의 프리미엄, 푸르지오." 바로 이것이 이 건설사의 광고가 경쟁사의 광고들보다 한 걸음 더 나간 지점이었다.

K씨는 그 광고를 처음 보았을 때 헛웃음이 나오는 걸 참지 못했다. "아니, 프리미엄이라니……. 이 광고가 모델하우스 주변을 얼쩡거리는 떴다방 중개업자들의 속삭임이랑 다른 게 무얼까? 게다가 지금은 분양권 전매도 금지된 상황이지 않은가?" K씨는 그렇게 조소를 던지며 애써 외면하려고 했지만, 그게 말처럼 쉬운 일은 아니었다. 아내는 이미 "당신의 이름이 되는 아파트"를 넘어서 "그녀의 프리미엄"이 선사하는 세계에 흠뻑 빠져들어 있었다.

실제로 저금리를 앞세운 은행의 영업 방침, 금융 자본의 지원 사격을 받는 건설사의 사업 전략, 그리고 경제적 불확실성에 노출된 중산층의 재테크 전략, 이 삼각관계의 역동적인 흐름 안에 바로 "그녀의 프리미엄"이 자리 잡고 있었고, K씨의 아내를 포함한 수많은 중산층 소비자들이 그 안으로 빨려 들어가고 있었다. 그 무렵 K씨의 아내는 누구에게 들었는지 남들에게 성공한 인생으로 보이려면 "아이들 과외 공부시켜 대학까지 보내놓고 나서 빚 없이 강남의 50평 아파트"[10] 정도에서는 살아야 한다며, 강남이 아니어도 좋고 50평이 아니어도 좋으니 10년 넘게 살아 이제 지긋지긋한 신도시의 30평대 아파트에서 빨리 벗어나자고 채근하곤 했다.

2005년 초반, 드디어 후반전 시작을 알리는 신호탄이 쏘아 올려졌다. 판교 신도시 분양을 둘러싼 정부 발표와 언론 보도가 바로 그것이었다. 수도권의 마지막 노른자위 땅에 강남의 대체 도시로 건설할 예정이었던 판교 신도시는 당시 계획된 총 공급 물량이 약 2만 6,000가구로, 기존 신도시에 비해 상대적으로 작은 규모였다. 그 전해까지만 해도 상당수의 전문가는 700만~800만 원대의 평당 분양가를 예상하며 시세 차익의 규모를 계산하느라 분주했다. 하지만 "판교 분양은 로또 복권이나 다름없을 것"이라는 그들의 예측은 완전히 빗나갔다. 정부가 마치 선수라도 치듯이 판교 중대형 아파트의 평당 분양가가 1,500만 원대 이하로 책정될 것이라고 발표했던 것이다.[11]

예상치의 2배에 가까운 분양가, 그것은 시세 차익에 대한 투기 세력의 기대감에 찬물을 끼얹기 위해 계산된 것이었을까? 문제는 발표가 나오자마자 분당, 용인, 평촌 등 판교 주변의 신도시 아파트 가격이 미친 듯이 들썩이기 시작했다는 점이다. 이를테면 분당의 일부 아파트 평당 가격이 2005년 하반기에 1,500만 원대를 넘어서 2,000만 원대를 넘보기 시작했다. 그 지역의 평균 가격이 강남과 과천에 이어 세 번째로 1,000만 원대를 돌파한 지 불과 2년밖에 지나지 않은 시점이었다. 아파트 가격의 안정을 위해 건설되는 신도시가 분양을 시작하기도 전에 주변의 기존 아파트 가격을 올리는 웃지 못할 상황이 펼쳐졌던 것이다. 확실히 전반전에는 재건축 열풍이 강남을 중심으로 투기 과열을 부채질했다면, 후반전에는 판교발 신도시 광풍이 강남과 그 이남의 신도시들을 강타하는 양상이었다.

상황이 이렇게 전개되다 보니 보수와 진보 양 진영은 정부의 부동산 정책 방향에 대해 각각 다른 훈수를 두기 시작했다. 한편에서는 부동산 폭등은 전 세계적인 현상인데, 유독 우리 정부만 제대로 공급 정책을 펼치지도 않으면서 완장 찬 세무 공무원들을 동원해 "세금과 규제의 몽둥이"로 부동산을 때려잡겠다고 나서고 있다고 비판했고,[12] 다른 한편에서는 강남권을 중심으로 한 아파트값이 가파르게 오르긴 했지만 거래량은 줄고 전월세 등 임대료도 제자리걸음을 하고 있다고 지적하면서, 이런 변화는 거품이 빠지는 징조이므로 보유세 강화를 통해 투기 세력의 숨통을 좀더 조일 필요가 있다고 주장하기도 했다.[13]

극과 극의 입장이 충돌하는 가운데 정부가 다시 반격을 개시한 것은 그해 늦여름이었다. 정부가 내놓은 8·31 대책은 실거래가 등기부 등재, 1가구 2주택 50퍼센트 양도세 중과, 5만 가구 규모의 송파 신도시 건설과 더불어 종합부동산세 과세 대상을 실거래가 9억 원 이상 아파트에서 6억 원 이상 아파트로 확대하는 것을 주요 골자로 하고 있었다. 규제 정책에 뒤이어 공급과 과세 정책이 본격적으로 등장한 것이다.[14]

문제는 종합부동산세였다. 정부가 '최종 병기'라고 철석같이 믿었던 이 조세 제도는 과세 대상이 되는 강남의 1가구 1주택 보유자들로 하여금 "세금 폭탄" 운운하며 격렬한 저항에 나서게 만들었다. 그들의 입장에서야 퇴로를 차단당한 채 구석에 몰린 것이나 다름없으니 이런 반응은 충분히 예측할 수 있는 일이었다. 그런데 미처 예상치 못한 일도 벌어졌다. 탄핵 사태 당시 집권 여당을 지지했던 서울과 수도권의 일부 30평대 이상 아파트 보유자들까지 "세금 폭탄"의 피해자가 될 가능성이 높아지자 정권으로부터 등을 돌리기 시작했다. 전방에서는 전선이 확대되면서 치열한 격전이 벌어졌다면, 후방에서는 중산층 지지자들 일부가 대열에서 이탈했던 것이다.

실제로 지난 대선 당시 K씨와 마찬가지로 노무현 지지자였던 친구들 중 몇몇은 참여정부 덕분에 자신 소유의 아파트값이 두 배나 올랐고, 또 참여정부 덕분에 종부세 대상이 되었으니 자신들이야말로 이번 정부의 진정한 수혜자들임에 분명하다고 허탈하게 웃곤 했다. 정치인들에게 등 뒤에서 날아오는 비난의 화살만큼 무서운 게 있을까? 결과적으로 종합부동산세는 전면전으로의 확전이라는 부작용을 가져왔을 뿐, 기대만큼의 뚜렷한 성과를 거두지 못했다. 정부의 무능을 비웃기라도 하듯이 2005년 2월에 평당 가격 2,000만 원대를 돌파했던 개포동과 압구정동의 아파트 단지들은 재건축에 대한 기대감을 발판 삼아 불과 1년 만에 각각 3,173만 원과 3,088만 원으로 3,000만 원대를 넘어서고 있었다.[15]

궁지에 몰린 정부가 더 내놓을 카드가 있는지 의심스러운 지경이었다. 집권 이후 3년 동안 이미 20여 차례에 걸쳐 크고 작은 부동산 대책들을 발표한 터였다. 하지만 그렇다고 맨손으로 버틸 수 있는 처지도 아니었다. 8·31 대책 이후 반년 넘게 계속 뒤로 밀리던 정부는 결국 2006년 3월에 재건축 초과 이익 환수제와 투기 지역 총부채 상환비율 40퍼센트 규제를, 그리고 그해 11월과 이듬해 1월에 각각 주택담보대출 규제 강화와 분양가 상한제를 내놓았다. 규제, 과세, 공급 정책에 뒤를 이어 유동성 통제 정책이 등장했던 것이다. 그러나 이 역시도 시장에 넘쳐나는 유동 자금의 고삐를 잡아채기에는 너무 뒤늦은 조처였다. 참여정부 집권 직전 시중의 유동 자금은 이미 400조 원 규모였던 데다가, 집권 이후 가계대출로 시중에 풀린 돈만 200조 원이었고, 국토균형발전정책으로 인해 시중에 풀린 토지보상비의 규모도 2003년부터

2006년까지 70조 원을 넘어선 상황이었다.[16] 실제로 이 시점에 정부로부터 받은 토지보상비로 강남의 아파트를 구입하는 농촌 주민이나 지방 토호의 사례들이 언론에서 심심치 않게 거론되고 있었다.

두 번의
위험한 거래

　이때까지만 해도 K씨는 참여정부에 대한 미련을 버리지 못했다. 단지 시장의 흐름을 언제나 한 박자씩 늦게 뒤쫓는 정책 담당자들의 무능만 탓할 뿐이었다. 물론 하루가 다르게 치솟는 집값 앞에서 그 역시 흔들리긴 했지만, 그래도 아직 자신이 지켜야 할 가치가 있다고 믿는 편이었다. 하지만 2006년 말에 K씨는 "국민이 주인 되는 세상"에 대한 기대를 완전히 버렸고, 자신이 지지했던 정권과도 작별을 고했다. 그해 11월 청와대 홍보 수석의 강남 아파트 투기가 보수 언론을 통해 보도된 것이 결정타였다.

　2005년 7월, 당시 국정 홍보처 차장이던 그 정치인은 강남 타워팰리스 68평형을 팔아 7억 원 상당의 시세 차익을 올리고도 세금을 적게 낸 사례를 언급하면서, "성실하게 살아가는 대부분의 보통 국민으로서는 밥맛 떨어지는 얘기다. 일할 맛이 나겠는가."라고 비판하고 "투기에 의한 불로소득은 환수돼야 한다."고 주장한 바 있었다. 그리고 본인의 투기 사실이 보도되기 직전인 2006년 11월 초에는 청와대 홈페이지를 통해 "언론 보도를 보면 불안한 마음이 들겠지만 정부 정책을 믿어달라"며 "지금 집을 살까 말까 고민하는 서민들은 조금 기다리라. 비싼 값에 지금 집을 샀다가는 낭패를 면할 수 없"을 것이라고 말하기도 했다. 그는 부동산 투기와의 전쟁에서 줄곧 선봉장을 자처하며 궂은일도 마다

하지 않았기에 보수 언론의 집중 포화를 맞기도 했다. 당연한 이야기지만 많은 지지자와 마찬가지로 K씨도 그 정치인의 편이었고, 그의 도덕성을 믿어 의심치 않았다. 하지만 투기 사실이 밝혀지자 K씨는 형언할 수 없는 깊은 배신감을 느꼈다.

언론 보도에 따르면 그 정치인은 2002년에 일산에서 강남 일원동의 30평대 아파트로 이사했고, 2006년 9월에는 그 아파트를 팔고 다시 역삼동의 50평대 재건축 아파트로 이사했다. 2004년 3월에 약 12 대 1의 경쟁률을 뚫고 분양받은 이 아파트의 가격은 10억 8,000만 원 선이었지만, 입주 직후 시가는 20억 원대를 훌쩍 넘어서 있었다. 언론은 이 정치인이 불과 4년 동안 두 번의 아파트 거래로 약 15억 원 안팎의 시세 차익을 얻은 것으로 추산했고, 은행에서 빌린 대출금도 8억 원이 넘는 것으로 확인했다.[17] K씨는 평소 거들떠보지도 않던 C일보의 반응이 궁금해서 인터넷으로 그 신문의 사설을 찾아 읽었다. 사설은 그 정치인의 투기 사실을 하나씩 짚어가다가 다음과 같이 글을 마무리하고 있었다.

> 베팅은 적중했다. 그렇게 해서 '성실하게 살아가는 보통 국민의 밥맛이 떨어지게' 만든 것이다. 이 수석이 나쁘다는 말이 아니다. 국민은 왜 이 수석처럼 하면 안 되느냐는 것이다. 그 이유를 듣고 싶을 뿐이다.[18]

이전의 K씨라면 이 사설에 담긴 조롱을 참아내지 못하고 분통을 터트렸을 것이다. 하지만 이번만큼은 가슴이 뻥 뚫리는 것 같은 후련함을 느꼈다. 그 정치인은 사건이 터지자 곧바로 언론 보도가 사실과 다르다며 항변했다. 하지만 K씨의 귀에는 그 말이 말같이 들리지 않았다. K씨는 자신이 지지했던 정권의 핵심 인사가 정책적으로 무능할 뿐만 아니라 정부 정책의 진정성만 믿고 아파트를 사지 않고 버티던 자신 같은 지지자들을 속였다고 생각했다. 그 정치인은 표면적으로 K씨의 이해관계를 정치적으로 대변하는 척했지만, 실제로는 자신의 사적 이익을 추구하기에 여념이 없었던 것이다. K씨는 참여정부 초기 어느 소설가가 만들어냈던 "개혁 모리배"[19]라는 단어를 떠올렸다.

물론 현실과 이상 사이에는 괴리가 있게 마련이고 편의에 따라 양자가 분리될 수 있다는 사실을 K씨도 모르지 않았다. 그 무렵 보수 일간지는 총리의 골프 취미로 불거진 참여정부의 위선적 면모를 비판하기 위해 '강남 좌파'라는 신조어를 만들어냈다. 체제의 수혜자로 성장해 엘리트로 물질적 풍요를 누리면서도 정치적으로는 진보적인 입장을 취하는 이들을 일컫는 용어였다. 사실 K씨는 '강남 좌파'라는 말에 별다른 반감을 가지고 있지 않았다. 그는 이른바 강남 좌파가 자신의 소신에 따라 한 명의 유권자로 행세하는 것은 별 문제가 되지 않는다는 입장이었다. 그런 선택은 어디까지나 개인의 자유 의지에 달린 것이니까. 하지만 '강남 좌파'가 기득권 세력과의 전면전을 선포한 개혁 정권 수뇌부의 일원이라면 어떨까? K씨가 보기에는 이건 전혀 다른 문제였다. 공적인 장에서는 '가치의 정치'를 주장하면서 '신자유주의의 카지노 경제'를 비판하고 양극화에 몰린 약자들의 대변인인 양 행세하지만, 사적인 장에서는 욕망의 흐름을 뒤쫓으며 카지노 경제에 뛰어들어 주사위를 던지는 것. 이런 이중적 태도가 일상화된다면 결국 정치는 체제 내부의 엘리트 주류와 비주류가 각각 보수와 진보라는 허울을 뒤집어쓰고 기득권 다툼을 벌이는 장으로 전락할 것이 뻔했다.

투기 사실이 밝혀진 이후 그 정치인의 행태는 K씨가 배신감을 넘어 환멸을 느끼기에 충분한 것이었다. 그는 "부동산 문제는 '정책 부실'이 아니라 '정책 불신'에 있다"는 내용의 글로 사퇴의 변을 대신했다. 자신의 이중적 행태에 대해서는 한 마디 사과도 없이 끝까지 남 탓만 되풀이하는 태도. 그는 자신이 그렇게 적대시했던 수구 세력보다 더 비천해 보였다. K씨는 자문해보았다. 결국 참여정부가 목 놓아 외치던 '정치 개혁'이란 혹시 "개혁 모리배들"이 주류 기득권층에 하루라도 빨리 편입하기 위해 전략적으로 선택한 지름길이었던 것은 아닐까? K씨는 결국 그들이 정치공학적 계산법에 따라 손쉽게 동원할 수 있는 익명의 지지 세력에 불과했던 것은 아닐까? 무지몽매한 유권자로서 막연하게 희망을 품은 채 그들의 대의에 지나치게 감정을 이입했던 것은 아닐까?

K씨는 이런 질문들로 머릿속이 뒤엉킨 채 얼마간의 시간을 보냈다. 그러다 보니 특정 세력의 무능에 대한 실망감은 그들이 내세운 가치에 대한 총체적인 불신으로 완전히 옷을 갈아입었다. 때마침 K씨가 구독하던 개혁 성향의 신문조차도 참여정부의 부동산 정책이 사실상 실패했음을 인정했다.

첫째, 집값을 잡겠다고 여러 차례 장담했지만 약속을 지키지 못했다. 둘째, 정부를 믿고 집 장만을 미룬 서민들에게 엄청난 경제적 손실을 끼쳤다. 셋째, 지금 부동산 시장은 거의 통제 불능이다. …… 청와대

는 국민 여론을 겸허하게 수용하기보다는 똑같은 자기주장만 되풀이하고 있다.[20]

K씨는 오랜 고심 끝에 결국 자신의 정치적 환멸을 긍정적인 소비 행위로 승화시켜야겠다고 작정했다. 이런 결심을 굳히는 데는 우연히 펼쳐본 어느 시사 월간지의 주부 대담 기사가 큰 역할을 했다. 그 기사에서 강남에 거주하는 40대 초반의 어느 주부는 독특한 관점으로 참여정부의 부동산 대책을 정리하고 있었다.

이 정부가 서울과 수도권에 집 있는 사람에게 돈을 '확실히' 벌게 해줬어요. 물론 깔고 앉아 있는 돈이긴 하지만요. 노무현 대통령이 '강남 집값을 잡겠다'고 하지 않았거나 정부가 각종 부동산 대책을 내놓지 않았으면 이렇게까지 천정부지로 치솟지는 않았을 겁니다.[21]

그녀는 2000년에 3억 5,000만 원에 구입한 도곡동의 재건축 아파트가 6년이 지난 뒤 18억 원대의 50평대 새 아파트로 변신했다며 자신의 재테크 성공담을 자랑스럽게 늘어놓았다. 2005년 당시 서울 시장이던 이명박 전 대통령이 "정부 정책이 강남 아줌마 수준보다 못하다"고 지적한 것이 정확한 진단이었을까? 대담에 참여한 다른 주부들은 그녀를 진심으로 부러워하고 있었다.

K씨는 이 기사를 읽으며 현 정부의 최대 수혜자가 특정 지역의 아파트 보유자들이라는 사실에 열패감을 느끼기보다는 오히려 지난 5년간 자신이 깊이 빠져 있었던 백일몽에서 깨어나려고 애썼다. '생산 중심 경제'에서 '자산 중심 경제'로 빠르게 바뀌고

있음에도 '불로소득'에 대한 부정적인 인식에서 한발짝도 벗어나지 못했던 것은 아니었을까? 바로 그 불로소득이 부도덕의 색채를 털어내고 자본 소득이라는 이름으로 간판을 바꾼 최근 몇 년의 시간이 법적 제도의 빈틈을 활용해 자산을 불릴 수 있는 마지막 기회였던 것은 아니었을까? 투자와 투기의 구분을 사실상 무의하게 만들어버린 바로 그 '재테크'를 통해 말이다. 생각해보면 보수 진영의 반대에도 정부가 각종 부동산 관련 세금을 실거래가 기준으로 책정하기 시작한 것도, 그러니까 부동산 관련 조세 제도가 '현대화'의 첫걸음을 내딛은 것도 2005년 이후에야 겨우 가능했던 일이지 않은가?

따지고 보면 K씨는 정글의 법칙이 지배하는 자산 시장의 움직임을 짐짓 모른 척하며 혼자서 성인군자 행세를 했던 것이다. 그는 자신의 마음속에서 정치 개혁의 열망이 자본 소득의 욕망에 패배했음을 순순히 인정할 수밖에 없었다. 그것은 확실히 두 번째 자각이었다. 대통령 덕분에 2002년에는 '중산층 소비자'에서 '참여하는 시민'으로 깨어났고, 집권 후반기에는 또다시 '참여하는 시민'에서 '자산 투자자'로 깨어났다. 시세 차익을 추구하는 자산 시장의 플레이어, 그것이 '시민'이라는 백일몽에서 깨어난 그가 새롭게 맡아야 할 배역이었다. K씨는 자신이 너무 뒤늦은 것이 아니길 빌면서 아내와 함께 유명 건설사들의 모델하우스를 들락거리기 시작했다. 그리고 2007년 봄, 은행에서 일부 자금을 대출받아 노후 대비용으로 새 아파트를 마련했다. 그가 선택한 동네는 용인이었다. 여기에는 나름의 이유가 있었다.

서울로의 대규모 인구 유입이 도시 확장에 엄청난 압력을 가하기 시작한 이후, 적지 않은 구도심의 거주자들은 외곽으로 집을 넓혀 이사를 갔다. 1960년대라면 "사대문 안의 반듯한 기와집"은 교외 신흥 주택가의 "타일이 번질번질한 소위 양옥집"보다 값이 더 나갔으니 "크게 보태지 않아도 문안만 고집하지 않는다면 평수를 늘려가는 건" 그리 어려운 일이 아니었다.[22] 1970~1980년대에도 마찬가지였다. 한강 이북과 단독주택만 고집하지 않는다면 기존의 양옥집을 밑천 삼아 조금 큰 강남 아파트 한 채를 구입하는 것은 그리 어려운 일이 아니었다. 또 이들이 정착한 외곽의 동네는 거의 예외 없이 새로운 부촌으로 떠오르며 덩달아 땅값이 올랐다. 도시의 팽창 속도가 이들이 외곽으로 이동하는 속도와 앞서거니 뒤서거니 했기 때문에 가능했던 일이다.

실제로 K씨의 외가 쪽 사촌들 중에는 이런 식으로 재산을 불린 집이 꽤 있었다. 흥미롭게도 이들 대부분은 강남의 아파트에서 짧게는 10여 년에서 길게는 20여 년을 머물다가 지금은 분당이나 용인에 거주하고 있는 터였다. 반면 K씨는 이들과는 전혀 다른 행로를 걸었다. 그는 사대문 바깥 동네에서 성장했고, 셋방살이를 전전하다가 결혼 후에 겨우 신도시 아파트에 정착할 수 있었다. 약간 뒤늦은 감이 있지만, 지금이라도 용인으로 이주해 잘 나가는 외가 친척의 대열에 끼어드는 것도 그리 나쁜 선택처럼 보이지 않았다. 그들만큼은 아니더라도 어느 정도의 시세 차익도 얻을 수 있을 것 같았다. K씨가 용인을 선택한 것은 이런 판단에 근거한 것이었다. 바로 그해 래미안의 텔레비전 광고에서는 스물일곱 살 수정 씨가 남자친구를 부모님께 인사시키러 가는 길에 행복한 표정을 지으며 자신의 집이 래미안이라는 사실을 알려주

아파트 게임

고 있었다. 아파트 구입 계약을 마친 K씨는 그 광고를 흐뭇한 눈빛으로 바라볼 수 있었다.

그러나 K씨의 바람과는 달리 그의 가족을 기다리고 있던 것은 가파른 내리막길이었다. 막차에 올라탄 대가였다. 일 년 뒤 미국의 금융 위기가 일어났고, 그로부터 또 1년이 지난 뒤에는 K씨가 회사를 그만두었다. 정년퇴직을 1년 앞둔 시점이었다. 입사 동기 15명 중 그때까지 남아 있던 이는 몇 년 전 임원으로 승진한 한 명뿐이었다. K씨는 만년 부장에서 영세 자영업자로 변신을 꾀해야 했다. 그가 선택한 것은 소규모 커피전문점 창업이었다. 그는 불과 2년만에 또 다시 브랜드와의 거래에 나서야 했던 것이다. 2007년에는 건설사 아파트 브랜드와의 거래였다면, 이번에는 프랜차이즈 업체 커피 브랜드와의 거래였다. 아내가 백화점 세일 기간에 사다주는 옷가지들을 제외하곤 브랜드와는 별로 상관없는 삶을 살아온 K씨로서는 늦바람이 난 듯했다. 그는 그 브랜드들이 보장한다는 미래 가치를 굳게 믿었다. 하지만 문제는 그렇게 '아파트 브랜드'와 '프랜차이즈 브랜드'로 노후 대비용 버팀목을 쌓아가는 와중에 아파트 가격이 하향 곡선을 그리기 시작했다는 점이다. 그즈음 언론은 가계 대출과 부동산 폭락의 위험성을 다룬 기사들을 내보냈다. K씨는 신문을 보고서야 자신과 같은 처지의 사람들이 "하우스푸어"로 불린다는 걸 알게 되었다.

이 생소한 단어의 의미를 파악한 K씨가 사촌형 H씨를 떠올린 것은 어찌 보면 당연한 일이었다. H씨는 K씨가 아는 범위 안에서 집 때문에 패가망신한 전형적인 사례였기 때문이다. K씨의 아버지 쪽 집안 식구들과 마찬가지로 H씨는 농촌의 가난한 집안 출신이었다. 탄탄한 직장에서 나름대로 승승장구하던 H씨에게 고급 이층양옥을 내 집으로 마련하는 것은 자신의 출세 여부를 판가름하는 잣대나 다름없었다. 왜 대형 아파트가 아니라 고급 이층양옥이었는지 그 이유를 정확히 알 수는 없었지만, 그는 자신이 설정한 목표에 강박적으로 매달렸다. 사실 당시 부동산 시장의 상황을 놓고 보면 그리 잘못된 선택이 아니었다. 그 시절, 서울의 단독주택 가격 상승률은 강남 아파트와 비교해봐도 얼추 비슷한 수준이었으니 말이다.

1980년대 중반, H씨는 마침내 자신의 꿈을 이루었다. 서울 변두리의 고급 이층양옥을 구입한 것이다. 그런데 그 시점이 절묘했다. 당시 중산층 주거 모델의 패권이 단독주택에서 아파트로 넘어가는 분위기가 역력했기 때문이다. H씨가 구입한 집은 수입 상으로 큰돈을 벌던 원 주인이 1980년대 초반에 평생 살기 위해 젊은 건축가에게 설계를 의뢰해 지은 것이었지만 원 주인의 사업이 어려워지는 바람에 급매물로 시장에 나왔다. H씨는 친구로부터 이 소식을 듣고서는 망설임 없이 구입했다. 시세보다 싼 가격이었다. 단점이라면 부촌이 아닌 변두리라서 그 집이 동네에서 유일한 고급 주택이라는 점이었다. 집장사 집들에 의해 포위된 형국이었지만, 그래도 당시 고급 이층양옥의 기품은 고스란히 간직하고 있었다. 응접실 벽면에는 벽난로가 설치되어 있었고, 그 맞은편에 놓인 가죽 소파에 몸을 기대면 큰 창문을 통해 정원 풍경을 내려다볼 수 있었다. 이후 10년 넘게 그 집은 H씨 가족에게 안식처 구실을 톡톡히 해주었다.

문제가 발생한 것은 1990년대 중반 이후였다. 집값은 내리막길을 걷고 있었고, H씨는 정년퇴직을 눈앞에 두고 있었다. 자식들 교육시키고 부모님 공양하느라 자신의 노후는 제대로 준비하지 못한 상태였다. H씨는 마음이 조급했다. 다행인지 불행인지, 때마침 김영삼 대통령의 문민정부는 서울의 주택난 문제를 해결하기 위해 다가구 주택 건설을 독려하는 정책을 내놓았다. H씨는 결국 자신의 꿈을 접고 박스 형태의 4층짜리 원룸형 다가구 주택을 짓기로 결정했다. 집을 부수고 정원을 밀어냈다. 그리고 그 자리에 은행에서 융자받은 돈으로 건물을 세웠다. H씨는 건물 맨 위층에 살림집을 꾸미기로 했다. 그는 아내의 뜻에 따라 방배동 대형 빌라의 평면을 고스란히 베껴 살림집의 공간을 나누었다.

노후생활을 위한 보험이라고 생각했던 그 건물이 재앙덩어리로 돌변하는 데에는 그리 오랜 시간이 걸리지 않았다. 마무리 공사가 한창이던 1997년에 외환 위기가 터진 것이다. 완공만 하면 긴 줄을 설 것 같던 입주자들은 어디론가 사라져버렸고, 대출받을 때만 해도 한없이 친절한 표정을 짓던 은행의 담당 직원은 빚 독촉을 시작했으며, H씨는 인사 담당 이사로부터 명예퇴직 대상이라는 통보를 받았다. 한꺼번에 달려드는 불행 앞에서 H씨는 속수무책으로 당할 수밖에 없었다. 그는 이미 너무 늙어 있었던 것이다. 결국 건물은 은행에 넘어가 경매로 헐값에 팔렸고, H씨 가족은 주변 사람들과 연락을 끊은 채 종적을 감추었다. 그의 두 딸은 아직 시집도 안 간 상태였다. K씨는 자신이 H씨의 몰락을 15년이 지난 지금 현재 진행형으로 되풀이하고 있는 것 같았다는 생각이 들었다. 가슴이 답답했다.

1969년 7월 16일, 남산 광장

　며칠 전 K씨는 갑자기 연락이 온 후배 C씨와 오랜만에 단골 삼겹살집에서 소주잔을 부딪쳤다. 모처럼 필름까지 끊긴 술자리였다. C씨는 입사 동기들이 죄다 지점장으로 승진했는데도 여전히 자동차 세일즈맨으로 낡은 양복을 걸치고 이곳저곳을 뛰어다니고 있었다. C씨는 술이 좀 들어가자 신세한탄을 시작했다. "외곽이긴 해도 32평 아파트를 사기 직전"이었는데 기회를 놓쳐 "22평 전세로, 방 두 칸 연립으로" "다시 연립 전세"로, "계약직 전환"으로, 그러니까 "나와도 그만, 안 나와도 그만인 사람으로 쏜살처럼 미끄러져 내려"갔다고 했다. 그는 자신의 처지를 두고 "기나긴, 끝없는 내리막길을 휠체어를 타고 내려온 기분", "특히 지난 몇 년은 어디 남산 계단 같은 곳에서 누군가 휠체어를 떠민 느낌"이라며, K씨에게 혹시 그런 느낌을 아느냐고 물었다.[23] K씨는 말없이 사람 좋은 표정으로 희미하게 웃고 있었지만 후배의 현재가 자신의 미래가 될 것 같다는 불길한 예감에 사로잡혔다.

　모 은행 경영연구소의 보고서에 따르면 베이비붐 세대 중에 최소 노후생활 필요자금 3억 6,000만 원을 현재 자산으로 감당할 수 있는 가구가 전체의 24퍼센트밖에 안 된다고 하지 않던가?[24] K씨는 24퍼센트의 커트라인 어딘가에서 아슬아슬하게 한 발 걸친 채 내리막길 앞에서 버둥대고 있는 듯한 기분이었다. 대출 낀 아파트 한 채가 힘겹게 버팀목 역할을 해주고는 있지만, 언제까지 K씨 가족의 하중을 견뎌줄지 알 수 없는 노릇이었다.

K씨는 피로감이 뼛속까지 파고드는 것 같았다. 목이 타서 컵에 담긴 얼음을 씹어 삼켰다. 그리고 깊게 호흡을 들이마신 뒤, 자신이 빠진 함정의 정체에 대해 생각하기 시작했다. 제일 먼저 떠오른 것은 2000년대 중반의 아파트 광고들이었다. 소비자의 입장이 아니라 건설업체의 입장에서 그 광고들을 해석해보면 어떨까? 확실히 아파트 브랜드의 등장은 분양가 상한제 폐지와 밀접한 관계가 있었다. 1977년부터 자리 잡은 분양가 상한제는 선분양제와 짝을 이루고 있었다. 이 두 제도 덕분에 정부는 주택 공급시장의 통제력을 거머쥘 수 있었고, 공급자는 상품을 만들기도 전에 금융비용을 들이지 않고 구매자로부터 자금을 조달할 수 있었다. 그리고 구매자는 시세보다 훨씬 저렴한 가격으로 아파트를 구입할 수 있었다. 1980년대 내내 134만 원 이하였던 서울 지역의 아파트, 그리고 1989년 이후 200만 원 초반대를 유지한 수도권 신도시의 평당 분양가는 이 세 주체의 밀월관계를 가능케 한 교환의 기준점이었다.

하지만 1997년 외환 위기 이후 게임의 규칙은 급격히 바뀌기 시작했다. 당시 부도 위기에 처한 건설업계의 요구로 분양가 상한제가 폐지되었던 것이다. 이 제도가 도입되고 20년이 지난 후의 일이었다. 그렇다면 아파트 시장이 규제 중심에서 경쟁 위주로 새롭게 재편되었던 것일까? K씨가 보기에는 약간 이상한 구석이 있었다. 왜냐하면 분양가 상한제의 단짝이라고 할 만한 선분양제는 고스란히 명맥을 유지하고 있었기 때문이다. 그 덕분에 아파트는 이전보다 더 기묘한 상품이 되었다. 이전까지는 정부가 공급자와 소비자의 관계를 조율하는 박리다매의 공동구매 상품이었던 반면, 이제는 공급자가 직접 나서서 주도하는 시세와 동일한 가격의 선 입금 예약 상품으로 둔갑했던 것이다.

이런 상황을 누구보다 더 정확히 간파하고 있었던 것은 건설업체가 아니었을까? K씨는 이런저런 생각을 진전시키다가 또 다른 의문이 생겨났다. 아내가 그토록 집착하던 '아파트 브랜드'란 결국 분양 시장의 비합리성을 감추기 위해 또 다른 비합리성을 동원한 결과가 아니었을까? 아파트 분양가가 이미 시세를 일정 부분 반영하고 있다면, 건설사로서는 구매 희망자들을 모델하우스로 불러들이기 위해 분양가 이상의 미래 가치를 보증해야만 할 것이다. 그래야만 구매 희망자들이 건설사를 대신해 신축을 위한 금융비용을 스스로 충당하려 들 테니까. 그러니 "그녀의 프리미엄"이라는 광고 문구에서 프리미엄이라는 단어가 진짜로 뜻하는 바는 단순 명료했다. 그 의미는 '적어도 구매자의 이자 비용은 분양가 대비 입주 시 가격 상승분으로 충분히 보장받을 수 있습니다.'는 것이었다.

아파트 브랜드가 중요한 역할을 떠맡는 것은 바로 이 지점이었다. 이전까지 일반 재화의 브랜드가 고객과의 '신뢰'를 구축하기 위해 디자인된 것이었다면, 아파트 브랜드는 거기에 그치지 않고 '신용'을 금전적으로 거래하기 위해 설계된 것이었다. 건설업체는 지속적인 광고를 통해 브랜드의 광휘를 선사하고, 구매자는 모델하우스를 방문한 뒤 그 광휘를 미래의 자산 가치에 대한 보증으로 착각하고 상품 대금 일부를 미리 지급하는 것. 이것이 아파트 브랜드가 창출해낸 새로운 신용거래의 핵심이었던 것이다.

이렇게 과감하게 사고의 도약을 거듭하던 K씨는 다음과 같은 질문 앞에서 갑자기 멈춰 섰다. 그렇다면 이 신용거래가 보증했던 장밋빛 미래는 가격 상승에 대한 기대감이 사라진 시점에는 어떤 모습으로 돌변하게 될까? 그가 어렵지 않게 떠올릴 수 있는 것은 1997년 외환 위기 직후의 부동산 폭락이었다. 혹시라도 그때와 유사한 상황이 재연된다면 어떤 일이 벌어질까? 그때와 마찬가지로 현금 유동성을 보유한 이들에게는 자산 증식을 위한 최적의 기회가 되겠지. 시장에 매물로 나온 자산들을 저렴한 가격에 구입할 수 있는 기회일 테니까. 정부가 폭락한 부동산 시장을 활성화한다며 각종 규제들을 완화하겠다고 나서 준다면 금상첨화일 것이다.

누군가의 기회가 또 다른 누군가에게는 대재앙이 되기도 한다. K씨는 '파국의 불평등성'이라는 단어를 테이블 위에 놓인 잡지 가장자리에 볼펜으로 끼적거렸다. 만약 그런 일이 벌어진다면 누가 가장 큰 피해를 입게 될까? K씨는 정답을 알고 있지만 입 밖으로 꺼내기 두려웠다. 바로 자신처럼 2000년대 중반부터 뒤늦게 새 아파트를 구입한 베이비붐 세대의 중산층이었다. 그들은 파국의 진앙에 가장 가까이 자리 잡고 있었다.

한번 살펴보자. 2000년대 중반부터 그들 일부는 은퇴 준비랍시고 수도권 외곽의 대형 아파트로 이주했다. K씨에게 외가 사촌들이 그러했듯이 이 세대의 중산층에게 그들보다 한걸음 앞서 용인 등지로 이주했던 1940년대생들이 역할 모델이나 다름없었다. 아마 그들은 낭만적인 전원의 삶까지는 아니더라도 교외의 아파트에서 느리고 한적한 삶, 그리하여 심신의 여유를 즐길 수 있는 삶 정도를 누릴 수 있으리라고 기대했을 것이다. 하지만 그들의 기대와는 달리 이주한 지 5~6년이 지난 지금 부동산 시장에서 가장 먼저 위험에 노출되고 말았다.

실제로 아파트 시장의 현재 상황은 출구를 알 수 없는 침체 국면에 접어들었고 전세가가 시세를 떠받치고 서 있는 형국이 아닌가? 한국만의 독특한 민간 임대 제도인 전세 제도는 호황기에는 부동산 시장의 최전방 공격수인 다주택 보유자에게 유동성을 공급하는 '미드필더'로 대활약을 펼쳤다. 일종의 '사금융'이나 다름없던 이 제도는 불황이 닥치자 재빨리 후방으로 되돌아가 '최종 수비수'로 전환한 뒤 가격 하락세를 온몸으로 막아내고 있다. 그러니 이런 표현도 가능하지 않을까? 아파트 시장의 진정한 '리베로'라고 말이다. 결국 이 제도 덕분에 보유자에게 가야 할 가격 하락의 압력, 은행으로 가야 할 부실 대출의 압력 상당 부분이 내집 마련을 포기한 젊은 세대의 세입자들에게 전가되고 있다. 아주 이상한 방식으로 고통 분담이 이뤄지고 있는 셈이다.

K씨가 보기에 전세 수요를 지속적으로 창출할 수 있는 입지 조건의 아파트는 위기에서 한 발짝 뒤로 물러서 있을 수 있다. 이를테면 대중교통이 발달되어 왕래가 편하다거나, 학원들이 몰려 있어서 자녀 교육이 수월하다면 말이다. 실제로 1997년 외환 위기 당시에도 강남 아파트의 가격이 다른 지역에 비해 상대적으로 하락폭이 크지 않았던 것도 이런 입지 조건이 보호막 구실을 해준 덕분이 아니었나? 그렇다면 K씨의 아파트는 어떤가? K씨를 비롯한 베이비붐 세대가 삶의 마지막 정착지로 택한 곳은 교통의

편이성이나 사교육과는 거리가 먼 수도권의 외곽 지역이었다. 게다가 그들 대부분은 불과 5~6년 앞서 2000년대 초반에 이주한 이들보다 세 배에 가까운 비싼 분양가를 지불한 터였다.

그게 끝이 아니었다. 최근까지 그들 중 일부는 K씨와 마찬가지로 노후에 대비하기 위해 프랜차이즈 브랜드의 간판을 내걸고 자영업에 뛰어들고 있었다. "개업 후 3년 내에 자영업의 50퍼센트가 폐업한다"는 통계치 앞에서도 그들은 "나만 아니면 된다"며 각오를 다지고 의연하게 마음을 다잡으려고 애쓰고 있었다. 아마도 그들의 유일한 자산인 아파트 한 채가 담보물의 기능을 완전히 상실하기 전까지는 희망을 버리려고 하지 않으리라. 하지만 2011년 기준으로 약 400조 원을 넘어선 50대 이상의 가계 부채가 불평등한 확률로 그들 중 상당수를 파산 상태로 내몰리라는 것은 불을 보듯 뻔한 사실이다.[25]

아파트의 하락세와 자영업의 위기. 그 사이에 똬리를 튼 이들 세대의 불행은 자녀 세대에게 고스란히 증여될 수밖에 없을 것이다. 그 자녀 세대는 자신의 마지막 희망, 그러니까 부모님이 사는 아파트 한 채는 그래도 물려받을 수 있으리라는 기대가 빚더미 속으로 사라지는 모습을 그저 지켜볼 수밖에 없을 것이다. 그들 대다수는 부동산 자산이라는 걸 가져본 적 없는 월세 인생들일 것이다.[26]

K씨는 암울한 미래에 대한 상상을 제대로 마무리하지 못한 채 서둘러 커피전문점 안의 현실로 돌아왔다. 방금 전 아르바이트생 P군이 문을 열고 들어왔기 때문이다. 학자금 대출로 모 사립대에 다니고 있는 P군은 아르바이트로 생활비를 마련하고 있었다. 친

절하고 성실한 지방 출신 학생이었다. K씨는 P군을 볼 때마다 자식 가진 부모로서 묘한 안타까움을 느끼곤 했다. K씨가 보기에 몇몇 명문대를 제외하고는 대학 졸업장은 사실 별 볼 일 없어진 지 오래였다. 80퍼센트에 육박하는 대학 진학률을 자랑하는 사회에서 대학은 성인이 되기 위한 통과의례의 장소일 따름이었다. 군대와 다를 게 없다고나 할까.

물론 대졸자의 평균 임금이 고졸자의 1.6배가 넘는다며 내 자식만큼은 반드시 대학에 보내야 한다고 생각하는 부모들이 넘쳐난다는 걸 알고 있다. K씨도 그중 한 명이었으니까. 하지만 K씨는 그런 차별이 대학이 그들에게 특별한 지식이나 기술을 전수한 결과라고 생각하지 않았다. 고교 졸업생 상당수가 대학에 진학한다고 해서 그들의 지적 역량과 학습 능력이 정규 분포 곡선 상에서 갑자기 오른쪽으로 이동하는 것은 아니지 않는가? 그런 연유로 K씨가 보기에 지금 '대학생'이라는 직함의 진정한 의미는 그 직함의 보유자가 취업 준비를 위해 사회 진출의 시간을 유예한 채 또래 집단과 인맥을 쌓고 '스펙'을 만드는 것, 그 이상도 이하도 아니었다. 물론 이 직함을 얻기 위해 치러야 하는 대가는 만만치 않았다. 매년 1,000만 원에 가까운 등록금이 그것이었다. P군 같은 처지의 학생들에게는 만만치 않은 금액이었다.

확실히 P군의 인생 전략은 초장부터 잘못된 길로 접어든 게 확실했다. P군은 학자금 대출로 등록금을 지불하며 대학생이라는 '청춘'의 시간을 얻었다. 그런데 그렇게 어렵게 확보한 시간을 자신의 노동력까지 보태 5,000원이 약간 넘는 헐값의 시급을 받으며 K씨에게 되팔고 있다. 등록금과 아르바이트 임금을 둘러싼 두 번의 거래. 아마도 P군은 졸업할 때까지 이 이상한 거래의 굴레에서 벗어나지 못할 것이다.

K씨는 매장 구석에서 에스프레소 기기를 열심히 청소하고 있는 P군을 바라보면서 자문해본다. 하긴 한반도의 역사에서 계급 사회가 아닌 시절이 있었던가? 고도성장의 시동을 걸었던 1960년대 후반부터 외환 위기가 발생한 1990년대 후반까지 약 30년의 시간대가 오히려 비정상적인 시기였던 것이 아닐까? 아마도 K씨와 P군의 아버지는 찬란한 인생을 꿈꾸며 그 시기를 통과했을 것이다. 그러나 2000년대에 접어들면서 승자와 패자가 뚜렷하게 갈리기 시작했고, 모든 것이 관성의 법칙에 이끌리듯 이전의 제자리를 찾아 돌아갔다. K씨의 생각은 얼마 전 신문에 실린 기사를 보고 더욱 확고해졌다. '2012학년도 국가장학금 신청자 소득분위 현황' 자료를 취재한 그 기사에 따르면 "상위권 대학 학생들의 40퍼센트가량이 소득 상위 10퍼센트 안에 드는 최고소득층의 자녀인 것으로 나타났"으며, 그 상위권 대학에서 "소득 하위 10퍼센트에 속하는 최저소득층 자녀의 비율은 평균을 크게 밑돌았다."[27] 교육이 사회 이동의 촉매제에서 계급 대물림의 매개체로 전환되는 이행의 과정. K씨가 보기에 P군은 이 과정의 희생양이었다.

그런데 문제는 P군의 고난이 여기서 끝나지 않는다는 것이다. P군이 거주하는 고시원은 바로 1962년생 O씨가 소유한 빌딩의 4~5층을 차지하고 있다. 한편에서 대학 교육이 얄팍한 희망을 던져주며 그의 발목을 잡고 있다면, 다른 한편에서는 O씨와 같은 중상류층 건물주들이 K씨나 고시원 사장 같은 자영업자들을 중간책으로 내세워 갑과 을의 다단계 구조를 만들고 그 제일 밑자리에 P군 같은 청년들을 밀어 넣고 있다고나 할까? 경제 성장이 한계에 도달하면, 자산 보유자나 중산층의 일부는 중하위 계층에 속한 '젊은 세대'의 미래를 볼모로 삼아 새로운 생존 전략을 구상하게 마련이다. 당연한 일이다. 그들의 시선에서 보자면 자신이 처한 상황에 무지한 P군 같은 이들이야말로 가장 공략하기 쉬운 대상일 테니까 말이다. 이 대목에서 K씨는 P군에게 일말의 죄책감을 느꼈다.

아르바이트생이면서 대학생이며 채무자이면서 항구적인 소비자로 살아가야 하는 분열적인 상황. P군은 일을 마치면 싸구려 김밥을 사서 고시원으로 향할 것이다. 피곤에 찌든 그의 몸은 쓸쓸하게 계단을 밟고 올라가겠지만, 그의 가슴 속에 쌓인 많은 말은 제대로 발설되지 못한 채 발밑으로 가라앉아 흩어질 것이다. 그는 창문이 없는 1.5평짜리 쪽방에서 컴퓨터의 마이크로소프트 윈도우즈를 통해 세상을 바라볼 것이며, 그러다가 문득 자신의 머릿속이 이 방의 구조와 닮아가고 있는 것은 아닌지 의문을 품어보기도 할 것이다. 하지만 그것도 잠시뿐, 그는 이내 자신이 취할 수 있는 가장 편안한 자세로 180센티미터 길이의 침대 위에 몸을 눕힐 것이다. 눈을 감으면 그 안으로 방이 구겨져 들어갈 것이다.

K씨는 이런 상념에 빠져드는 것이 주제넘은 짓이라는 생각이 들었다. '참여하는 시민' 시절에 몸에 밴, 그의 아내 말대로 남 걱정부터 하고 보는 사치스러운 버릇을 아직 버리지 못한 탓이었다. 하긴 자신의 처지가 조선 말기의 소작농과 다를 바 없는데 누

가 누굴 걱정한단 말인가? K씨는 복잡한 심사를 뒤로한 채 다시 잡지를 펴들었다. 그리고 땅콩집의 서재 사진과 이층 단독주택의 거실 사진을 부러운 눈길로 바라보면서 유년기의 추억을 더듬기 시작했다.

K씨에게는 예전부터 마음의 거처로 생각하는 집이 있었고, 언젠가 그와 비슷한 집을 직접 지을 수 있기를 소망했다. 그것은 그의 외가 식구들이 살던 용산의 일본식 문화주택이었다. 어린 시절 K씨는 주말마다 엄마의 손을 붙잡고 외갓집으로 향하곤 했는데, 딸의 결혼을 끝까지 반대했던 외할아버지는 일주일에 하룻밤만이라도 셋방살이의 고단함을 피해보려던 딸의 선택을 애써 모른 척했다. 그 시절 K씨는 엄마와 함께 용산행 시내버스를 탈 때면 저도 모르게 콧노래를 흥얼거리곤 했다. 그 때문일까? K씨는 지금도 외갓집의 목조 대문을 떠올리기만 해도 행복감에 빠져든다.

응접실로 따사로운 햇빛을 비춰주던 수평창의 묘한 비례, 온돌이 깔린 큰 방을 제외하곤 방마다 깔려 있던 다다미의 질감과 냄새, 정교하게 짜 맞춰져 기분 좋은 소리를 내며 열리던 미닫이문들, 그리고 크지 않은 정원에 다소곳이 서 있던 향나무 등. K씨가 그 집에서 가장 좋아했던 것은 대낮에도 어둑어둑하던 일층의 긴 복도, 그리고 방마다 한쪽 벽면을 차지하고 있던 일본식 붙박이 수납장이었다. 그는 좁은 복도의 양쪽 벽면을 손발로 짚으면서 기어올라서는 허공 위를 옮겨 다니곤 했다. 외할아버지는 그런 모습을 볼 때마다 크게 호통을 치셨지만, 외할머니는 그냥 희미하게 웃으시며 뒤돌아서곤 했다. 그렇게 거미인간 놀이가 시들해질 때쯤이면 그는 어김없이 동화책과 손전등을 들고 수납장 속으로 들어갔다. 미닫이문만 닫으면 수납장 안의 빈구석은 온전히 그만의 공간이었다.

딱 한 번, 그 공간이 미래를 향해 끝없이 확장되던 순간도 있었다. 아폴로 11호가 발사된 1969년 7월 16일이었다. 발사 며칠 전부터 신문들은 인간의 달 착륙에 관한 특집 기사들을 쏟아냈고, 텔레비전을 가지고 있는 집들은 행여 잔고장으로 역사적인 순간을 놓칠지도 모른다는 생각에 동네 전파사에 점검을 맡기기도 했다. 텔레비전이 없는 가난한 딸네 사정을 아시는 외할아버지는 K씨에게 발사 당일 학교가 끝난 뒤 곧바로 외갓집으로 오라고 일렀고, K씨는 그날 밤 남산 광장에서 외할아버지의 손을 잡고 서 있었다. 밤늦게 발사될 우주선의 모습을 보려는 수만 명의 인파로 광장은 오후부터 북적거렸다. "노란 어깨띠를 두른 질서 요원들은 사람들에게 줄맞춰 앉으라고 연신 확성기로 떠들어댔"고, "냉차 장수에 김밥 장수, 뽑기 장수들까지 고래고래 소리 질러 손님들을 불러댔으며, 광장 여기저기서 솜사탕과 색색가지 풍선을 파는 장수들은 아이들에게 둘러싸여 한 발짝도 떼지 못한 채 어쩔 줄 몰라 했다." "거대한 소라 모양의 음악당"에는 광목천으로 제작된 폭이 30미터가 넘는 거대한 스크린이 걸려 있었다.[28] 미국 공보원에서 나온 사람들이 바쁘게 무대 주변에서 움직이고 있었다.

우리 시간으로 밤 10시 32분, 발사 예정 시간이 다가오자 스크린 위에는 아폴로 11호를 우주로 쏘아 올릴 새턴 5호 로켓이 케이프케네디 우주공항의 발사대에 기대선 채로 위용을 드러냈고, 오랜 기다림 끝에 관제소의 카운트다운이 시작되자 광장의 군중 모두 침을 삼키며 숨소리를 죽였다. "스리 투 원 제로!" 카운트다운이 끝나자 39층 높이의 거대한 로켓이 거대한 불기둥을 내뿜으며 대서양 상공으로 치솟기 시작했다. 광장의 군중은 잠시 그 광경에 넋을 잃었다가 이내 경이에 찬 눈빛으로 우레와 같은 박수와 환호성을 터트리기 시작했다. 그리고 10분쯤 지났을까? 광장의 스피커에서는 "만사가 순조롭다, 밖이 밝다."는 닐 암스트롱 선장의 목소리가 흘러나왔다. 우주로부터 전해진 첫 소식이었다. 관제소는 "발사 후 십 분, 계속 항진하라."라고 응답했다.[29] K씨는 그 말을 듣자마자 다리의 힘이 풀려 자리에 주저앉고 말았다. 잔뜩 긴장했던 탓이다.

외할아버지는 운전사 아저씨를 시켜 승용차로 K씨를 집에 바래다주도록 했다. 처음 타보는 외할아버지의 차였다. 집으로 돌아오는 길, K씨는 쾌적한 의자 쿠션에 피곤한 몸을 묻고서는 1990년대가 되면 일반인들도 우주여행을 떠날 수 있을 것이라는 미국 항공우주국 과학자의 말을 떠올렸다.[30] 그리고 그는 차창을 통해 서울의 초라한 야경을 멍하니 바라보면서 "과학과 기술의 위대한 힘"이 인도할 1990년대 미래 도시의 모습을 상상했다. 그때가 되면 가족과 함께 초고층 빌딩에 살면서 달나라로 여행을 떠날 수도 있지 않을까? 어쩌면 베트남으로 파병된 용감한 군인 아저씨들처럼 화성 개척을 위해 우주선을 타고 파견 근무를 떠날지도 모를 일이었다.

하지만 K씨의 바람과는 달리 그 미래는 그리 오래 지속되지 않았다. 며칠 전의 술자리에서 후배 C씨는 "이래 죽으나 저래 죽으나 마찬가지"인데, 달에 가서라도 차를 팔아야 하는 게 아니냐고, "내비에 찍고 줄곧 가면 나"오지 않겠냐고 주정을 했었다.[31] 뜬금없이 달이라니? 혹시 지금은 사라져버린 '우주 시대'라는 미래가 그의 기억 어딘가에 잔상처럼 남아 있었기 때문일까? 달나라로 탐험을 떠나던 아폴로 11호를 청소년기에 텔레비전을 통해 지켜보았던 세대, 섬처럼 고립된 이 비좁은 남한 땅에서 처음으로 자신의 상상력 목록에 '우주'라는 항목을 기록해둘 수 있었던 세대, 지금 그 세대가 사멸의 위기에 처해진 것은 아닐까?

언젠가 K씨는 군 입대를 앞둔 아들에게 "사는 일은 연극 같은 거라고, 무대가 바뀌면 다른 배역을 맡듯 눈빛을, 표정을, 마음을 바꾸어보라"고 말한 적이 있다.[32] "아버지라는 낱말에 부여된" 너무나 강렬한 의미를 감당할 수 없는 바로 지금, 그 말은 자신이 새겨들어야 할 조언 같았다. 이제 K씨는 IMF 외환 위기 직후에 인기를 모았던 "고개 숙인 아버지"의 배역을 맡아서 가족에게 "미안하구나"라는 말을 되풀이해야 할 것 같다고 생각했다. 하지만 그것만으로 충분치 않을 성싶었다. 자신이 오른 무대가 단막극이 아니라 결말을 알 수 없는 연속극일지도 모른다는 생각 때문이었다.

아마도 극이 진행됨에 따라 K씨는 가족과 함께 아파트 공간을 점유한 "하나의 무거운 생명체"로 변신했다가, 식구들이 "안중에도 없다는 듯 여기며 살아도 썩 불편하지 않"은 존재를 연기해야 할지도 모를 일이다. 한때 아버지였으나 결국에는 투명 인간이 되고 만 사내. K씨는 이 배역을 소화하기 위해 보이지 않는 존재인 동시에 볼 수 없는 존재를 연기해야 할 것이다. 몸과 함께 투명해진 망막에는 아무런 상도 맺히지 않을 테니까.[33] 그러고 보면 그날 술자리에서 후배가 "지난 30년을 '청춘 시대의 연장'[34]처럼 열심히 노력하며 살았는데 요즘은 정말 소리 내 울고 싶을 때가 한두 번이 아니다"며 한탄하다가 갑자기 생뚱맞게 "다음엔 꼭 박근혜를 찍을 겁니다."[35]는 말을 내뱉었던 것도 그리 이상한 일이 아니었다. 그는 민낯으로 투명 인간의 '맹목(盲目)'을 열심히 연기하고 있었던 것이니까.

그렇다면 K씨에게 남은 것은 그 후배처럼 세상의 틈새에 낀 투명 인간으로 서글프게 늙어가는 일뿐인가? K씨는 해답이 없는 질문을 되새기며 길게 한숨을 내쉬었다. 그리고 매우 느린 속도로, 자신을 압박하는 모든 시름을 던져버리고 1969년 7월 16일의 남산 광장으로 되돌아가고 싶다는 생각에 빠져들었다. 퇴직 후 끊었던 담배 생각이 간절했다.

3
한강의
두 번째 기적
| 1962년생 베이비부머의
버블 체험담

"지대가 높아 동네가 한눈에 내려다보였다. 혁명

가들을 해방시키고 숙부를 사형시킨 형무소도 곧

장 바라다보았다. 천지에 인기척이라곤 없었다. 마

치 차고 푸른 비수가 등골을 살짝 긋는 것처럼 소

름이 쫙 끼쳤다. 그건 천지에 사람 없음에 대한 공

포감이었고 세상에 나서서 처음 느껴보는 전혀 새로운 느낌이었다. 독립문까지 뻔히 보이는 한길에도 골목

길에도 집집마다에도 아무도 없었다. 연기가 오르는 집이 어쩌면 한 집도 없단 말인가. 형무소에 인공기라

도 꽂혀 있다면 오히려 덜 무서울 것 같았다. 이 큰 도시에 우리만 남아 있다. 이 거대한 공허를 보는 것

도 나 혼자뿐이고 앞으로 닥칠 미지의 사태를 보는 것도 우리뿐이라니. 어떻게 그게 가능한가. 차라리 우

리도 감쪽같이 소멸할 방법이 있다면 그러고 싶었다."

─박완서, 《그 많던 싱아는 누가 다 먹었을까》(웅진지식하우스, 1992), 311쪽.

이득영 사진, 〈슈퍼블록_112〉, 2011

기억의 습작

어디서부터 이야기를 시작해야 할까? 얼마 전 오랜만에 아내와 함께 본 영화는 어떨까? 그래, 〈건축학개론〉에 대한 이야기로 시작해보자. 많은 사람이 본 영화이고 그만큼 화제도 되었으니까. 잘 알려져 있다시피 이 영화의 시대 배경은 1996년이다. 고도성장기의 끝물에 들어선 것이 분명해 보였지만 아직까지 문화전반에 걸쳐 미래에 대한 낙관주의가 팽배하던 시점. 바로 그 시점에 정릉 거주 건축학과 남학생과 제주도 출신 음대 여학생은 신입생의 앳된 표정을 지은 채 신촌에 도착했다.

그들이 대학생이 되기 한 달 전에는 서태지와 아이들이 "화려할 때 미련 없이 떠난다."는 말을 남기고 공식적으로 은퇴를 선언했고, 입학식 전후로는 쿠엔틴 타란티노 감독의 〈저수지의 개들〉과 홍상수 감독의 〈돼지가 우물에 빠진 날〉이 약간의 시간차를 두고 개봉했다. 하지만 그들은 그런 일에 별 관심이 없었다. 상당수의 동년배와 달리 그들은 사춘기 시절 대중문화와 친밀한 관계를 맺을 수 있는 처지가 아니었다. 정릉 시장의 순댓국밥 집은 지나치게 곤궁했고, 제주도의 바닷가 마을은 너무 외졌다. 그들의 부모는 그러니까 그 시절 흔하디흔한 도시 중산층이 아니었던 것이다.

여학생은 건축학개론의 강의 시간에 남학생을 보자마자 그가 자신과 동류라는 사실을 바로 알아챘다. 서울 지도 위에 겹쳐진 그들의 빨간색 동선은 그녀의 직감이 틀리지 않았음을 증명했다. 당연하게도 대학 첫 학기 내내 그들은 낙폭이 심한 문화적 격차를 체감하며 아찔한 현기증에 시달릴 수밖에 없었다. 그들의 문제는 거기에서 끝나지 않았다. 1990년대의 대학 캠퍼스에서 '신세대'로 살아가려면 타인의 응시 속에서 청춘의 자아를 능숙하게 연기할 줄 알아야 한다는 것, 그들은 그 사실을 미처 깨닫지 못하고 있었다. 남학생은 자신이 아끼는 짝퉁 게스 티셔츠를 창피하다고 느껴본 적이 없을 정도로 눈치가 없었다. 그리고 여학생은 소니 디스크맨의 이어폰에서 흘러나오는 2년 전 히트곡인 전람회의 〈기억의 습작〉에 귀 기울이며 친구 하나 없는 낯선 도시로부터 자신을 고립시켰다. 개인 레슨도 받지 않고 명문 음대에 입학한 제주도의 피아노 영재가 "학원 출신"이라는 꼬리표를 등 뒤에 붙인 채 자포자기의 상태에 도달하는 데에는 한 학기의 시간이면 충분했다.

그런 그녀가 할 수 있는 일이라고는 황폐해진 마음의 풍경을 다시 추슬러보는 것뿐이었다. 폐가 직전의 개량 한옥을 드나들며 자신만의 안식처를 꾸며보기도 하고, 개포동의 빌딩 옥상에 올라가 음대 동기생들이 살고 있을 법한 강남의 콘크리트 빌딩숲을 내려다보기도 했다. 신분 상승의 욕망이 스멀거리는 걸 억누르기에는 힘이 부쳤지만, 그래도 세상 때가 덜 탄 남학생이 든든한 버팀목이 되었다. 반면 남학생은 재수생 친구의 족집게 연기 지도에도 이성에게 솔직하게 자기 감정을 표현하는 방법을 터득하지 못해 허둥지둥했다. 그런 연애 초심자의 눈에 속마음을 잘 드러내지 않는 여학생은 그저 예쁜, 수수께끼 같은 상대역일 뿐이었으니까. 그러니 그들의 풋사랑이 몇 번의 엇갈림 끝에 이별의 수순을 밟게 되리라는 건 쉬이 짐작할 수 있다. 누구에게나 반복되지만 어김없이 실패로 마무리되는 첫사랑의 창세기. 〈건축학개론〉의 시대 배경보다 15년 앞선 시점, 나 역시 그런 연애담의 주인공이었다.

잠시 시간을 되감아보자. 내가 대학에 입학하기 위해 서울로 올라온 1981년 2월의 어느 어스름한 새벽녘. 서울역에서 나를 맞이해준 것은 역전 사창가의 호객 아줌마들이었다. 참한 아가씨가 기다리고 있다며 내 옷자락을 붙잡으려는 그들을 빠르게 헤치고 나오자 23층짜리 대우빌딩이 눈앞을 가로막고 있었다. 날카로운 모서리를 앞세운 그 거대한 갈색 장벽은 수백 개의 시커먼 유리 눈으로 이제 막 역에서 빠져나온 사람들을 기세등등하게 내려다보고 있었다. 나는 흠칫 놀라 주춤하다가 반사적으로 뒤를 돌아보았다. 아뿔싸. 하필 그때 내 시야를 가득 채운 것은 군인 출신 대통령의 대형 초상화였다. 르네상스식 건물의 중앙 돔 위에 세워져 있던 그림 속의 주인공은 취임한 지 얼마 되지 않아서인지 대통령보다는 보안사령관이라는 직책에 더 어울리는 표정을 짓고 있었다. 그 표정에 감도는 음산한 기운을 지워내기 위해서였을까? 액자 테두리에 촘촘히 박힌 전구들은 사력을 다해 반짝이고 있었다. 인구 867만 명과 주택 99만 3,000호의 도시, 서울의 첫 인상은 내게 이런 모습이었다.

서울에서 내 첫 거처는 고등학교 선배가 소개해준 대학가 하숙집이었다. 그는 하숙방을 구할 때는 집을 볼 게 아니라 방과 집주인을 잘 살펴야 한다고 조언하며 나를 그 집으로 데리고 갔다. 집주인인 과부 아주머니는 고등학생인 외아들과 함께 살면서 방 4개로 하숙을 치며 생계를 해결하고 있었다. 하숙집은 1960년대에 지어진 개량 한옥을 개조한 형태였다. 기역 형태의 안채와 니은 형태의 바깥채, 이렇게 두 채의 한옥이 그리 넓지 않은 마당을 둘러싸고 미음 형태로 자리를 잡고 있었다. 안채에는 부엌과 안방, 대청마루와 건넌방이, 바깥채에는 문간방과 사랑방, 그리고 광을 개조한 두 개의 쪽방이 배치되어 있었다. 안방과 건넌방을 제외한 모든 방은 지방에서 올라온 대학생들 차지였다. 내 보금자리인 쪽방은 비좁은 데다가 외풍이 심하긴 했지만, 아주머니의 깔끔한 성격 때문인지 방 상태만큼은 깨끗했다. 게다가 방마다 새마을 보일러를 설치해놓은 터라 연탄가스 걱정 없이 뜨끈뜨끈한 아랫목에 몸을 눕힐 수 있었다.

하숙집 생활에는 별다른 어려움이 없었다. 반면 대학 생활에 적응하는 데는 약간의 시간이 필요했다. 학과 동기들 중에서 비평준화 지역 출신이 나 혼자였기 때문일까? 고교 평준화 정책은 1974년 이후 지역별로 시차를 두고 시행되었는데, 지방 소도시의 명문고 출신이었던 나는 어려운 가정 형편에도 그 시차를 최대한 활용해 그리 어렵지 않게 명문대에 진학할 수 있었다. 특히 대학 졸업정원제 도입, 대학별 본고사 폐지, 과외 금지 등을 골자로 한 신군부의 교육정상화 방안은 내가 입시경쟁에서 상대적인 우위를 차지할 수 있는 최적의 조건을 제공했다. 확실히 나는 끝까지 낙오하지 않고 대학 입학이라는 결승선에 도달했다는 사실에 크게 고무되어 있었다. 선택받은 시골 촌놈의 어설픈 엘리트의식 같은 것이었을까? 신입생 시절, 나는 세상이 나를 중심으로 돌아가고 있다고 굳게 믿고 있었다.

반면에 평준화 지역인 대도시 출신의 동기들 상당수는 입학 후에 허탈감에 빠진 듯 보였다. 일단 그들은 자신이 마땅히 누릴 것이라고 기대했던 성취감이 반 토막 나는 걸 지켜봐야만 했다. 이전보다 30퍼센트 가까이 넓어진 대학 관문 때문이었다. 그들은 '졸업정원제 세대'라는 불명예스러운 이름을 묵묵히 받아들여야만 하는 처지였던 것이다. 자존감의 상처는 입학 후 얼마 지나지 않아 더욱 크게 덧나고 말았다. 선배들의 손에 이끌려 '80년의 광주'로 집약되는 어른들의 세계를 맨 얼굴로 대면해야 했기 때문이다. 그들은 국가라는 이름의 조직이 저지른 폭력의 참상을 똑바로 응시하면서, 12년의 교육 과정 동안 단 한 번도 스스로 무언가를 선택해본 일이 없다는 걸 깨달았다. 이런 이유로 어느 여자 동기는 자신을 "뺑뺑이 세대"라고 자조하기도 했다. "국민학교는 주민등록이 기재된 거주지 주소에 의해 결정되었고, 그리고 중학교와 고등학교는 컴퓨터의 처분만 바랄 뿐"[1]이었다는 것이다.

어쩌면 뺑뺑이 세대에게 나 같은 비평준화 지역 출신은 지난 시대의 화석과도 같은 존재였을지도 모르겠다. 그래서였을까? 실제로 그들은 소리 내어 말하지는 않았지만, 나와의 안전거리를 유지하려는 모습이 역력해 보였다. 나도 그들 무리에 섞이는 게 썩 내키지 않았다. 나 역시 그들로부터 이질감을 느끼고 있었으니까. 사정이 이렇다 보니 학기 초에는 학교와 하숙집을 오가는 생활의 반복이었다. 바깥나들이라고 해봤자 책을 사기 위해 종로서적에 나섰다가 그 일대를 정처 없이 싸돌아다니는 게 고작이었다.

이런 음지 식물과 같은 생활에 변화가 찾아온 것은 뒤늦게 문학 동아리에 가입한 이후의 일이었다. 초여름의 기운이 느껴지던 어느 날, 그곳에서 친해진 키 작은 여자 선배는 혼자 겉돌고 있는 내가 안쓰러웠는지 자기 집에 가서 밥이라도 한 끼 먹지 않겠냐고 제안했다. 후배 누구에게나 친절한 선배였기 때문에 별 부담을 느끼지 않고 따라나섰다. 그리고 지방 출신의 가난한 대학생의 눈높이와 평상시 동선으로는 쉽게 접하기 힘든 서울의 또 다른 얼굴을 엿보게 되었다. 선배에게 이끌려 갔던 곳은 연희동의 고급 주택가였다. 그녀가 그런 부촌에 살고 있으리라고는 미처 예상치 못했다.

초인종을 누르자 잠시 후 초인종 스피커로 식모의 앳된 목소리가 들려왔고, 곧바로 "띠이" 하는 전기음과 함께 문이 열렸다. 화강암 계단을 밟고 오르니 눈앞에 넓은 잔디 정원이 펼쳐졌다. 현관문을 열고 집 안으로 들어선 뒤에는 응접실의 화려한 분위기에 압도되었다. 나는 눈을 아래로 내리깐 채 선배의 뒤꽁무니만 따라갈 수밖에 없었다.

선배의 방은 경사 지붕 바로 아래 있는 2층 맨 끝 방이었다. 대학생을 위해 준비된 교양의 소우주 같던 그 방에는 책상과 책장, 침대와 옷장 등 원목으로 만든 덩치 큰 가구들이 자신이 있어야 할 자리에 놓여 있고, 은빛 재질로 반짝이는 일제 오디오가 이 소우주의 주인공인 양 창문 바로 밑에 자리 잡고 있었다. 그 오디오 바로 옆 책장에는 어림짐작으로도 1,000장이 넘을 것 같은 레코드판들이 꽂혀 있었는데, 미국으로 유학을 떠난 막내 삼촌이 선배에게 잠시 맡겨놓은 것이라고 했다. 나는 책장을 바라보다가 마침 바로 눈앞에 꽂혀 있던 빛바랜 《창작과 비평》을 꺼내 펼쳐보았다. 그러자 이를 본 선배는 능숙한 손놀림으로 오디오의 버튼을 누르며 턴테이블 위에 레코드판을 사뿐히 내려놓았다. 당시에는 불온서적이나 다름없던 이 계간지가 왜 선배의 방에 자리잡고 있는지 궁금했지만 머뭇거리다가 물어볼 기회를 놓치고 말았다. 선수를 치듯이 스피커에서 웅장한 클래식 음악이 흘러나왔기 때문이다. 선배는 그 곡이 카를로스 클라이버와 빈 필하모닉 오케스트라의 브람스 4번 교향곡이라고 소개하며, 작년에 일본에서 어렵게 구해왔다고 덧붙였다. 나는 현악기의 서정적 선율에 귀 기울이면서 말없이 그녀를 바라보았다. 그때 나는 어떤 표정이었을까? 그녀가 베푸는 친절의 정체가 무엇일까 하는 궁금증이 미처 자리를 잡기도 전에, 첫 연애에 대한 섣부른 기대와 상상, 그리고 예측 가능한 결말에 대한 두려움이 내 얼굴 위로 재빠르게 스쳐 지나가지 않았을까?

식모가 차려준 저녁을 먹은 다음 배웅해주겠다는 선배와 함께 대문 밖으로 나섰을 때, 마침 두 살 터울인 선배의 언니와 마주쳤다. 대문 옆 차고에 자신의 포니 승용차를 세워두고 집으로 들어오려던 찰나였다. 그녀는 우리를 보며 살짝 눈웃음을 지었다. 이태원에서 놀다가 들어오는 길이라는 선배의 언니는 약간 불량하게 아래턱으로 나를 가리키더니 혹시 남자 친구냐고 물었다. 약간 당황한 선배는 그런 거 아니라며 고개를 절레절레 흔들었다. 선배의 언니는 피식 웃더니 집 안으로 들어갔고, 선배는 버스 정류장까지 나를 배웅해주었다.

하숙집으로 돌아오는 길, 나는 시내버스 밑바닥에서 올라오는 가솔린 냄새에 취한 채로 계속 선배의 언니를 떠올리고 있었다. 그녀는 선배와는 달리 명동 같은 번화가에서도 길 가던 사람들의 눈길을 단박에 끌어당길 법한 훤칠한 키와 늘씬한 몸매의 서구형 미인이었다. 그런 미모보다 더 놀라웠던 것은 그녀의 승용차였다. 서울에는 자기 차를 모는 여대생이 존재한다는 사실의 확인. 다시 한 번 선배와의 사이에 거대한 칸막이가 놓여 있다는 사실을 절감했다.

그로부터 며칠 동안 나는 심하게 흔들렸다. 생애 처음으로 또래 이성의 집을 방문했으니 당연한 일이었다. "왜 하필 나였을까?" 하는 의문이 깊어질수록 나는 자유분방한 그녀의 이미지를 하나라도 더 마음에 담아두려고 그녀 몰래 뒤를 밟기도 하고, 그녀 집 주변을 하릴없이 서성거리기도 했다. 처음 느끼는 이성에 대한 호감은 럭비공처럼 튀면서 마음속을 어지럽혔고, 나는 그런 혼돈에도 불구하고 초라한 상상력을 동원해 조악하면서도 터무니없는 몇 개의 세계를 마음 한구석에 세우고 무너뜨리기를 반복했다.

자격지심에 쫓기는 열아홉 살 소년이 호기롭게 만용을 부릴 수 있는 최대치는 거기까지였다. 그런 식의 마음 부림은 그리 오래가지 못했다. 선배의 집을 다녀오고 한 달이 지난 뒤, 내 자신과 매우 닮은 서울의 또 다른 얼굴을 보게 되었기 때문이다. 고향에서 친하게 지낸 동네 형을 만나러 갔다가 보게 된 가리봉동의 벌집이었다. 구로공단에서 일하는 그 형이 사는 집이었다. 벌집이란 부엌이 딸린 손바닥만 한 20~30개의 단칸방이 다닥다닥 병렬로 배치된 다가구 주택을 일컫는 말인데, 수출산업단지가 들어선 구로구에서는 상당수의 미혼 노동자들이 그런 집에 거주하고 있었다. 나와 선배는 담배 냄새가 짙게 밴 동시 상영관에서 시시한 영화 두 편으로 토요일 오후 시간을 죽인 뒤 어둑어둑 땅거미가 내릴 무렵 그 벌집으로 들어갔다. 그리고 형광등의 칙칙한 불빛 아래서 과자 부스러기를 안주 삼아 소주를 들이켰다.

극과 극의 공간 경험, 풍요와 여유로 활기 넘치는 연희동의 이층양옥과 궁핍과 피로에 찌든 가리봉동의 벌집. 내가 살던 싸구려 하숙집은 그 사이에 어정쩡하게 끼어 있는 모양새였다. 아무리 노력해도 영영 전자의 공간에 가닿지 못할 것 같아서 절망스러웠고, 한 걸음만 삐끗해도 곧바로 후자의 공간으로 떨어질 것 같아서 불안했다.

물론 자신의 사랑을 확신할 수 있는 남자라면 우연히 방문한 연인의 집이 이제껏 본 적 없는 화려하고 멋진 집이라고 하더라도 그 위세에 쉽게 주눅 들지 않을 것이다. 오히려 그런 남자라면 그 집이 "그토록 숨이 막히도록 강렬했던 것"은 바로 그녀가 "거기에 살고 있었기 때문"이라고 단호하게 말할 수 있을 것이다.[2] 하지만 열아홉 살의 나는 지레 겁을 먹었다. 특히 그녀를 둘러싼 경이로운 물질의 세계, 그리고 그 뒤에 버티고 서 있는 그녀 부모의 재력과 교양은 중학교 문턱에도 가보지 못한 홀어머니를 둔 나를 결국에는 무대 바깥으로 밀어낼 것이라고 확신했다.

내가 도달한 결론은 명쾌했다. 내 마음을 움직인 것은 선배가 아니라 선배의 집, 그러니까 그녀가 누리던 풍요로운 삶의 공간이었으며, 따라서 내가 느낀 감정의 정체는 연정이 아니라 부러움과 호기심이었을 뿐이라고 말이다. 나는 그녀의 감정이 가난한 고학생에 대한 서툰 동정심과 다를 바 없다고 생각했고, 내가 내린 결론 역시 그에 상응하는 적절한 대응이라고 판단했다. 물론 이런 결론이 내 자신을 한없이 비루하게 만들고 있다는 사실을 잘 알고 있었다. 하지만 어쩔 도리가 없었다. 그것 역시 내가 감당해야 할 몫이었다. 나는 동아리 방에 발길을 끊었다.

서울역 콤플렉스

나는 대학 3학년을 마친 뒤 남들보다 늦게 현역으로 군복무를 시작했다. 신병 훈련을 마친 뒤 배치된 부대는 운 좋게도 서울 북동부에 위치한 수도방위사령부의 예하 사단이었다. 그곳에서 연대 본부의 작전병으로 근무한 덕분에 서울 일대의 지리적 특성을 꽤 오랫동안 들여다볼 수 있는 기회를 가졌다. 군복무의 가장 큰 수확이었다. 부대 관할 지역의 요지들이 군사 작전과 병참의 측면에서 어떤 의미를 지닌 곳인지 이해할 수 있었고, 지역 동대장들과 농담을 주고받으면서 해당 지역의 부동산 가치를 어림짐작해볼 수 있었다. 그런 대화를 나눌 때면 그들은 개통된 지 몇 년 안 된 지하철 2호선이 자신의 동네를 어떻게 바꿔놓았는지를 되풀이해서 말했다. 그러고 난 뒤 너나없이 짧은 한숨을 토해내며 "그때 땅을 좀 샀어야 했는데……."라며 말끝을 흐리곤 했다. 대화가 끝났다는 신호였다.

동대장들의 푸념이 뇌리에 꽤 강하게 박힌 탓인지, 말년 휴가를 나왔다가 혼자서 강남에 가보기도 했다. 올림픽을 앞두고 빠르게 변모하는 신시가지의 풍경을 직접 보고 싶다는 생각에서였다. 질주하는 버스의 창문을 통해 내다본 강남은 아직 철이 덜 든 인상이었다. "이가 빠진 듯 듬성듬성 건물이 들어서 있었고, 새로 올라간 빌딩마다 '임대'라는 큼직한 문구가 나붙어 있었다."[3]

나는 인적이 드문 강남 한복판의 정류장에서 내려 승용차들이 질주하는 대로변의 보행로를 따라 한없이 걸었다. 그리고 반듯하게 세워진 아파트 단지와 콘크리트 건물들, 그리고 그 사이를 오가는 세련된 옷차림의 주민들을 유심히 들여다보았다. 그 공간이 무엇을 의미하는지 이해할 수는 없었지만 매혹적인 것만큼은 분명했다. 무엇보다 구질구질한 분위기를 풍기지 않는다는 점이 마음에 들었다. 어느 소설가의 표현대로 그곳에서 "푸름은 촌스러웠고 회색이 첨단이었다."[4]

신사동에 당도할 즈음, 어느덧 저녁이 되어 있었다. 때마침 대로변 골목길에 늘어선 카바레와 술집 간판들이 하나둘 선정적인 네온 불빛을 내뿜으며 내 시선을 잡아당기기 시작했다. 특히 인상적인 것은 두 가지 장면이었다. 하나는 "벌떼 과부 클럽"이라는 간판을 내건 술집이었다. 대체 어떤 사람들이 들락거리고 무슨 일이 벌어지는지 호기심을 일으키는 가게 이름이었다. 다른 하나는 풍채 좋은 60대 아저씨가 원피스를 입은 호리호리한 아가씨의 허리를 감아 안고 찰싹 붙어 걷다가 모범택시를 잡아타고 어디론가 떠나는 장면이었다. 고향 번화가의 다방 앞을 지나치다 종종 보곤 했던 풍경이라 그리 놀랍지는 않았지만, 서울의 신시가지 한복판에서 다시 보게 되니 신기할 따름이었다.[5] 나는 자연스럽게 개발 붐, 부동산 졸부, 제비족, 춤바람 난 주부 등의 단어를 떠올렸고, 정부가 때만 되면 척결하겠다고 나서는 "퇴폐 향락"이 어떤 모양새인지 대략이나마 감을 잡을 수 있었다.

신사동을 지난 뒤에도 계속 대로를 따라 걸었다. 대학가의 후배 하숙방으로 되돌아가기 전 마침 눈에 띈 빨간색 간판의 패스트푸드점으로 들어가 햄버거 세트를 주문했다. 그리고 햄버거를 꾸역꾸역 씹어 삼키면서 잠시 이런 질문을 던져보았다. 내가 어린 시절부터 서울의 구도심에서 성장해 이 도시의 현대화 과정을 꾸준히 관찰할 수 있었다면 지금의 나와는 다른 내가 되어 있지 않았을까? 문득 입대 전 강의 시간에 어느 교수님이 북촌에 살던 어린 시절을 회고하며 동네 친구들과 숨바꼭질을 하다가 중앙청 건물로 몰래 숨어들었다는 이야기가 떠올랐다. 서울 토박이에다 구 중산층 출신이었던 그 젊은 교수는 자신이 초등학교 시절 직접 목격했던 4·19 혁명과 5·16 군사 쿠데타의 현장을 또렷하게 기억한다면서 세종로에 진주했던 육군 장갑차의 모양새를 자세히 묘사하기도 했다.

국가의 심장부와 같은 공간과 자연스럽게 친밀한 관계를 맺고 그 관계 속에서 세계의 질서를 상상하고 타인과의 거리를 설정하는 것. 그리고 그런 과정을 경유해 자신의 자아를 확장하는 것. 그것은 나로서는 가늠하기 어려운 심상 지리의 세계였다. 고작해야 먼 친척분이 경영하던 지방 소도시의 서점이 내 청소년기를 관통하는 공간이었기 때문이다. 서울 생활을 시작한 지 몇 년이 흘렀음에도 내 마음속의 공간은 겨우 내 한 몸을 건사할 수 있을 정도로 비좁았다. 나는 아직 그 공간을 확장 리모델링하는 방법을 알지 못했다.

군복무를 마치고 아르바이트를 하며 복학을 준비하고 있을 무렵, 민주화의 소용돌이가 휘몰아쳤다. 경찰이 쏜 최루탄에 맞아 사망한 어느 대학생의 장례식 날, 나는 시청 앞 광장을 가득 메운 대규모의 추모 행렬 속에 끼어 있었다. 하지만 내가 할 수 있는 일은 거기까지였다. 그해 6월 내내 계속된 민주화 시위에 동참하고 싶었지만, 나는 그런 마음이 들 때마다 6년 전 방문했던 선배들의 집을 떠올리며 하숙집에 틀어박혀 책을 펼쳤다. 광장에 나서기에 나는 너무 가난했다. 부채의식에 시달리는 방관자야말로 내게 가장 잘 어울리는 배역이었다. 그리고 그해 12월, 군인 출신 후보가 야권의 두 후보를 누르고 대통령에 당선되는 것을 참담한 심정으로 지켜보면서 나는 내 자신을 위로했다. 내가 그때 광장에 나섰더라도 세상이 돌아가는 일이 크게 달라지지 않았을 것이라고 되뇌면서 말이다. 그리고 1년이 지나자 이번에는 올림픽 열기로 온 나라가 들썩거렸다. 졸업을 앞둔 나는 취업 준비를 서두르고 있었다. 3저 호황에다가 10퍼센트대를 넘나들던 경제성장률 덕분에 내가 다니던 대학의 졸업장이면 웬만한 대기업에 어렵지 않게 취직할 수 있었다.

그 무렵 나는 복부인의 아파트 투기 행태를 가까이서 지켜볼 수 있는 흔치 않은 기회를 가지게 되었다. 지방의 부유한 집안 출신인 대학 친구 덕분이었다. 그 또래에서는 드물게 명문 여대를 졸업한 재원이었던 친구 어머니는 그해 몇 달간 두 아들을 위해 아파트 두 채를 마련하려고 바쁘게 서울과 지방을 오갔다. 부동산 경기가 요동치는 터라 하루 빨리 집을 장만하겠다고 나선 것이었다. 친구 어머니는 부동산 중개업자의 안내를 받으면서 며칠간 사당동 달동네의 재개발 조합 주변을 들락거리더니 '딱지'라고 불리는 입주권을 구입했다.

그곳은 당장 거리에 나앉게 된 세입자들이 재개발에 거세게 저항하던 동네였다. 언덕배기의 무허가 주택에 거주하던 이들 태반은 서울의 도시화 과정에서 뒤로 밀려난 빈민들이었다. 남자들은 일용직 건설 노동자로 일하거나 행상을 했으며, 여자들은 시장에서 좌판을 벌여 호떡을 굽거나 도배 잡부나 파출부로 일했다. 그들의 아이들은 조금씩 세상을 알아가는 초등학생이거나 상고를 다니거나 아니면 학교를 그만둔 경우도 적지 않았다. 며느리는 가출하고 아들은 일자리를 찾아 지방을 떠도느라 할머니 혼자서 어린 손주 여럿을 돌보는 가정도 있었다. 어림잡아도 그들 중 열에 다섯은 고향이 전라도였다.[6]

친구 어머니는 그들의 가난에 흔들리지 않았고, 자신에게 섣부른 동정심도 허용하지 않았다. 그녀는 솔직하고 대담하게 자신이 뜻한 바를 이루고자 했다. 추방당하는 난민들과 팽창하는 도시, 그 사이에 끼어들어 판자촌의 지주가 되고자 했던 것이다. 그녀는 그렇게 자신의 마음씀씀이를 근검절약한 덕분에 아들 명의로 새 아파트를 손에 넣을 수 있었다. 그녀가 사당동 다음으로 선택한 행선지는 역시 재개발을 앞두고 있는 강남 외곽의 도곡동이었다. 중개업자의 조언에 따라 이번에는 '지분 쪼개기'의 방식으로 아파트 입주권을 얻어냈다.

당시만 해도 나는 '복부인'이라고 하면 으레 교양 없고 돈만 밝히는 중년 여성의 모습을 떠올리곤 했다. 그런 내게 친구 어머니가 보여준 복부인으로서의 활약상은 큰 충격이었다. 나는 한참 후에 그녀의 행동이 중상류층 가족 내부의 남녀 역할 분담에 따른 결과였다는 걸 알게 되었다. 본래 가부장제의 전통에 따르면, 가족의 생계를 위해 사회생활을 하며 돈을 벌어들이는 것은 남성의 일인 반면, 그 돈으로 집안 살림을 꾸리는 것은 여성의 몫이었다. 이런 역할 분담 때문에 남성은 여성이 맡은 일에 간섭하지 않는 것을 미덕으로 여겼다.[7] 흥미로운 점은 근대화를 거치면서 중상류층 여성에게는 본래의 임무 외에도 가족의 미래를 좌우할 몇 가지 중책이 더 맡겨졌다는 점이다. 자녀 교육, 아들 병역, 자산 증식 등이 그런 중책에 속하는 것들이었다. 이 계층의 주부들은 남편의 의도적인 무관심을 일종의 출격 신호로 해석하고선 임무를 완수하기 위해 무리를 지어 '치맛바람'을 일으키곤 했다.

확실히 친구 어머니는 내게 새로운 세계를 보여주었다. 그때만 해도 안정된 직장에 들어간 뒤 직장주택조합에 가입해 내 집을 마련할 생각이었다. 취직한 선배들을 보면 직장에서 1,000~2,000만 원 대출을 받아 서울 변두리의 조합 아파트를 신청해 입주하는 경우가 많았기 때문이다. 그런데 친구 어머니가 보여준 방식은 그와는 차원을 달리하는 것이었다. 나는 친구 어머니의 투기가 마무리되는 것을 지켜보면서 그동안 잊고 지냈던 연희동의 양옥집을 떠올렸다. 얼마 전까지 그 집은 내가 감히 넘볼 수 없는 굳건한 성채와도 같았지만, 친구 어머니는 적절한 시기에 몇 가지 편법만 동원하면 그 성채를 거머쥐는 것이 불가능한 일이 아님을 증명해 보였다. 그 덕분에 내 안에서는 새로운 욕망이 꿈틀대기 시작했다. 그것은 친구 어머니와 같은 부모가 되고 싶다는 욕망이었다.

그즈음 기회가 닿을 때면 기초 공사가 시작된 사당동 달동네의 꼭대기에 올라가서 산등성이 사이로 살짝 모습을 드러낸 반포와 방배의 아파트 단지를 한참 바라보곤 했다. 별다른 이유는 없었다. 왠지 그렇게 하지 않으면 안 될 것 같다는 생각 때문이었다.

혹시 그때 내 시선은 〈건축학개론〉에서 강남의 콘크리트 빌딩 숲을 내려다보던 여주인공의 시선과 유사한 부류의 것이 아니었을까? 나는 하숙집으로 돌아오는 버스 안에서 황지우 시인의 시 구절을 콧노래를 흥얼거리듯이 조용히 읊조리곤 했다. 그것은 열아홉 살의 나에게 보내는 작별인사 같은 것이었다.

> 박노석. 23세. 선반공. 월수입 10만 원. 그는 기름 묻은 손으로 고구마템뿌라를 집어먹는다. 그의 손톱에 까만 때가 끼어 있었다. 그것이. 그것을 바라보고 있던 이선영(21세. 이대. 식품영양학과 3년)에게 혐오감을 주었다. 튀김집 아줌마가 새 튀김을 가져다줄 때까지 박노석은 템뿌라를 어그적어그적 씹으면서, 여대생으로 보이는 그 여자를 뚫어지게 꼬나보았다. 이선영은 기분이 완전히. 잡쳐버렸다. 금방 씹어 먹을 것 같은 그의 적의 어린 시선 앞에 자기 몸이 구석구석 남김없이, 속속들이, 발가벗겨지는 것 같은 느낌이 들었다.
> 20년 후―에도 그의 아들이 그녀의 딸을 그렇게 만날까?[8]

확실히 내 안의 욕망을 정면으로 응시하니 나를 둘러싼 모든 것이 선명해졌다. 정치학자 전인권은 "한 아이가 다른 형태의 아버지, 여러 명의 아버지를 체험한다는 것은 그만큼 세계로 나가는 여러 개의 창문을 갖는다는 것을 의미"하며, "세상을 보는 눈도 여러 개를 가지게 되니 그만큼 유연해질 수밖에 없다"고 말한 적이 있다. 주지하다시피 농경사회에서 성장한 변방의 청년들 대부분은 여러 개의 창문을 갖지 못했다. 그들에게 "세상으로 나가는 창문은 아버지 하나뿐이었다." 그런 그들이 현대적 도시의 계층 문화와 처음 맞대면하는 순간 어떤 반응을 보이게 될까? 일단 주눅 든 표정으로 열등감을 내비칠 수밖에 없지 않은가? 이제는 '아버지'라는 창문이 제 기능을 발휘하지 못하는 상황일 테니까. 폭주적 근대화가 계속되는 사회라면 수많은 청년이 부푼 꿈을 안고 서울로 모여들 테니 이런 상황이 개별 세대마다 약간의 변형을 거쳐 반복 재생되었으리라는 것을 어렵지 않게 추론할 수 있다. 내가 경험했던 것처럼 서울 출신 여대생과의 첫사랑 실패담으로 극화되는 경우도 적지 않았을 것이다.

그렇다면 그들이 이런 상황을 돌파할 수 있는 방법은 무엇이었을까? 그들이 선택할 수 있는 것은 새로운 아버지를 찾아 나서거나 스스로 아버지가 되는 것이 아니었을까? 실제로 내 또래 친구들 상당수는 전자의 방법을 취했다. 그들은 몇몇 불온서적에서 아버지 노릇을 해줄 영웅들을 발견한 뒤 '과학과 이성'의 붉은 깃발을 휘날리며 온갖 모순으로 가득 찬 이 부조리한 세계를 일거에 뒤집어엎겠다고 나섰다. 그들은 자신이 선택한 상징적 아버지의 시선으로 세상을 바라보고, 그 아버지가 제시한 방법으로 세상의 모순을 제거하려고 했던 것이다. 반면 나는 한참을 머뭇거리다가 후자의 방법을 선택했다. 네 부모가 네가 원하는 것을 줄 수 없다면, 너를 낳아준 진짜 부모가 어딘가에 존재할 것이라는 망상에 시간을 낭비할 게 아니라 네가 그토록 가지길 원했던 바로 그런 부모가 되어야 한다는 것, 그리하여 네 자식만큼은 구김살 없는 인생을 살 수 있게끔 해줘야 한다는 것, 바로 그것이 내가 선택한 길이었다. 스물여섯 살의 청년은 그렇게 '남자'로서의 자아에 뚜렷한 윤곽선을 새겨 넣고 있었다.

사실 이런 선택은 내 앞의 세대들 중 일부가 이미 실행에 옮긴 것이기도 했다. 얼마 전 아내가 다 읽고선 식탁 위에 놓아둔 박완서 선생의 자전 소설 《그 남자네 집》을 보게 되었다. 소설의 주인공은 한국전쟁이 끝나갈 무렵 가족을 부양하고자 대학을 중퇴한 뒤 지금의 신세계백화점 자리에 있던 미군 PX로 출근한다. 그리고 몰락한 반가의 철부지 막내아들과의 가슴 설레는 첫사랑의 감정을 나누다가 돌연 종로통에서 성장한 중인 계급 출신의 남자와 결혼하기로 결정한다. 그녀는 그 이유를 다음과 같이 설명한다.

나는 작아도 좋으니 하자 없이 탄탄하고 안전한 집에서 알콩달콩 새끼 까고 살고 싶었다. 그 남자네 집도, 우리 집도 사방이 비 새고 금 가고 조만간 무너져내릴 집이었다. 도저히 새끼를 깔 수 없는 만신창이의 집, 아직 태어나지 않은 내 새끼를 위해 그런 집은 버릴 수밖에 없었던 것이다. 정답이 나오면 비밀은 없어진다. 나는 그렇게 초라해지고 싶지 않다. 인생이 살 만한 건 정답이 없기 때문인 것을.[9]

이 구절을 발견했을 때 얼마나 반가웠던가? 비록 여성의 목소리인 데다 30년이나 세대 차가 났지만, 나는 이 소설 속 주인공에게 묘한 동질감을 느꼈다. 그리고 얼마 뒤 아내의 책장에 꽂힌 선생의 다른 책을 뒤적거리다가 선생이 1930년대 후반 서울역에서 나와 유사한 경험을 했다는 사실을 발견했다. 이층집도 본 적 없는 "촌 계집애"였던 선생은 "기차에서 내려서 역사에 이르기까지 거쳐야 하는 구름다리"에 기가 눌렸고, "뭐가 그렇게 급한지 앞다투어 뛰어가는 수많은 사람들의 혼잡" 속에 뒤섞이자 "엄마를 잃어버릴 것 같은 공포감"을 느꼈다고 회고했다.[10] 서울역의 통과의례에서 시작해 첫사랑의 연애담을 거쳐 세속적인 욕망의 발견으로 이어지는 일련의 사건들, 어쩌면 그것들은 1930년대와 1960년대에 태어난 변방의 청년들이 우연찮게 공유한 문화적 시차 적응훈련 같은 것이 아니었을까?

돌이켜보면 2012년 〈건축학개론〉의 첫사랑 이야기는 1981년의 내 보잘것없는 과거의 한 자락을 좀 더 세련된 방식으로 윤색하고 있었고, 1988년 친구 어머니의 부동산 투기는 2012년의 내 미래를 어렴풋이 암시하고 있었다. 실제로 〈건축학개론〉의 두 주인공은 이별 이후 불어닥친 IMF 외환 위기의 여파 속에서 엇갈린 행보를 거듭하다가 결국에는 자신들에게 기회가 얼마 남지 않았음을 깨닫고 뒤늦게 각자의 방식대로 신분 상승을 위한 선택을 되풀이하고 있지 않는가? 제주도 출신 음대생은 강남 진입을 위해 의사와 결혼했다가 이혼한 뒤 위자료를 챙기고, 정릉 출신 건축과 학생은 부자 부모를 둔 여자 후배와 결혼해 미국으로 떠나는 것. 그 어떤 낭만의 자취도 찾아볼 수 없는 그들의 냉정한 선택은 스물여섯 살의 내가 품었던 것과 동일한 욕망의 산물이었다. 20대 후반이 지나갈 무렵, 나는 한가한 휴일 오후면 어김없이 《위대한 개츠비》를 집어들었다. 내게 그 책은 욕망의 용적률을 높이기 위한 자아 훈육용 교본이나 다름없었다.

신도시 엘레지

　내가 생전 처음 내 명의의 아파트를 청약한 것은 1993년 봄의 일이었다. 그사이 나는 취업을 하고 결혼을 했다. 신혼살림은 강북의 변두리 동네에 자리 잡은 이층양옥의 이층에 꾸몄다. 방 두 개에다 화장실과 부엌이 딸린 전셋집이었다. 자식들을 전부 출가시킨 1층의 집주인 노인 부부는 다행히도 온화하고 친절한 성격이었고, 나와 아내는 큰 불편 없이 그곳에서 결혼 생활을 시작할 수 있었다. 맞벌이 부부였던 터라 애를 가지는 것은 내 집을 마련할 때까지 뒤로 미룬 상태였다.

　세입자의 위치에서 벗어날 수 있었던 것은 결혼한 지 3년 만의 일이었다. 직장을 다니면서 3년 동안 부어온 청약통장 덕분에 수도권 남쪽 신도시의 32평짜리 아파트를 분양받을 수 있었다. 평당 분양가는 180만 원대였다. 아내는 27평을 주장했지만 내 고집을 꺾지는 못했다. 몇 차례 추첨에서 이미 고배를 마셨기 때문에 내가 감당할 수 있는 최대한의 금액을 채권액으로 적어 넣었다. 이번에도 떨어지면 떴다방에서 웃돈을 주고서라도 분양권을 구입해야겠다고 작정한 터였다. 하지만 다행히도 운이 따라주었고, 나와 아내는 수도권 신도시에 세워진 약 26만 가구의 아파트들 중 한 채를 차지할 수 있었다. 분양권이 당첨된 날, 아내는 하염없이 눈물을 흘렸다.

홍미로운 점은 내가 바로 내 집 마련에 성공한 그 시점에 김영삼 대통령의 문민정부는 헌정 사상 최초로 국회의원과 고위 공직자의 재산 공개를 단행했다는 사실이었다. 언론은 연일 이들의 부동산 투기 사례들을 보도하기에 여념이 없었는데, 그 가운데 유독 내 시선을 사로잡은 것은 국회의원 유모 씨의 사례였다. 1927년생으로 육사 1기 출신인 그는 12·12 군사 반란의 주역으로 육군 제3군 사령관, 안전기획부장, 반공연맹 이사장을 거쳐 국회 국방위원장 직책을 수행하고 있었다.

유 의원은 군 장교 시절이던 지난 1964년부터 미성년인 세 아들에게 강남 일대의 땅을 골고루 사주었다. 맏아들 중배(42세) 씨에게는 13살이던 64년 강남구 도곡동 대지 250평, 20살 되던 해인 1971년에는 경기 용인군 임야 286평을 사주었으며, 둘째아들 중하(40세) 씨에게는 15살 때 강남구 대치동 대지 67평, 25살 때에 역삼동 대지 99평을 각각 사주었다. 또 막내인 중돈(38세) 씨에게도 14살 되던 해인 1969년 대치동 대지 49평을 사주는 등 자식들 앞으로 '공평하게' 땅을 구입했다. 유 의원은 또 부인 명의로 지난 1968년과 1977년에 강남구 대치동, 양재동 대지 142평을 사들인 것으로 나타나 '돈이 생길 때마다' 아들과 부인을 앞세워 부동산을 늘려나갔음을 보여주었다."[11]

재산 공개 내용에 따르면 1993년 당시 유모 의원은 방배본동의 빌라에 거주했고, 장남은 압구정동의 60평대 아파트에 자가로, 차남은 송파구의 45평 아파트에 전세로, 그리고 삼남은 방배동의 25평 아파트에 자가로 거주하고 있었다. 또한 차남은 안양에 지하 3층 지상 10층 규모의 건물을 보유하고 있었다. 나는 연일 신문 지면에 보도되는 유모 의원의 부동산 취득 과정을 눈여겨보았다. 원조 복부인의 전형적인 투기 행태뿐만 아니라 그 자녀들에 대한 자산 증여 현황까지 꽤나 명료하게 보여주는 사례였기 때문이다.[12]

한편 나는 1994년 신도시 아파트에 입주한 지 얼마 지나지 않아 50대 이상의 중산층이 노후 대비나 증여를 위해 이 도시의 대형 아파트를 구입한 경우가 적지 않다는 사실도 알게 되었다. 1990년대 중반에 신도시의 생활상을 홍보할 용도로 쓰인 신문 기사들에서 이런 사례들을 찾아보기란 그리 어렵지 않았다. 이를테면 이런 식이었다. 어느 1945년생 여성 아나운서는 20년간 서울 압구정동 현대아파트에서 살다가 평촌 샘마을에 있는 60평대 아파트로 이사했다. 그녀가 신도시는 선택한 이유는 복잡한 도시 생활의 굴레에서 벗어나 좀 더 다양하고 새로운 경험을 하고 싶어서였다. 그래서 그녀는 시간이 날 때마다 군포 재래시장, 과천 굴다리시장, 의왕 백운호수 등을 돌아다니고, 종종 서울의 친구들을 초대해 아파트 건너편의 야산으로 산책을 나서기도 한다. 이런 기사들을 읽을 때마다 다음과 같은 질문을 떠올리곤 했다. 과연 이들은 이전의 아파트를 팔고 신도시로 이주한 것일까? 혹시 그들은 기존의 아파트를 전세 내주고 그 전세를 지렛대로 삼아 신도시의 아파트를 구입하지 않았을까? 내가 보기에 답은 뻔했다. 그들은 자신의 대학생 자녀들을 장밋빛 미래로 인도하기 위해 과감하게 '1가구 1주택'의 굴레를 벗어던졌던 것이다.

이 무렵의 나는 이렇게 내 집 마련을 전후로 꾸준히 부동산 관련 기사를 눈여겨본 덕분에, '1920, 1930년대생 상류층의 부동산 투기 및 증여'와 '1930, 1940년대생 중산층의 1가구 2주택 마련'이라는 두 개의 큰 흐름을 분별해낼 수 있었다. 흥미로운 대목은 후자의 중산층이 전자의 상류층을 자신의 역할 모델로 삼고 있는 것처럼 보일 정도로 닮은꼴의 행태를 반복하고 있었다는 점이다. 그러니까 후자의 1980, 1990년대는 전자의 1970, 1980년대와 매우 흡사했던 것이다. 나는 이 문제를 들여다볼수록 한동안 잊고 지냈던 내 안의 욕망과 한 뼘 더 가까워지는 느낌이었다. 친구 어머니의 부동산 투기를 목격한 지 6년이 지난 시점이었다.

하지만 딱 거기까지였다. 나는 내 명의의 아파트에 거주하면서부터 중산층의 평온한 일상에 길들여지고 있었다. 집 한 채를 어깨 위에 짊어진 월급쟁이에 불과했기 때문에 불가피한 선택이었는지도 모른다. 이유가 어찌 되었든 군인 출신 대통령이 실행에 옮긴 주택 200만 호 건설 정책의 수혜자로서 내 가족의 삶이 부침 없이 평탄하기만 바라는 쪽으로 마음이 기울고 있었다. 신도시 아파트에 집을 마련한 우리 세대 상당수 역시 상황이 크게 다르지 않았다. 다들 거실 발코니에서 담배 연기를 깊이 들이마시다가 문득 자신이 "체제의 합승자"[13]가 되어버렸음을 깨달은 처지였다. 나는 풍족하지는 않지만 생활에 허덕이지 않을 정도의 돈을 버는 일에 익숙해졌다. 물론 일수 찍듯이 하루하루 반복되는 일상을 유지하는 데는 그만큼의 대가가 요구되게 마련이었다. 그것은 조용히 변화에 순응하는 것이었다. 돌이켜보면 그 변화는 1990년대 저변에 흐르고 있던, 그래서 새로운 21세기를 예비하는 비가역적인 변화이기도 했다. 내 안에 머물고 있던 스물여섯 살 청년은 조용히 숨죽이고 있었고, 나는 그의 침묵 덕분에 별다른 마찰 없이 순탄하게 변화의 흐름에 몸을 내맡길 수 있었다.

가장 큰 변화는 직장에서 일어나고 있었다. 1987년에 취임한 뒤 세상의 눈을 피해 은둔자처럼 잠행을 거듭하던 그룹의 '오너'는 문민정부의 신경제 정책에 호응이라도 하듯이 국제 경쟁력을 강조하는 신경영 전략을 내세워 실행에 옮기고 있었다.[14] 임직원이 단체로 프랑크푸르트나 런던으로 사원 교육을 떠나 선진국가의 산업 인프라를 직접 견학한다든지, 임직원의 업적 평가를 매출-순익 등 양적 평가에서 품질-사업 구조 개선 등 질적 평가로 개선한다든지, 민방위 교육을 받으러 가는 기분으로 대규모 강당에서 진행되는 스티븐 코비 같은 해외 자기계발 전문가들의 강연을 듣는다든지, "의식의 변화가 어렵다면 행태부터 변화시키라"는 오너의 지시에 따라 오전 7시에 출근하고 오후 4시에 퇴근한다든지…….

아이러니하게도 이 중 가장 파급력이 컸던 것은 사내 방송의 몰래 카메라 프로그램이었다. 모 방송국의 간판급 주말 버라이어티 쇼와 명칭은 유사하지만 실제로는 시사 고발 프로그램에 가까웠다. 회장이 빼먹지 않고 꼭 챙겨본다는 소문이 돌던 이 프로그램은 사무실이나 공장 현장을 급습해 직원들의 업무 분위기를 카메라에 담았다. 본사의 과장급 이상 직원들이 근무시간에 사우나에 가거나 쇼핑에 나섰다가 이 카메라에 발각되기도 했고, 어떤 직원은 길거리에서 교통신호를 어겼다고 톡톡히 망신을 당해야만 했다. 게다가 그 무렵 선대 회장 밑에서 성장한 임원들 상당수가 보직 해임된 상황이어서 모두가 몸조심하는 분위기가 역력했다.[15]

한편 그룹 오너의 신경영 전략이 언론의 주목을 받자 그 과정에서 약간 우스꽝스러운 장면이 연출되기도 했다. 이를테면 모 일간지에 자신의 저택 집무실을 공개하면서 남의 이목 따위는 신경 쓰지 않는 오디오 애호가로서의 면모를 과시하며 넓지 않은 방의 한쪽 벽면에 높이가 2미터에 달하는 덩치 큰 B&W의 매트릭스 800 스피커를 세워놓기도 했고, 인터뷰 도중에 기자가 오너 개인과 관련된 구설에 관해 조심스럽게 묻자 이런 답변을 불쑥 내놓기도 했다. "개인적인 문제입니다만 나는 십육칠 년 전에 불임시술을 받았는데 아무튼 재벌 2세는 집안에서 축복까지는 못 받아도 잡음은 없어야 한다는 생각입니다."[16] 나 혼자만의 느낌이었겠지만, 이런 좌충우돌의 이면 한편에는 아버지의 권유에 따라 초등학생 시절 홀로 연락선을 타고 일본으로 유학을 떠나야 했던 10대 소년의 비애가, 그리고 다른 한편에는 아버지의 낙점을 기다리며 형제들과 후계자 자리를 놓고 경쟁하느라 인생의 황금기를 소진해버린 50대 초반 남성의 울분이 자리 잡고 있는 것 같기도 했다. 나는 그가 꽤나 흥미로운 인물이라고 생각했다.

또 다른 변화는 내가 '오너드라이버'가 되었다는 것이다. 신도시로 이사한 뒤 처음 1년 동안 출퇴근 수단은 20~30분에 한 대씩 운행하는 좌석버스였다. 배차 시간을 맞추지 못하면 하염없이 기다리기 일쑤였고, 버스 안에서는 나와 비슷한 처지의 승객들과 부대끼며 멍한 채로 시간을 허비해야만 했다. 나는 결국 승용차를 사기로 결심했다. 내가 선택한 차량은 당시 현대자동차가 엘란트라의 후속 모델로 내놓은 아반떼였다. 나는 신문 광고 사진에서 눈을 떼지 못했고, 얼마 후 매장에 전시된 차량을 직접 보고서는 반해버렸다. 라디에이터 그릴이 사라진 전면부의 굳게 다문 입술과 살짝 치켜뜬 헤드램프의 눈매는 이 승용차가 이전의 자동차 디자인과는 근본적으로 다른 종족임을 웅변하고 있었다. 나는 별다른 고민 없이 그 자리에서 곧바로 구입을 결정했다. 계약서를 작성하는 테이블의 맞은편에는 친구가 자신의 사촌형이라고 소개해준 영업 사원이 앉아 있었다.

자가 운전 초기, 조기 출퇴근제 덕분에 새벽녘에 집을 나서 한산한 경부고속도로를 마음껏 달릴 때면 몇 년 전 어느 술자리에서 선배가 한 말이 떠오르기도 했다. 그는 이렇게 말했다.

차를 탄 지 일주일밖에 안 됐는데 참 다른 세상이 보이더라 이거야. 차를 타지 않았을 때는 생각지 못했던 전혀 다른 경험들이 새록새록 생기더라는 거지. 마치 아무리 나이를 먹어도 기혼을 이해하지 못했던 미혼이 장가를 간 것 같은.[17]

그때만 해도 선배의 과장이 지나치다고 생각했다. 하지만 막상 내가 직접 차를 몰아보니 그 말이 이해되기 시작했다. 실제로 초보의 긴장감이 사라지자 승용차와의 묘한 일체감을 맛볼 수 있었다. 내 마음과 몸이 핸들과 가속 페달에 착 달라붙어 하나가 된 기분이었다. 서울로 올라온 후 10년 넘게 꽉 막혀 있던 감각의 구멍들이 펑 하고 뚫리는 것 같았다. 그 직후 나는 내 자신이 대중교통 이용자나 거리 보행자와는 전혀 다른 이해관계의 차원에 들어서 있다는 걸 깨달았다. 교차로가 나올 때마다 선택의 자유를 누릴 수 있다는 것, 질주하는 시선으로 도시를 바라볼 수 있다는 것, 그리고 거리와 시간에 대한 관념을 상황에 맞춰 섬세하게 재조정할 수 있다는 것 등, 나는 오너드라이버가 누릴 수 있는 특권을 천천히 음미하면서 도시에 대한 새로운 감각을 습득해나갔다. 그중 가장 내 마음에 든 것은 차 안에서 보낼 수 있는 혼자만의 시간이었다. 퇴근길 교통 정체에 시달려도 그리 나쁘지 않았다. 그 시간만큼은 세상사로부터 격리된 채로 마음껏 음악을 들으며 상념에 빠져들 수 있었기 때문이다.

마지막 변화는 내가 모르는 사이에 내 결혼 생활이 변곡점에 도달했다는 것이다. 속 깊은 대화뿐 아니라 잠자리마저도 시들해질 무렵이었다. 아마도 아내는 나와의 사랑만 식었을 뿐, 교감의 상대자만 나타난다면 자신이 언제든 다시 뜨거워질 수 있다고 믿었던 것 같다. 그러니까 아직 그녀는 누군가로부터 사랑받는다는 사실에 자신이 감동받을 수 있다는 생각만큼은 버리지 않은 상태였던 것이다. 그녀는 무턱대고 "우린 아직 젊으니까 거칠 것이 없다"며 달려드는, 그런 순진한 표정을 짓곤 했다.

그녀의 열정이 부러웠지만 그것을 사랑할 수는 없었다. 나는 그녀가 신도시 외곽의 카페와 모텔을 전전하며 또래의 이성과 바람을 피우고 있다는 사실을 눈치 채고 있었다. 하지만 모른 척할 수밖에 없었다. 그것 말고는 내가 할 수 있는 일이 거의 없었으니까. 간혹 부부싸움을 벌여도 이혼하자는 이야기는 꺼내지 않았다. 그녀나 나나 이미 알고 있었다. 처음으로 되돌리거나 함께한 세월을 무효 처리하기에는 너무나 오래 함께 살아왔다는 걸. 결국 우리가 의지할 수 있는 건 하루가 다르게 쑥쑥 자라나는 아이, 그리고 어김없이 흐르는 시간의 힘뿐이었다. 다행히도 그녀의 열정은 몇 번의 좌절을 맛본 후 이내 자신이 낳은 자식에게로 향했다. 아이가 말을 배워 아내와 대화라는 걸 나눌 수 있게 된 덕분이었다. 그 무렵 밤늦게 귀가하는 날이면 거실 바닥에 흩어진 레고 블록들이나 변신하다 만 로봇들이 나를 반갑게 맞이해주곤 했다. 나는 적어도, 행복했다.

재건축 투자는
과학이다

내가 봉급생활자의 굴레에서 한 발짝 벗어날 수 있게 된 것은 1999년의 일이었다. 주지하다시피 1997년 외환 위기 직후, 구조 조정의 한파가 몰아닥쳤다. 다행히도 아직 30대 중반이던 나는 그 격변의 흐름에서 한 발짝 비껴날 수 있는 처지였다. 살생부 명단에 이름을 올리기에는 아직 나이도 어리고 경력도 미천했기 때문이다. 명예퇴직의 족쇄는 주로 40대 이상의 과장이나 부장급 인사들의 몫이었다. 나를 포함한 30대 초중반의 직장인들 상당수는 앞에서 대놓고 말하지는 못했지만, 조직의 인사 적체를 해소할 수 있는 절호의 기회라고 술자리에서 수군대곤 했다. 누구에게는 퇴출의 위기가 다른 누구에게는 승진의 기회였던 셈이다.

구조조정의 한파가 한 차례 휩쓸고 지나가자 나는 한숨을 돌린 뒤 주식 시장에 뛰어들었다. '바이 코리아' 열풍이 한바탕 휩몰아치고 있을 때였다. 아파트 대출금을 갚은 뒤 고금리 적금에 차곡차곡 쌓아두었던 목돈을 고스란히 주식에 투자했고, 그 돈은 몇 번에 걸쳐 상승과 하강의 흐름을 타면서 빠르게 몸집을 불려갔다. 그 시절, 새벽 5시 반이면 어김없이 일어나 샤워를 마친 뒤 서재의 책상 앞에 앉아 컴퓨터를 켰다. 등락을 거듭하는 도표와 그래프, 여러 색깔의 숫자와 기호 들이 화면에 늘어선 채로 주인을 맞이했고, 나는 뉴욕 증시의 마감 시간에 맞춰 다우지수와 나

아파트 게임

스닥, 원자재 가격, 달러 환율, 채권 금리 등 미국 시장의 변동 상황을 확인했다. 당시 국내 주식 시장은 미국 시장과 동기화되다시피 한 터였다. 나는 뉴욕 증시에서 이미 실현된 미래를 먼저 확인하고 몇 시간 뒤 국내 증시에서 벌어질 근 미래의 사건들을 전망했다. 표면적으로 투자의 불확실성을 조금이라도 줄여보려는 노력의 산물이었지만, 그 덕에 세계 경제라는 거대한 생명체가 전 지구를 무대로 토해내는 거칠고도 빠른 호흡을 실시간으로 체감할 수 있었다. 나는 운 좋게도 원래 목표액의 몇 배에 달하는 수익을 거두었고, 이 돈의 투자처를 두고 고민하기 시작했다.

그 시점에 C일보의 부동산 칼럼을 보게 된 것은 전적으로 우연이었다. 늦은 퇴근길, 저녁을 해결하기 위해 들른 음식점에서였다. "부동산 레이더"라는 제목을 달고 있던 그 칼럼은 1999년의 주가 상승이 이제 곧 아파트 가격의 상승으로 이어질 것이라고 전망하고 있었다. 담당 기자는 주가 상승을 경기 회복의 선행 지표로 간주한다면 늦어도 내년쯤에는 부동산 시장에 활기가 돌기 시작할 것이며, 2000년 하반기의 주택 공급 물량 부족이 부동산 시장의 가격 상승 압력으로 작용할 것이라고 예측했다. 꽤나 설득력 있는 주장이었다.[18] 그날 이후 나는 그 신문의 부동산 면을 매일 챙겨보면서 서울 아파트의 시세 변동과 분양 소식을 눈여겨보기 시작했다.

놀랍게도 기사의 예측은 정확히 맞아 떨어졌다. 정말로 2000년 3월부터 부동산 시장은 밀레니엄의 들뜬 분위기와 함께 점차 회복세에 접어들고 있었다. 그 시기 서울 시내 아파트의 평당 가격은 600만 원대에 다시 진입했다. 외환 위기 직전이었던 1997

년 10월에 평당 최고가 663만 원을 기록한 후 2년 5개월 만의 일이었다. 외환 위기 직후 534만 원까지 폭락했던 사실을 고려해보면 상승세에 접어든 것만큼은 분명해 보였다.

상황이 이렇게 전개되다 보니 주식 시장에서 부동산 시장으로의 이동은 당연한 일처럼 보였다. 타이밍이 문제였다. 내가 투자 시기를 가늠하는 지표로 주목한 것은 크게 두 가지였다. 첫 번째 지표는 재건축 대상인 강남의 저밀도 아파트였다. 재건축에 대한 소문은 1997년 외환 위기 직후 수그러지는 듯하다가 1999년부터 다시 신문지상에 오르내렸다. 2000년 2월 중반, 때마침 C일보의 부동산 칼럼은 강남의 일부 부유층이 자녀에게 증여하기 위해 개포동 주공아파트를 매입하는 사례가 늘고 있다는 소식을 전하고 있었다.[19] 양도세나 증여세의 기준이 되는 국세청의 기준 시가가 일반 아파트들의 경우 시세의 80퍼센트 수준인 반면, 이 아파트들의 기준 시가는 시세의 3분의 1 정도밖에 되지 않아 상대적으로 세금 부담이 적기 때문이었다. 기사는 '강남 1세대'라고 할 수 있는 1930, 1940년대생 중상류층 주부들이 그동안 습득한 절세의 테크닉을 동원해 아슬아슬한 줄타기를 하고 있다는 사실을 표 나게 강조하고 있었다.[20]

그런데 이 기사에서 내 관심을 끈 대목은 그런 편법 증여의 세세한 내막보다는 오히려 그녀들의 움직임 자체였다. 이유가 어찌 되었든 적어도 그들이 나섰다면 당분간 부동산 시장에 새로운 바람이 불게 될 것만큼은 확실했다. 그들은 1970년대 이후 부동산 시장에서 산전수전을 다 겪으며 투기 열풍을 주도했던 백전노장들이니까. 주식 시장에 비유하자면 외국인 기관 투자자들이나 다름없었다. 너무 뒤처지기 전에 행동을 개시해야만 했다.

내가 두 번째 지표로 눈여겨본 것은 동부이촌동의 재건축 아파트였다. 모 재벌 건설사가 아파트 부촌의 원조라고 할 수 있는 이 동네의 한강외인아파트를 재건축하면서 평당 분양가를 1,200만~1,500만 원 정도로 책정하고 있었다.[21] 나는 1년 전에 분양했던 타워팰리스보다 훨씬 비싼 가격을 자랑하는 이 아파트가 분양에 무난하게 성공한다면 곧바로 재건축 대상 아파트를 매입하리라 결심했다. 이 아파트의 분양 성공은 강남 재건축 시장을 들썩거리게 만들 방아쇠가 될 것이 분명했기 때문이다.

나는 주말마다 적당한 매물을 찾기 위해 강남 일대의 아파트 단지를 돌아다녔다. 그때마다 강남 1세대 중상류층 주부들의 시선을 상상하면서 그들의 관점에서 구매 대상의 타당성 여부를 가늠해보려고 애썼다. 나는 그들이 지닌 투자자로서의 자질이 부러워 그들의 저력이 어디에서 연유한 것인지 추론해보기도 했다. 아마도 그들 사이에서 우두머리 역할을 하는 누군가는 서울 토박이 출신으로, 한국전쟁 직후부터 부모나 주변 친지들로부터 다음과 같은 이야기를 수없이 엿들으며 성장하지 않았을까? 폐허가된 주택이 많고 물자가 부족하다 보니 지금까지는 건물 평수로 집값을 계산했지만 앞으로는 대지 면적이 집값을 결정할 것이다, 사람들이 넘치기 시작하면 문안과 문밖의 구분이 무의미해질 것이고 주택가의 범위도 점점 늘어날 것이다. 곧 땅이 귀해지는 세상이 오면 당연히 대지를 넓게 차지한 집이 이익을 많이 보게 될 것이다. 지금 살기 좋은 동네에 손바닥만 한 땅을 차지하느니 그걸 팔고 변두리의 넓은 땅을 사두면 당장은 조금 불편하더라도 나중에 큰 이익을 올릴 수 있을 것이다 등등.[22] 그들은 어린 시절부터 주변 어른들로부터 부동산에 대한 예언적 전망을 귀동냥했을 것이고, 실제로 그 전망이 서울의 도시화 과정을 통해 속속 실현되는 모습을 직접 목격했을 것이다. 그리고 이런 과정을 통해 자연스럽게 도시를 바라보는 현대적인 시선과 더불어 그 미래를 점치는 노련한 안목까지 갖추게 되었을 것이다.

나는 이런 생각들을 더듬으며 몇 차례에 걸쳐 강남의 부동산 중개업소들을 순방한 끝에 마침내 마음에 쏙 드는 아파트를 발견했다. 전체 2,400가구에 달하는 반포 주공 3단지 아파트였다. 내가 방문했던 3월 말, 이 아파트는 벚꽃들로 화사하게 뒤덮인 상태였다. 1970년대 신축 당시 심어놓은 나무들 덕분에 매년 봄만 되면 벚꽃 잔치를 벌이는 듯 보였다. 부동산 중개업자에 따르면 25평 아파트의 거래가는 2억 8,000만~3억 5,000만 원선, 전세 보증금은 25평이 9,000만~1억 원선이었다. 전세를 안고 구입한다면 1억 9,000만~2억 5,000만 원선에서 25평 아파트를 구입할 수 있었다.[23]

무엇보다 매력적인 것은 이 노후 아파트의 벽면에 표지판처럼 그려져 있던 집 모양의 투박한 로고였다. 주공아파트. 나는 강남의 역사를 다룬 손정목 선생의 글들을 주섬주섬 챙겨 읽었던 터라 반포와 잠실 양끝에 위치한 이 소형 아파트들이 1970년대 중반부터 신중산층에게 내 집 마련의 기회이자 강남으로의 진입로 구실을 했다는 사실을 잘 알고 있었다. 1980년대에 지어진 남쪽의 개포동 주공아파트도 마찬가지였다. 이와 같은 진입로로서의 기능은 1990년대 후반까지도 계속 유지되었다. 상당수의 거주자가 자가 보유자에서 전세 세입자로 물갈이되긴 했지만 말이다.

그런데 그 자리에 고층 아파트가 새로 세워진다면 어떤 일이 벌어지게 될까? 무엇보다 중요한 것은 재건축 아파트가 강남으로의 진입로를 봉쇄하는 결과를 가져오는 것이 아닐까? 건설사와 조합원, 양자의 이익을 모두 고려해야 하는 터라 중대형 아파트 위주에 높은 분양가가 책정될 것이고, 그 분양가는 다시 주변 아파트의 시세를 들썩거리게 만들 것이다. 결국 이러한 연쇄반응은 강남 아파트의 가격을 상향 조정하면서 진입 장벽을 이전보다 훨씬 더 높게 쌓아올리는 결과를 가져올 것이다. 만일 그렇다면 한강변을 따라 반포에서 잠실까지 이어진 대규모 아파트 단지는 거대한 폐쇄형 주거 지역(gated community)과 같은 형태로 진화하지 않을까? 강남에서 살고자 하는 중산층의 가구 수가 이 지역의 주택 수보다 언제나 더 많다는 사실을 상기해보면, 이런 상황 전개는 강남의 미래에 대한 청신호나 다름없었다. 나는 이런 판단에 근거해 반포 주공아파트를 투자 1순위 대상으로 선택했다. 잠실은 가구 수가 많은 데다 소형이었고, 개포는 건설 시기가 늦은 데다 외졌다.

최종적인 구입 결정을 내린 것은 동부이촌동의 아파트 분양 첫날 모델하우스 앞에서였다. 발 디딜 틈 없이 인파로 북적이는 걸 보면서 곧바로 반포의 부동산 중개업자에게 전화를 걸었다.[24] 그리고 사흘 뒤에 매매계약서에 도장을 찍었다. 대금을 지불하는 데 네 개의 적금통장과 주식을 처분한 돈이 필요했고, 그것만으로는 부족해 은행에서 일부 자금을 융자받아야만 했다.

주공 3단지의 재건축 사업이 점화된 것은 그로부터 1년 뒤의 일이었다. 2001년 11월, 강남의 고급 호텔 연회장에서 열린 시공사 선정 투표 행사는 여러 가지 의미에서 진기한 볼거리를 제공했다. 양 건설사에서 동원한 행사 도우미들이 입구 앞에 늘어서서 조합원들에게 인사를 건네고 있었다. 아침 일찍 지방에서 고속버스를 타고 올라온 듯 보이는 촌스러운 옷차림의 중년 조합원들도 생각보다 많았다. 1990년대 후반부터 재건축 시장에 흘러든 유동성 중 일부가 지방 돈이라는 전문가의 진단이 그리 틀리지 않아 보였다. 실제로 조합원 주소록을 들고 전국 각지의 조합원들을 찾아 나섰던 건설사의 홍보팀이 투표 독려와 자사 홍보를 위해 이들에게 각종 선물세트와 함께 교통비 명목으로 수십만 원씩 뿌렸다는 소문이 파다했다.

행사장 안은 투표 열기로 들떠 있었다. 친숙한 얼굴의 중년 주부가 두리번거리고 있던 내게 다가와 반갑게 인사를 건넸다. 그녀는 재건축 조합에서 동대표로 활동하는 40대 중반의 주부였다. 전직 중학교 선생이던 그녀는 "퇴직 후 시간제로 나가던 학교 일을 접을 정도로"[25] 조합 일에 열성이었고, 그만큼 동 주민들의 신망도 높았다. 이 단지의 터줏대감이나 다름없는 부동산 중개업자에 따르면, 그녀는 교원조합 아파트를 분양받아 살다가 외환 위기 직후 전세를 내고 이 아파트를 장만했다고 한다. 나보다 1년 정도 앞선 시기였다. 그 중개업자는 기회만 있으면 그녀야말로 재건축의 최고 수혜자라고 떠벌이곤 했다. 투자 기간과 기회비용을 고려해보면 틀린 말이 아니었다. 중개업자의 말을 증명이나 하듯 그녀는 행사장을 찾은 조합원들 중 가장 행복해 보였다. 대부분의 조합원은 투표를 마친 뒤에도 결과를 확인하기 위해 자리를 뜨지 않고 행사장 주변을 서성이거나 다른 조합원들과 환담을 나누었다. 투표는 예상보다 일찍 끝났다. 내 예상은 빗나가지 않았다. 아슬아슬한 차이로 내가 지지표를 던진 건설사가 선정되었다.

그러나 이렇게 급물살을 타는 듯 보였던 재건축 사업은 참여정부의 각종 규제 정책으로 공회전을 거듭하기 시작했다. 조합원들의 아우성이 어느 때보다 드세지긴 했지만, 나는 그들의 대열에서 잠시 비껴선 채로 사태를 관망하고 있었다.[26] 우여곡절 끝에 재건축 조합이 사업 시행 인가를 받은 것은 2004년 10월이었고, 본격적인 공사에 돌입한 것은 2006년 4월이었다. 뒤늦게 재건축의 열기가 후끈 달아오르자 비슷한 시기에 재건축에 돌입한 반포 주공 2단지 18평 아파트가 2006년 여름에는 평당 1억 원대까지 치솟았다. 삼성동의 아이파크가 평당 6,000만 원대로 재건축 대상이 아닌 아파트 중 최고가를 갱신하던 시절이었다.[27]

그 무렵 강북에서는 뉴타운 열풍이 불었고, 지하철 역세권마다 주상복합 아파트가 들어섰다. 그 덕분에 시내 곳곳에서 어렵지 않게 타워크레인의 거대한 자태를 감상할 수 있었다. 들쭉날쭉한 제각각의 높낮이는 그 지역의 땅값을 가리키고 있는 것처럼 보였고, 가로로 길게 뻗고서는 허공을 휘젓는 외팔의 위용은 무거운 중량의 건설 자재뿐만 아니라 지가 상승에 대한 이해 관계자들의 기대감을 꿋꿋이 들어 올리는 듯 느껴졌다. 해질 무렵이면 크레인들이 붉은 노을을 바탕색 삼아 앙상한 실루엣을 드러냈고, 그 아래에서는 빨간 십자가들이 번잡스럽게 반짝거렸다.

간혹 뉴타운 지역의 타워크레인을 보게 되면 친구 어머니가 들락거리던 사당동의 모습이 떠오르기도 했다. 그 기억 속에서 쇠 파이프를 든 용역 깡패들이 욕설을 퍼부었고, 앞니 빠진 할머니들이 바닥에 드러누워 생애 남은 힘을 쥐어짜내며 비명인지 고함인지 알 수 없는 괴성을 내질렀으며, 무허가 주택들은 지붕이 날아가거나 벽이 허물어진 채 앙상한 몰골을 드러내고 있었다. 마무리는 철거용 포클레인의 몫이었다. 무허가 주택들은 숨죽인 채그 괴물의 출현을 기다리고 있었다. 그리고 몇 년이 지난 뒤, 그 자리에는 어김없이 대규모 아파트 단지들이 들어섰다. 그로부터 20여 년의 세월이 흘렀건만 변한 것은 아무것도 없었다. 남들 사는 만큼 살아보겠다고 아등바등하는 이들이 여전히 같은 방식으로 재개발 지역의 노후 주택들을 불도저로 밀어낸 뒤 그 자리에 거대한 타워크레인을 일으켜 세우고 있었다.

기복의 상징이자 몰락의 징후인 타워크레인. 나는 그 철골 구조물이 존재감을 과시하는 도시의 인상을 좋아했다. 누군가에게는 도시의 무덤처럼 보였을 수도 있겠지만, 적어도 나에게는 재탄생의 스펙터클이었다. 이전까지는 도시를 건설하는 과정을 통해 사회적 부를 재배분했다면, 이제는 그 도시를 다시 파괴하고 재건설하는 과정을 통해 그런 일을 되풀이하고 있다고 봐도 무방하지 않은가. 나는 맨 앞자리에서 그 과정을 지켜보면서 대학생 시절 읽었던 김승옥의 1960년대 단편 소설을 떠올리곤 했다. 부동산 부자를 아버지로 둔 그 소설 속의 서울 토박이 대학원생은 밤거리를 거닐다 보면 "사물의 틈에 끼어서가 아니라 사물을 멀리 두고 바라"볼 수 있게 된다고 말한 바 있다. 그는 대상과의 거리를 능수능란하게 조절해가며 도시의 역동적인 움직임을 조망하는 방법을 알고 있었다. 그러니 이 대학원생의 시선 앞에서 "낮엔 그저 스쳐 지나가던 모든 것"이 밤이 되면 "자기들의 벌거 벗은 몸을 송두리째 드러내놓고 쩔쩔"매는 것도 당연해 보였다.[28] 나는 타워크레인이 안겨준 시각적 흥분의 연원을 따져보다가 내 자신이 이 대학원생의 1960년대 도시 경험을 반복하고 있음을 깨달았다. 나는 이제 더 이상 뜨내기가 아니었다.

완공을 앞두고 오픈하우스 행사가 있던 날, 새 아파트로 향하는 길은 제법 쌀쌀했다. 나는 설렘으로 한껏 부풀어 오른 상태였다. 주차장으로 들어가는 입구에는 긴 검정 코트를 입은 주차 요원들이 초청장을 확인하며 지하 주차장 내부로 길을 안내하고 있었다. 건설사에서 정기적으로 보내주던 책자 속의 공사 현장 사진을 보았을 때는 그 안에서 사는 게 답답할지도 모르겠다고 걱정했던 게 사실이다. 수직으로 촘촘하게 솟아오른 밀집 대형의 건물 때문이었다. 하지만 완공 직전의 단지는 내 예상과는 전혀 다른 모양새였다. 조경에 신경을 많이 쓴 덕분이었다. 고개를 치켜들고 노려보지 않는다면 28층 높이의 건물들은 자신의 존재감을 굳이 과시하려 들지 않았다. 보행자의 눈높이에서는 모든 게 자연스러웠다. 아파트 단지 하면 떠올릴 법한 기하학적 골격의 강마른 느낌도 옅어진 상태였다. 소나무, 느티나무, 벚나무, 은행나무 등 2만 그루의 나무가 건물의 가림막 역할을 충실히 했고, 다양한 형태의 놀이터, 야외 쉼터, 생태 연못, 미니 카약장이 빈 공간을 차지하고서는 장소마다 특색 있는 분위기를 연출하고 있었다. 그리고 지하에 주차장을 설치한 덕분에 지상의 길 위에는 검회색 아스팔트 대신 갈색 보도블록이 깔려 있었다. 이런 이유로 단지 안을 걷다 보면 마치 숲속의 공원에 온 듯한 착각에 빠질 수 있었다. 적어도 지상의 시선으로 보자면 아파트 단지 특유의 획일적인 분위기를 찾아보기 힘들었다.

단지 내부를 한 바퀴 돌고 행사장에 들어서자 조합원들로 북적였다. 출장 요리사들이 뷔페 음식을 준비하느라 분주하게 움직였고, 조합원들은 야외 탁자에 자리를 차지하고 일회용 접시에 담아온 음식을 먹으며 대화를 나누고 있었다. 그리고 그들 사이로는 소규모 오케스트라가 연주하는 바로크풍의 실내악이 은은하게 번져나가고 있었다. 나는 《위대한 개츠비》의 가든파티 장면을 떠올리며 차라리 악단 규모가 큰 빅밴드를 초청해 유명 재즈 넘버들로 흥청망청한 분위기를 연출했으면 좀 더 그럴듯하지 않았을까 생각했다. 물론 대부분의 조합원은 건설사의 배려와 연출에 감동하는 분위기가 역력했다. 모두가 행복한 표정이었고, 아내도 마찬가지였다. 단지 안은 바깥 세계와 완전히 단절된 채 축제 분위기가 한껏 고조되어 있었다. 이 행사의 피날레는 단지 안 초등학교 운동장에서 열릴 열린 음악회 풍의 대규모 음악회의 몫이었다. 나와 아내는 음악회가 시작되기 직전 주차장으로 발길을 돌렸다. 주변 아파트 주민들까지 초청한 행사인 터라 지나치게 많은 인파로 번잡할 것 같았기 때문이다. 돌아오는 차 안에서 아내는 이 아파트에서 살고 싶다는 의견을 조심스럽게 피력했다.

2008년 10월, 지상 29층 타워형 아파트 44개동 3,410세대 규모의 대단지가 마침내 완공되었고, 평당 분양가는 3,000만 원대를 훌쩍 뛰어넘었다. 한편 10년 넘게 거주해온 분당의 아파트를 판 것은 2007년 여름이었다. 양도세와 종합부동산세 등 세금 문제를 해결하기 위한 것이었다. 원래 계획대로라면 2005년경에 이 아파트를 정리할 예정이었다. 하지만 그해에 판교 신도시 계획이 발표되자 계획을 변경할 수밖에 없었다. 신규 아파트의 분양가가 예상보다 높게 책정될 것이라는 소문이 퍼지자 분당 지역의 아파트 가격이 천정부지로 뛰어올랐기 때문이다. 나는 판매 시기를 조율하기 위해 매매를 미루었다. 그 대신 내 명의의 아파트를 전세로 내놓고 대치동의 전세 아파트로 거주지를 옮겼다. 그러다 보니 실제 매매 시기가 예정보다 2년 정도 늦어졌다. 하지만 그 덕분에 분양가의 열 배 가까운 가격으로 아파트를 팔 수 있었다.

그 무렵 나는 우연히 술자리에서 만난 선배로부터 내 첫사랑에 대한 소식을 들었다. 그녀는 연희동의 그 집에서 계속 살다가 대학을 졸업 한 뒤에 가족과 함께 압구정동의 아파트로 이사했고, 결혼 후에는 분당에서 살다가 자녀 교육 때문에 다시 강남으로 돌아왔다는 것이다. 자수성가한 지방 출신 전문직 남성과 결혼한 서울의 옛 중산층 출신 1960년대생 여성의 전형적인 이동 경로였다. 나는 내 이동 경로가 분당과 강남에서 그녀의 그것과 겹쳐진다는 사실에 야릇한 흥분을 맛보았다. 〈건축학개론〉의 젊은 주인공들이 그러했듯이 말이다.

포스트 강남 시대의
아파트

2008년, 재건축 아파트의 입주를 시작하기도 전에 나는 이미 아파트 폭등세가 끝물에 도달했음을 감지했다. 여전히 대세 상승을 외치는 부동산 전문가들도 있었지만, 중산층의 10년간 실질소득 증가분만 들여다봐도 그들의 주장이 헛소리에 가깝다는 사실을 간과하기란 그리 어렵지 않았다. 2000년대 초·중반을 휩쓸었던 부동산 거품이 실질소득이 아니라 은행 대출에 크게 의존하고 있음은 부정하기 어려운 사실이었다. 실제로 가계 대출의 증가분이 아파트의 시가 총액의 상승세를 떠받치고 있었다.

확실히 이전까지 알고 있던 아파트, 그러니까 박정희 정권이 중산층 육성을 내걸고 강남에 대량으로 건설했던 포드주의적 주거 모델은 역사의 저편으로 사라질 운명이었다. 강남의 재건축 아파트 단지들은 외환 위기 이후 용인의 대형 아파트와 강남의 주상복합 아파트 등에서 여러 각도로 진행된 형질 전환의 실험 결과를 총망라해 최종 해결안을 도출하려는 듯했다. 1970년대 이후 30여 년 동안 천문학적으로 오른 강남의 땅값은 이런 실험의 재정적 토대나 다름없었다. 실제로 재건축 아파트들은 '금융-토건 복합 상품'이라는 새로운 개량종 주거 모델로 변모했다.

돌이켜보건대 2000년대 초반부터 건설 산업은 강남의 재건축과 강북의 뉴타운 개발을 거치면서 점차 금융 산업과 밀월관계

아파트 게임

를 맺었다. 이전의 고도성장기에는 정부, 건설업, 중산층이 삼각 편대를 구성해 수도권의 창공을 마음껏 활강했던 반면, 이제는 금융업, 건설업, 중산층이 삼위일체의 신성동맹 체제를 구축하기 시작했다. 정부는 분양가 상한제를 비롯한 각종 규제 정책 폐지와 함께 무대에서 퇴장했고, 금융 산업이 그 빈자리를 재빨리 낚아챈 뒤 건설업과 중산층 사이에서 자금 흐름의 가교 역할을 떠맡았다.[29] 물론 이런 관계 변화에서 가장 큰 손해를 본 것은 중산층이었다. 분양가의 가파른 상승세로 인해 중산층에게 돌아갈 자본 이득의 총량은 그만큼 줄어들 수밖에 없었기 때문이다.

바로 그 이득의 총량이 거의 바닥을 드러낼 무렵, 이런 상황 변화를 깨닫지 못한 채 뒤늦게 아파트에 몰려든 이들도 있었다. 슬롯머신 앞으로 날아드는 불나방들처럼 그렇게. 작은 집을 내주고 큰 집을 돌려받겠다는 욕망 앞에서 그들은 "걸면 안 되는 것을 걸지 말라"는 도박의 철칙을 망각한 듯 보였다. 그렇지 않았다면 그들이 왜 저금리의 주택 담보 대출이라는 미끼를 물기 위해 은행으로 달려갔겠는가? 모든 경제 지표가 부동산 시장의 상승세가 정점을 찍었다는 사실을 가리키고 있는데도 그들은 분위기에 휩쓸려 빌린 돈을 판돈으로 내걸었다. 그리고 하강기가 닥치자 끊임없이 초조해하고 있었다. 걸어서는 안 되는 것을 걸었으므로 느긋할 수 없는 것은 당연한 일이었다. 판단력이 흐려지는 것은 덤이었다. 시간마저 그들의 적이 되는 것은 그야말로 시간 문제였다.[30] 다행히도 나는 재건축 영순위의 저밀도 아파트를 남들보다 빨리 구입했기 때문에 그들과는 다른 처지에 놓일 수 있었다.

내 입장에서 보자면 재건축이 시작되는 시점에 저금리는 확실히 축복이나 다름없었다. 하지만 재건축이 마무리되는 시점에도 여전히 저금리 추세가 이어진다면 자칫 재앙의 시작이 될 수도 있었다. 가격 상승세가 임계점에 도달했다고 판단되는 상황에서 50평대 아파트 한 채에 20억 가까운 돈을 묻어두는 것처럼 미련한 짓이 또 있을까? 뒤를 돌아보지 않고 빨리 아파트에서 손을 털고 나오는 것이 합리적인 선택이었다. 재건축에 투자함으로써 자본 이득을 극대화했다면, 이제는 그렇게 모은 자산을 새롭게 운용할 방법을 모색할 차례였다.

그 시점에 나에게는 두 가지 기회가 눈앞에 놓여 있었다. 하나는 지방 광역도시의 아파트 시장이었고, 다른 하나는 강북 지역의 상업용 부동산이었다. 전자의 선두주자는 송도 국제도시였다. 당시 주요 일간지들은 151층 규모의 인천 타워와 65층 규모의 유엔 센터를 중심으로 한 국제 업무 단지 계획, 국내 명문 대학 제2캠퍼스와 해외 유명 대학 분교 유치, 외국 학교와 영리 병원 설립, 스위스 산업용 로봇 조립 공장 설립, 해양 리조트 계획 등의 소식을 실시간으로 중계하면서 중국과 일본을 연결하는 "동북아 경제 중심 도시"의 청사진으로 손색이 없다고 상찬했다. 이에 호응이나 하듯이 투자처를 찾지 못한 수도권의 부동 자금 일부가 서울과 가까운 이 도시의 건설 현장으로 흘러들었다.

당시 모 대형 건설사가 분양한 주상복합 오피스텔의 경우 400여 가구 분양에 무려 3만 명에 가까운 청약자들이 몰려들었고, 청약 신청금만 3,000억 원에 달했다. 2006년에는 국내 유수의 10여 개 대학이 경쟁하듯이 이 도시에 입주하겠다고 나서자 해당 지자체는 입주 공모를 실시했고,[31] 분양가 1,000만 원 초반 대였던 모 주상복합 아파트는 완공도 하기 전에 30평은 3억 원, 47평은 5억 원, 50평은 6억 원의 프리미엄이 붙었다는 소문이 돌기도 했다.[32] 하지만 그 열기는 오래가지 못했다. 2008년을 정점으로 빠르게 식어갔다. 미국발 금융 위기가 시작되자 사람들은 '동북아 경제 중심 도시'의 환상에서 깨어났고, 이후 분양과 개발은 지지부진 한 상태에 빠져들었다.

흥미로운 것은 수도권 부동산 시장이 침체기에 빠져드는 상황 에서도 다크호스가 등장해 새로운 불씨를 키워나갔다는 점이다. 바로 부산의 신시가지였다. 아파트 시장의 주도권을 놓고 수도권 의 광역시와 지방 제1의 광역시 간에 절묘한 바통 터치가 이뤄진 것이다. 부산은 송도와 유사한 시기에 센텀시티를 주자로 내세워 그 뒤를 바짝 추적하고 있었다. 송도가 기력이 부칠 무렵, 부산은 곧바로 센텀시티의 다음 주자로 마린시티를 내세웠다. 옛 수영만 매립지에 세워진 초고층 주상복합 아파트 단지였다. 2008년 초 반에 분양된 현대산업개발의 해운대 아이파크는 뉴욕 세계무역 센터 재건축 설계 공모 당선자인 건축가 다니엘 리베스킨트를 초 빙해 이른바 '명품 아파트 마케팅'에 정점을 찍었고, 두산건설의 위브더제니스가 뒤를 이었다. 70층이 넘는 이 초고층 아파트들 의 평균 분양가는 평당 1,700만 원대였고, 이중 펜트하우스는 평 당 4,500만 원대였다. 인구 360만 명의 지방 제1의 도시에다 국 내 최고의 해수욕장과 요트 선착장을 갖춘 해운대라는 입지조건 을 놓고 볼 때 마린시티는 투자처로서 꽤나 매력적인 잠재력을 지니고 있었다. 게다가 분양권 전매도 가능했다.[33]

나는 청담동에 마련된 모델하우스에 들러 상담하면서 서울의 꽤 많은 자산가가 해운대를 주시하고 있음을 눈치 챌 수 있었다. 거주 수요나 주변 환경을 보아 송도와 같은 수도권 광역시의 외곽 신도시 개발보다는 부산의 도심부 개발이 좀 더 매력적인 투자처임이 분명했다. 확실히 인천 앞바다의 작은 섬을 매립해 상하이와 경쟁하는 국제도시를 건설하겠다는 인천 시장의 야심은 1960년대 후반 한강변의 여의도를 매립해 서울의 맨해튼을 만들겠다고 선언한 육군 준장 출신의 김현옥 시장의 야심에 비견될 만한 것이었다. 또한 부산 해운대의 매립지에 대규모 아파트 단지와 주상복합 아파트를 건설한 부산 시장의 기개는 1970년대 중반 한강변 이남의 매립지에 대형 고급 아파트를 건설한 정주영 회장의 기개에 비견될 만한 것이었다.

하지만 그런 야심과 기개와는 별개로 내가 보기에 이 두 개발 지역은 가는 길이 매우 달랐다. 비유하자면 국제도시 송도는 인천의 일산이라면 마린시티라는 낯선 이름의 신시가지는 부산의 강남 같았다고나 할까? IMF 외환 위기 이후의 연속적인 흐름이라는 관점에서 보자면 마린시티는 분양가 상한제 폐지와 함께 용인에서 시작된 포스트-강남의 흐름이 2000년대 초반에 주상복합 아파트와 재건축 아파트를 거점으로 삼아 강남으로 입성했다가 다음 행선지를 저울질하기 위해 잠시 송도의 모델하우스를 둘러본 뒤 결국에는 경부선 고속철을 타고 내려와 해운대에 똬리를 튼 것 같은 모양새였다.

무엇보다 나를 매료시켰던 것은 초고층 건물들의 위용을 고스란히 담아낸 분양 광고의 컴퓨터그래픽 이미지였다. 사실 어떤 건물은 자신을 응시하는 시선에게 제 나름의 눈높이를 요구하곤 한다. 특히나 마린시티의 주상복합 아파트들처럼 건물이 주변과는 완전히 분리된 채 해안가의 비좁은 매립지 위에 촘촘히 박혔다가 300미터의 높이까지 치솟아 있다면 더더욱 그렇다. 흥미로운 것은 이 조감도의 시선이 건설사의 야심과 예비 투자자의 욕망이 정확하게 교차하는 지점에 자리 잡고 있다는 점이었다. 바로 이런 가상의 시선 덕분에 조감도는 높이와 규모에 대한 순수한 열정을 과감하고 뻔뻔스럽게 내비쳤다. 어떤 콤플렉스의 자취도 찾아볼 수 없었다.

당시 내 또래의 서울 시장은 "한강 르네상스"나 "디자인 서울" 같은 슬로건을 내걸고 별의별 조감도들을 언론에 뿌려댔다. 그 조감도들과 비교해보면 마린시티의 차별화된 위용이 좀 더 명확했다. 물론 서울시의 여러 조감도에서 드러나듯이 '랜드마크'를 세우고 말겠다는 그 정치인 출신 시장의 야심은 분명 유별났다. 그는 기념비가 될 만한 초고층 건물을 원했지만 그것은 그가 시 재정으로 감당할 수 있는 부류의 것이 아니었다. 그의 욕망은 부동산 개발업자나 억만장자의 그것과 닮아 있었지만, 그의 현실은 민선 시장이라는 직책에 붙박여 있었다. 그로 인한 좌절감 때문이었을까? 그는 묘하게도 자신의 욕망을 건물의 높이나 크기가 아니라 건물의 뒤틀린 곡면 형태에 투사하고 있었다. 그 때문에 그가 내세운 진기한 형상의 공공건물들은 하나같이 곡면 거울에 반사된 자기 욕망의 왜곡된 이미지처럼 보였다.

반면 마린시티의 조감도는 본래 자본과 금융의 상징이었던 커튼월 스타일의 마천루를 밀집 대형의 초고층 아파트로 재해석함으로써 생산과 혁신을 통한 부의 축적이 시대에 뒤쳐진 낡은 것임을 천명한다. 그리고 더 나아가 이미 성장의 한계에 도달한 부의 총량을 시세 차익이라는 형태로 재배분하겠다는 굳은 의지를 표명한다. 모더니즘 시대의 종언을 고하는 모더니즘 스타일의 기념비라고 해야 할까? 갑작스러운 성장촉진제 투여로 덩치만 비대해진 수도권의 주상복합과는 확실히 격이 달랐다.

또한 그것은 나 같은 이에게 감각적으로나 지적으로 현기증을 불러일으키는 것이기도 했다. 나는 그 기념비가 만들어낸 상상의 시선, 즉 스카이라운지의 시선을 떠올리며 짜릿한 황홀감을 맛보았다. 그것은 일상의 공간에서 바다와 중첩된 도시의 경관을 응시하는 데서 오는 관능적 쾌감일 뿐만 아니라, 내가 지난 10여 년간 경험한 초고속 상승의 과정을 압축적으로 복기하는 데서 비롯된 자기도취적 흥분이기도 했다. '과거를 파괴하고 미래를 창조한다'는 토건의 불도저가 작동을 멈춘 시점에 새롭게 등장했던 부동산의 웜홀(worm hole)들. 그것은 정체불명의 온갖 잡다한 미래를 불러들이며 '바로 지금 여기'의 값어치를 올리는 일에 몰두했다. 비록 상상 속에서였지만, 나는 그 웜홀들을 내려다보는 천공의 눈이 내 몸의 일부가 된 것 같은 기분에 빠져들었다. 한때 나를 지배했던 세계가 이제 내 눈 아래에서 구경거리로 변모하는 상황을 상상했던 것이다.[34]

물론 아쉬운 대목이 없는 것은 아니었다. 두 주상복합 모두 '꽃무늬'의 모티브에 집착하고 있었기 때문이다. 아이파크는 해운대의 파도와 함께 부산의 상징인 동백꽃을 주제로 삼아 커튼월의 매스를 장식했고, 위브더제니스는 건물 입면을 꽃잎의 형태로 형상화했다.[35] 이상한 디테일로 인간미를 연출하려는 태도가 눈에 거슬리긴 했지만, 그럼에도 나는 그 조감도에서 요동치고 있는 수직의 매스들이 정말로 마음에 들었다.

하지만 나는 망설일 수밖에 없었다. 물론 재건축 아파트에 묶여 있는 자금이야 저금리의 단기 대출로 해결할 수 있는 문제이니 투자의 걸림돌이 되지는 않았다. 다만 프리미엄의 상승을 지속적으로 이끌어낼 수 있는 지역의 유동성, 즉 부산과 경남 일대의 토호나 중상류층의 움직임까지 고려해야만 한다는 점이 부담스러웠다. 부산은 내가 속속들이 알 수 있는 도시가 아니었다. 마린시티는 저돌적인 공격을 펼치는 인파이터 스타일의 투자자에게는 흥미로운 곳이었다. 하지만 나는 오랜 시간이 소요된 재건축 건으로 인해 피로가 누적된 상태였다. 그래서 가능하다면 투자 대상과 일정한 거리를 유지하며 유효한 타격을 노리는 아웃복서 스타일로 자산을 운용하기를 바랐다.

그렇게 투자 여부를 저울질할 무렵, 다시 한 번 1980년대 말 새마을호를 타고 부산과 서울을 바쁘게 오갔던 친구 어머니를 떠올렸다. 아마 그때 그녀는 수도권과 지방 사이에 존재하는 부동산 시장의 시간차를 몸소 경험했을 것이다. 사실상 그녀의 투기 행태는 1970년대 후반 복부인의 전철을 되밟았으므로. 친구 어머니가 사당동의 철거촌을 들락거릴 무렵, 복부인들은 민주화 바람에 편승해 한층 더 대담해진 돈 씀씀이를 자랑하며 용인이나 남양주로 땅을 보러 다녔다. 친구 어머니는 이제 막 신참들의 입문 코스를 밟고 있었던 셈이다.

20년 전, 복부인과 친구 어머니 사이에 존재하던 10년이라는 시간차는 이제 5년 정도로 좁혀졌고, 그 시간차의 발현 양태도 지방 중상류층이 한발 늦게 수도권 부동산에 투자하는 식이 아니라 지방의 부동산 시장이 수도권의 꺼져가는 불씨를 이어받아 군불로 되살리는 식으로 바뀌었다. 물론 수도권 시장의 침체 상황, 그리고 두 시장 간의 상호 간섭 효과를 염두에 두면 지방 아파트의 가격 상승세는 그리 오래 지속될 수 없었다. 파장 분위기를 눈치 챈 선수들이 손 털기 직전에 한몫을 챙기겠다고 마지막 카드를 돌리는 모양새였다.[36]

이 시섬에 나는 또 다른 투자처로 서울 번화가의 상업용 부동산에 주목하고 있었다. 내가 느끼기에 이쪽이 아웃복서 스타일에 좀 더 적합한 투자처 같았다. 내 판단은 상가 임대를 통한 지속적인 수익이야말로 저금리 시대의 가장 확실한 소득원이라는 쪽으로 기울고 있었다. 때마침 C일보는 마치 내 판단을 응원하는 듯한 부동산 관련 기사들을 내보내고 있었다. 그 기사들은 "이제껏 해왔던 공격적인 투자는 접고 안정적인 투자 성향으로 전환해야 한"다면서, "시세 차익보다는 임대 수익을 기대해볼 수 있는 다가구 혹은 오피스텔, 상가 같은 수익형 부동산의 투자를 독려하"고 있었다.[37] 뒤늦게 인터넷 검색을 통해 읽게 된 어느 소설가의 칼럼도 내 판단을 굳히는 데 큰 도움이 되었다.

나는 부동산에 대해서 사람들이 좀 다른 시각도 가졌으면 좋겠다. 이를테면 문화적인 마인드 같은 것 말이다. 실제 뉴욕 부동산 가격을 좌지우지하는 건 아티스트들이다. 《뉴요커》란 책을 보면 이와 관련된 재밌는 인터뷰가 나온다. "뉴욕의 예술가들은 무슨 미생물 같아요.

가장 더럽고 후진 지역에 들어가서 더러운 거 다 먹어치우고 깨끗하게 해놓으면 땅값은 올라버리고, 그러고 나면 또 다른 더러운 곳을 찾아 떠나야 하죠!" 과거 집세가 쌌던 뉴욕의 소호나 첼시, 윌리엄스버그까지 가난한 아티스트들의 작업실이 밀집해 있던 곳에 고급 주택과 레스토랑, 클럽들이 들어왔고 부동산 가격은 폭등했다. 예술과 문화의 표면을 좋아하는 여피들이 이곳을 자신들의 아지트처럼 돌아다니기 시작하면서부터다.[38]

아마도 이 소설가는 당시 "모두 강남에 목을 매고, 아파트에만 열광하며, 집을 주거가 아닌 투자대상으로만 생각"하는 사회 풍조에 반발하며 그에 대한 대안으로 "젠트리피케이션" 현상의 긍정적인 면모를 부각하고 싶었던 모양이다. 하지만 투자자의 시선으로 보자면 "도심 주변의 낙후 지역이 고급 상업 및 주거 지역으로 재활성화되는 과정"을 의미하는 젠트리피케이션은 주거용 부동산 열풍에 대한 대처 방안이라기보다는 그 열풍이 지나간 이후의 다음 단계가 아니던가?[39]

나는 삼청동, 이태원, 홍대 앞 일대를 한가롭게 어슬렁거리며 돌아다니면서 입지가 좋은 상가 건물을 물색하기 시작했다. 구도심의 대상 지역을 거닐다가 묘한 기분에 빠져들기도 했다. 마치 식민지 도시에 관광차 들러 그곳의 번화가를 천천히 둘러보는 제국 출신 산보객이 된 듯한 기분이었다고나 할까? 건물과 간판들의 무질서, 길거리의 소음, 보행자들의 신경증 등이 넘쳐나는 혼잡의 용광로. 시대의 흐름에서 낙오한 문화의 찌꺼기들이 어수선하게 뒤엉킨 저개발의 번화가. 나는 그곳에서 거리의 역사와 함께 몸집을 불려온 온갖 자극과 몸을 뒤섞었다. 그리고 그 자극이 임계치를 넘어설 때마다 곧바로 마음을 가라앉히고 투자자다운 냉정함을 되찾고자 애썼다.

먼저 나는 다음과 같은 입지 조건들을 만족시키는 동네들을 눈여겨보았다. 역세권을 기본으로 하되, 차량보다는 보행자의 이동이 자유로운 곳, 기존의 상권이 등락 없이 어느 정도 유지되는 곳, 토박이들의 텃세가 심하지 않은 곳, 개발 호재 없이도 상권의 확장이 가능해 보이는 곳 등등. 동네가 정해지자 그다음 선택 대상은 건물이었다. 내가 주목했던 것은 중심 상권에서 10~20미터 정도 떨어진 상가주택들, 특히 현재 상태로 은행 금리 수준의 임대 수익을 얻을 수 있고, 상권의 확대 시점이 오면 곧바로 리모델링에 착수할 수 있는 건물이었다. 물론 무엇보다 중요한 것은 타이밍이었다. 이미 도래한 미래의 어떤 가능성을 망설임 없이 적시에 움켜쥐는 것 말이다.[40]

신 자산계층 입문

내가 서울에 첫발을 디딘 1981년과 건물 소유주가 된 2008년. 그 세월 동안 100만 세대가 넘는 아파트가 서울에 세워졌다. 변한 것은 이 도시만이 아니었다. 나 역시 변했다. 내게도 중산층이 되려고 발버둥치던 시절이 있었다. 하지만 외환 위기 이후 벌어진 일련의 사건은 그런 꿈이 사실상 무의미하며 중산층으로 향하는 사다리 역시 부실하게 시공되었음을 보여주었다.

그 시기 동안 혼돈의 소용돌이 한복판에서 어떤 이들은 꿈을 버리지 않은 채 근로소득만으로 세상을 견뎌낸 반면, 어떤 이들은 자산 시장에서 맹활약을 펼치다가 마침내 '신 자산계층'이라는 새로운 계층으로 거듭났다. 중산층의 형성과 변동을 연구하는 사회학자라면 이 계층을 두고 기존 중산층의 와해 과정에서 등장한 "상류 중산층"으로 부를 것이다. 그리고 이전까지 노동자 계급과 중산층 사이에 놓여 있는 사회 이동의 진입 장벽이 IMF 외환 위기 이후 상류 중산층과 중하류 중산층 사이로 옮겨가고 있다고 지적할 것이며, "부자 소리를 들을 만한 자산"의 소유 여부가 이 양자를 구분하는 주요 기준 중 하나라고 주장할 수도 있을 것이다.[41] 자신이 어떻게 중산층이 되었는지 제대로 파악하고 있던 이들이, 착각 속에서 흥청망청 중산층 놀이를 하던 이들과 명확하게 구분되기 시작했던 것이다.

나는 우연히 찾아온 기회를 놓치지 않고 '바이 코리아', 강남의 재건축 아파트, 강북의 상가용 건물 등을 상대로 난이도 높은 세 번의 공중 돌기를 감행한 덕분에 신 자산계층의 대열 끄트머리에 우아하게 착지할 수 있었다. 그건 두 가지 점에서 다행스러운 일 이었다. 첫 번째는 적어도 내 가족만큼은 '정치'와 거리를 둔 삶 을 살 수 있게 되었다는 것이다. 나는 내가 속한 386 세대의 정치 엘리트들이 '민주와 반민주 구도' 아래 펼쳐 보이던 '진정성의 정치'에 넌더리를 내고 있었다.

사실 우리 세대에게 '진정성'이라는 단어는 그리 낯선 것이 아 니다. 5월 광주로부터 3저 호황을 거쳐 서울 올림픽에 당도한 기 이한 1980년대. 나에게 그 시기는 첫사랑의 실패를 경험하고 친 구 어머니의 부동산 투기를 목격한 시기였지만, 내 세대의 어떤 이들에게는 군부의 독재 정치에 맞서기 위해 '민중'이라는 관념 적 대상을 향한 열정을 불태운 시기이기도 했다. 확실히 그들은 군사 정권의 폭압에도 이전 세대와는 다른 급진적인 방식으로 새 로운 세상을 꿈꾸었고, 서슬 퍼런 반공의 칼날 아래서도 거침 없 이 혁명의 구호를 외쳐대곤 했다. 하지만 역사는 그들의 편이 아 니었다.

민주화 투쟁의 성과로 '87년 체제'가 열리기는 했지만, 그 이 후 그들을 기다리고 있던 것은 가파른 내리막길이었다. 1991년 소련의 해체는 그들의 청춘에 종지부를 찍는 서글픈 사건이었다. 누군가는 "존재는 눈물을 흘린다"고 말했고, 또 누군가는 "오죽 하면 내 눈물마저 나를 배신하겠느냐"고 되물었다. 그들의 나이 이제 서른. 이념의 강철대오가 무너진 자리에서 변혁에 대한 순

아파트 게임

수한 열정은 빠르게 식어가고 있었던 것이다. 결국 그들은 전선에서 벗어나 대학원에 진학하거나 대기업과 언론사에 취업했으며 고시를 준비하거나 출판사를 차리거나 학원가를 전전하기도 했다. 그리고 그와 함께 진정성에 대해 말하기 시작했다. 이때의 진정성은 전위에서 퇴각한 1980년대의 젊은 생존자들이 1990년대라는 "황폐한 세월"을 견디며 새로운 삶의 가능성을 모색하기 위해 공유한 윤리적 에토스 같은 것이었다. 동시에 그것은 그들이 과거에 남발하던 "비열한 기회주의자"라는 낙인이 자신에게 부메랑처럼 되돌아오는 사태를 미리 차단하기 위해 고안한 방어적 개념이기도 했다.

확실히 10년의 시간이 흐르자 많은 것이 변했다. 1990년대의 반짝 호황 덕분이었을까? 그들 중 일부는 자신들이 1980년대에 모스크바나 평양 정도를 최종 목적지로 상상하며 떠났던 대항해가 거센 태풍에 휩쓸려 한없이 표류하다가 결국에는 도쿄 앞바다에 닿은 것이 아닌지 의심하기도 했다. 하지만 그런 상태는 그리 오래가지 않았다. 짧은 호황에 뒤이어 1997년 외환 위기가 정권 교체를 동반하며 그들의 삶을 급습했기 때문이다. 이 시점이 되자 그들은 중산층을 굳이 "프티 부르주아지"라고 낮춰 부르던 알량한 허영심을 발밑에 슬그머니 버려둔 채, 자기 가족의 생활 수준을 중산층의 눈높이에 맞추려 동분서주했다. 보수 일간지의 호명 덕분에 '386 세대'라는 어엿한 이름을 갖게 되었지만, 아버지 노릇이 주 업무가 된 그들 사이에서는 종종 "이게 사는 건가?"라는 물음과 함께 개혁에 대한 열망을 담은 목소리들이 터져 나오기도 했다. 하지만 그 목소리는 옛 친구들과의 술자리 주변을 벗어나지 못했다. 그리고 그조차도 주식 시세와 아파트 분양, 자녀 교육 같은 화제 때문에 뒷전으로 밀려나기 일쑤였다.

바로 그때 한때 청문회 스타였던 정치인이 갑자기 유력한 대선 후보로 떠올랐다. 정치 입문 이후 줄곧 고난의 가시밭길을 자청해 걸었던, 그래서 '바보'라고 불렸던 정치인. 민주화 이후 줄곧 지역감정과 합종연횡이 난무하던 선거판에서 그만이 홀로 변화에 대한 갈망이 담긴 눈물을 흘리면서 386세대가 애써 잊고 지내려던 청춘의 기억들을 소환해내고 있었다. 그러니까 그는 삶이 진정성 그 자체인 매우 희귀한 정치인이었다.

흥미로운 점은 이 정치인과 그를 지지하던 386세대의 정치 엘리트들이 30년 가까이 정치판을 지배해온 영호남의 지역 대결 구도를 깨뜨리기 위해 선거 혁명으로 대의제의 불충분성을 돌파하겠다고 나섰다는 사실이었다. 본래 대의제의 불충분성이란 국민의 뜻과 그 대표자의 행위 간 괴리에서 비롯되는 것이다. 사실상 국민의 뜻을 온전하게 대표하는 완벽한 정당이란 존재할 수 없다는 것이다. 그러나 이 세력은 당내 선거제도의 혁신을 통해 정당 정치의 민주화를 일궈낸다면 그런 불충분성을 해소하고 진정성의 정치를 실현할 수 있다고 믿고 있었다. 그러니 그들이 "국민이 주인 되는 세상"이라는 구호를 내걸었던 것은 지극히 자연스러운 일이었다. 그들은 자신이 속한 세대와 계층의 이해관계를 '대의'로 포장하는 데 익숙했고, 그 대의로 지지자들을 투표장으로 동원하는 데 능수능란했다.

그런데 그들의 진정성이 정치력을 발휘할 수 있었던 것은 딱 거기까지였다. 그것은 대통령을 만들었지만 성공한 대통령을 만

들지는 못했다. 그들의 개혁은 집권 기간 내내 좌충우돌을 반복했고, 그 결과는 무참한 실패의 연속이었다. 그들은 자신들이 이전에 '민중'이라고 부르던 사회적 약자의 진의를 재현하는 데 서툴렀고, 그것을 정책과 실천으로 옮기는 데 무능했다. 집권 시기에 그들이 행한 정치 개혁의 실험은 막다른 골목으로 달려가고 있었다. 지지자들 상당수는 시간이 흐를수록 진정성이 무능력의 동의어가 아닌지 의심하다가 결국 그들로부터 등을 돌려 모델하우스로 향했고, 그들은 변명을 늘어놓다가 결국에는 국민이 자신들의 순정을 몰라준다며 대놓고 불만을 토로하기 시작했다. 냉소와 환멸의 시간이 찾아왔고 결별의 수순만 남겨둔 상태였다. 이런 분위기 때문이었을까? 다음 대선에서는 일생을 살아오면서 단 한 번도 진정성 따위는 고민해본 적이 없을 것 같은 건설회사 사장 출신의 정치인이 압도적인 표차로 대통령으로 당선되었다. 그것은 정말 지극히 자연스러운 일이었다.

그런데 잠깐만. 이건 어디선가 많이 본 듯한 이야기 같지 않은가? 오해의 늪에 빠져 허우적대다가 파국으로 치달아 결국 다른 짝을 찾아 나서게 되는 남녀 간의 연애담. 실제로 386 세대의 정치 엘리트들이 주도한 정치 개혁은 이런 연애담과 유사한 서사의 골격을 갖추고 있었다. 확실히 그들은 〈건축학개론〉의 대학생 남자 주인공, 그리고 열아홉 살의 내가 머물던 자리 주변을 서성거리고 있었던 것이다.

하지만 그걸로 끝이 아니었다. 30대의 이른 나이에 정계에 입문했던 그들은 정치가 직업이었으므로 때가 되면 선거의 무대로 복귀해야만 하는 처지였다. 바로 그 시점이 되자 그들은 옛사랑의 추억을 더듬으며 다시 지지자들을 결집하려고 시도했다. 그리고 익숙한 몸짓으로 다시 진정성이라는 레퍼토리를 꺼내들었다. 지난 5년간 자신이 얼마나 변했는지에 대해서는 별다른 말을 꺼내지 않은 채 그저 자신들에 대한 냉소와 환멸을 거두라고, "이번만큼은 진짜"라고, "그러니 한 번만 더 내 말을 믿어달라."고 읍소하면서 말이다. 이 세 번째 진정성에 내포된 메시지의 핵심은 바로 이것이었다. 관계의 복원.

하지만 이 일방적인 구애 과정에는 예전에 없던 크나큰 장애물이 버티고 있었다. 몇 년 전에 이미 큰 배신감을 느낀 지지자들 상당수가 '자신을 믿어달라'는 386 정치 엘리트들의 말을 더는 믿지 않게 되었다는 것이다. 그들 중 일부는 부동산 가격 폭등으로 자본 소득의 달콤한 맛을 본 탓에 진정성 따위는 애써 외면하는 삶을 산 지 오래였고, 또 다른 일부는 타령조로 반복되는 진정성이라는 말이 자신과의 관계를 복원하기 위한 것이라기보다는 오히려 자신을 이용하기 위한 것이 아닌지 그 저의를 의심했다. 그러니까 후자의 지지자들에게 진정성의 발화자들은 마치 옛사랑을 호객의 대상으로 삼으려는 염치없는 다단계 판매원처럼 보였던 것이다.

이런 불신의 장벽 때문이었을까? 386 엘리트들은 20, 30대 젊은이들을 새로운 정치적 동원의 대상으로 눈독을 들이기 시작했다. 집권 세력의 보수적 정책들이 만들어낸 피해자의 자리에 이들이 잘 어울린다고 판단했던 것일까? 혹은 아직까지 자신들의 위선을 직접 경험해본 적이 없기 때문에 입에 발린 달콤한 말들로 자기편으로 끌어들일 수 있으리라 믿었던 것일까? 그런데 무언가 약간 이상한 모양새였다. 문화계의 유명 인사가 된 옛 운동권 동료들까지 청년들의 '멘토' 역을 자청하고 나섰지만, 젊은 세대의 대표자들은 찾아보기 힘들었다. 하긴 야권의 '젊은 피' 공급원이었던 학생 운동이 1990년대 중후반 이후 몰락했으니, 어쩌면 당연한 일이었는지도 모르겠다.

상황이 이렇게 우스꽝스럽게 전개되다 보니, 국민의 뜻을 '진심'으로 이해한다면서 새 정치를 주장하는 제3세력이 등장한 것도 그리 이상한 일이 아니었다. '새 정치'가 무엇인지 확실치 않았지만, 그 단어가 주는 메시지만큼은 분명했다. "우리는 386 정치 엘리트들과는 다르다"는 것이었다. '진의'와 '진정성'과 '진심'이 만들어내는 기이한 삼각관계. 결국 그들 간의 서로 밀고 당기는 연애담이 선거판을 무대로 삼아 새롭게 쓰일 태세였다.[42] 나는 오래전에 읽은 어느 단편소설에서 주인공이 독백으로 내뱉었던 대사를 떠올렸다. "너희는 역시 신파야. 너희가 내뱉는 모든 대사에는 한 움큼의 상상력도 묻어 있지 않아."[43]

이렇듯 진정성의 정치를 실현하려는 시도는 결국 '정치의 신파화'로 귀결되고 말았던 것일까? 아니, 질문의 방향을 달리 해보자. 혹시 지금 나는 동세대 정치인들에 대한 묘한 콤플렉스로 인해, 혹은 내가 그들에게서 느끼는 어떤 감정적 불편함을 무마하기 위해 이렇게 짓궂게 혐오감을 드러내며 야비하게 비아냥거리고 있는 것은 아닐까? 1947년생으로 미국의 베이비붐 세대 작가인 스티븐 킹은 어디선가 자신이 속한 세대를 비판하면서 "세상을 바꿔놓을 기회가 있었는데도" "고작 홈쇼핑 네트워크 따위로 만족해버렸"다고 말했다. 나 역시 내가 속한 세대가 세상을 바꿔놓을 기회가 있었는데도 고작 아파트 따위에 만족해버렸기 때문에 이토록 심하게 물고 늘어지는 것일까? 혹은 이런 식으로 386 정치 엘리트들을 희생양으로 내세움으로써 내 자신의 죄의식을 애써 부인하려는 것은 아닐까? 부정하기 어려운 질문이다. 정말 누군가 그렇게 추궁한다면, 나는 어쩔 수 없이 고개를 끄떡이는 수밖에 없을 것이다. 하지만 다행히도 나는 그런 질문이 주어지기 전에 이미 그 질문의 유효 사정거리 바깥으로 멀리 벗어나 있을 수 있었다. 달리 말하자면 나는 굳이 그런 질문에 답변할 필요가 없는 사람이 되어 있었던 것이다. 2008년을 기점으로 중산층의 유니폼을 벗어던지고 새로운 계층의 연미복으로 갈아입은 덕분이었다.

그 계층은 자본주의의 발전 과정에 따라 자연발생적으로 자신의 경제적 이해관계를 이미 실현했기 때문에 구태여 정치적 대변인을 찾아 나설 필요를 느끼지 못하는 계층이었다. 모든 이해 당사자가 팽팽한 긴장 상태에 놓여 있어서 섣불리 메스를 들이댔다가는 그들 모두가 제각각의 목소리로 미친 듯이 아우성칠 것이 불 보듯 뻔하기 때문에 그냥 방치해둘 수밖에 없는 공간. 내가 속한 계층이 선점한 곳은 바로 그 사각지대였다.

386 정치 엘리트들이 민주 대 반민주의 낡은 프레임에 고립된 채로 '신파'의 서사를 되풀이하며 몰락을 자초하고 있다면, 일단 정치와의 관계를 최소화할 수 있는 이 사각지대로 대피하는 것이 최선이지 않을까? 특히 그 몰락이 가져올 후폭풍을 염두에 두면 당연한 것이 아닌가? 한편에서는 한동안 상당히 약화된 듯 보였던 지역 대결 구도가 다시 고개를 쳐들고 백중 우세와 백중

열세의 선거 판세를 고착화하려고 들 것이다. 실제로 지역주의는 영호남의 적대적인 지역감정을 땔감으로 삼는 단계에서 벗어나, 지역 개발에 따른 부동산 가격 상승, 그리고 그를 통한 지역민의 자본 소득 증대를 동력으로 삼는 단계로 이미 변모해 있지 않은가? 그리고 또 다른 한편에서는 장기적인 경기 침체로 위기에 처한 40대 이상의 수도권 중산층 유권자 상당수가 자신의 경제적 이해관계에 따라 '스윙보터(swing voter)'로 세력화에 나서면서 머릿수로 선거 판세를 좌지우지하려고 발버둥을 칠 것이다. 그러니 그 아수라장으로부터 멀리 벗어난 지점에서 더는 그 누구의 눈치도 살피지 않고 유유자적 살아가는 자족적인 삶이야말로 에너지의 불필요한 낭비를 최소화하는 가장 경제적인 삶이지 않을까? 생각이 여기까지 미치자 나는 진심으로 스물여섯 살의 나에게 고마움을 느꼈다. 그의 결심 덕분에 뜨거운 가슴을 소유한 내 또래들과는 다른 길을 갈 수 있었으니까 말이다.

두 번째로 다행스러웠던 점은 내 아이가 또래의 대다수 아이와는 다른 미래를 꿈꿀 기회를 거머쥘 수 있었다는 사실이다. 언젠가부터 내 아이의 미래를 떠올릴 때면 언제나 난해한 변수 하나가 불쑥 튀어나와 머릿속을 뒤죽박죽으로 만들곤 했다. 그 변수란 바로 2000년대 이후 계속된 출생 인구의 감소 추세였다. 도대체 그 무렵에 무슨 일이 있었기에 아이들의 수가 줄어들기 시작했던 것일까? 잘 알려져 있다시피 저출산의 시작은 2002년이었다. 그해 연초부터 유명 여배우가 카드 광고에 등장해 "여러분, 부자 되세요"라는 덕담을 건넸기 때문일까? 부자가 되고자 하는 이들은 사방에 넘쳐났지만 아버지가 되기를 원하는 이들은 빠른 속도로 줄어들고 있었다. 한일 월드컵부터 대통령 선거까지 한국 사회는 그 어느 때보다 뜨거웠지 않은가? 그런데 그 열기가 미래에 대한 낙관으로 이어지지는 못했기 때문일까? 실제로 그해 출생인구는 49만 명이었다. 1997년 외환 위기 전후로 60만 명대로 주저앉았고, 2001년에는 55만 명으로 빠르게 줄어들더니, 2002년부터는 줄곧 40만 명 중후반대를 유지했다. 2005년의 43만 명이 이 시기의 최저 기록이었다.

흥미로운 점은 이 시기에 태어난 아이들의 부모 상당수가 1970년대생이라는 사실이다. 1970년과 1971년에 각각 100만 명 넘게 태어나 제2차 베이비붐의 정점을 찍었던 이들이 아이러니하게도 저출산의 포문을 열었던 셈이다. 고도성장기에 태어나 대중문화의 세례를 받으며 성장한 이른바 '신세대', 하지만 이들이 30대의 나이로 맞이한 21세기는 사회 이동의 사다리가 자취를 감추기 시작하던 시점이었다. 그들은 저성장과 저금리 사이에 낀 채로 비정규직 노동의 증가와 아파트 가격의 폭등이라는 무거운 짐을 짊어질 수밖에 없는 형편이었다. 부모의 도움 없이는 중산층 진입이 요원한 일이었다. 따라서 이들이 아이를 하나만 낳거나 아예 부모가 되지 않기로 마음먹은 것은 지극히 자연스럽고 매우 합리적인 선택처럼 보였다. 문제는 이런 개별적 선택들이 하나둘 누적되다 보니 저출산이 대세가 되어버렸다는 점이다. 마치 비밀리에 집회를 열고 자신들을 궁지로 몰아넣은 사회에 대한 복수라도 다짐한 것처럼 보일 정도였다.

그렇다면 인구 감소의 쓰나미가 사회 전반을 휩쓸기 시작하는 시점은 언제쯤일까?[44] 저출산 시대의 첫 세대가 대학에 들어가고 그 부모들이 50대에 진입하는 시점, 즉 2021년이 아닐까? 그 시점이 되면 전국의 대학들은 학령인구의 급격한 감소로 인해 혹독한 구조조정의 시련을 견뎌내야만 할 것이다. 유명 대학들은 이미 몇 년 전부터 대비 태세에 들어간 모양새다. 그들이 선택한 생존전략의 핵심은 '취업률 극대화', '등록금 인상', '해외 수요 발굴' 등의 바탕 위에 기업화된 '선진 교육' 시스템을 도입하는 것이었다. 표면적으로는 '교육의 국제 경쟁력 강화'를 내세웠지만, 1990년대 국내 재벌들의 세계화 전략을 고스란히 모방한 것이었다. 이런 전략이 나름의 성공을 거둔 덕분에 몇몇 사립대학은 적지 않은 적립금을 모을 수 있었다.[45] 1950년대생 중산층 부모들이 노후 대비 자금의 일부를 떼어내 자녀의 값비싼 등록금을 납부해준 덕분이었다. 그런데 2021년에도 이런 전략이 유효할 수 있을까? 대학은 입학 인원만이 아니라 대학 진학률까지 걱정해야 하는 처지다. 부모의 자산을 증여받지 못한 1970년대생 태반은 하우스푸어이거나 세입자이다. 과연 그들의 처지가 가까운 미래에 자녀의 1,000만 원대 등록금을 감당할 만큼 호전될 수 있을까?

이렇게 대학을 들쑤신 저출산의 쓰나미는 다음 행선지인 2022년의 대통령 선거를 향해 돌진할 것이다. 통계청 자료에 따르면 2012년에 20대가 약 682만 명, 30대가 801만 명, 40대가 853만 명, 50대가 742만 명, 60대 이상이 824만 명이었다. 그리고 2022년에는 20대가 650만 명, 30대가 680만 명, 40대가 789만 명, 50대가 845만 명, 60대 이상이 1,298만 명이 될 것이다. 결국 2022년 대선의 승패는 보수적인 성향을 띠게 마련인 50대 이상의 유권자에 의해 판가름 날 공산이 매우 높다.

그렇다면 대선 이후 저출산의 쓰나미는 어떤 궤적을 그리며 이동하게 될까? 사실 이에 대한 예측은 별로 어렵지 않다. 저출산 세대의 생애 주기에 맞춰 내수 소비 시장, 노동 시장, 주택 시장 등을 차례대로 들락거리며 사회 전반을 뒤흔들어놓을 테니까 말이다. 지금으로서는 상상하기 쉽지 않은 암울한 미래. '각성한 인간들'도 바꾸지 못한 세계를 '줄어드는 인구'가 바꾼다니, 이 얼마나 흥미로운 미래이며 멋진 신세계인가? 나는 들끓는 호기심으로 상기되었다. 정말 하루라도 빨리 관찰자의 무정한 시선으로 그 미래가 현실이 되는 광경을 지켜보고 싶었다. 그러나 흥분의 시간도 잠시뿐, 이내 나에게 그런 구경꾼의 자리가 허락되지 않는 사실을 깨달았다. 왜냐하면 그때가 되면 내 아들이 30대 중반의 나이가 될 것이기 때문이다.

솔직히 말하자면 내 아이가 그 혼돈의 한복판에서 인생의 황금기를 소진하지 않기를 바랐다. 저출산의 추세가 계속되는 한 내 아이가 속한 세대가 이 나라에서 희망을 발견할 가능성은 거의 없다고 해도 과언이 아니다. 그들이 30대가 될 즈음에는 내가 속한 제1차 베이비붐 세대의 노후를, 그리고 40대가 될 시점에는 제2차 베이비붐 세대의 노후를 사회적으로 책임져야 할 것이 뻔하다.[46]

언제일지 정확히 예측할 수는 없지만 미래의 어느 시점이 되면 사회 곳곳에 매설되었던 분노와 공포가 여기저기서 폭발을 일으킬 것이 불 보듯 뻔하지 않은가? 물론 조급하게 '세상의 끝'을 상상할 필요는 없을 것이다. 파국은 철저하게 통제되고 고립된 형태로, 아주 느리고 매우 불평등하게 진행될 테니까. 그렇다면 아

아파트 게임

비로서 이런 위험 앞에 자식의 미래를 방치하는 것이 과연 올바른 행동일까? 특히나 내 아이가 속한 세대는 소수파의 굴레에서 벗어날 수 없는 운명이지 않은가? 그들이 자신들의 이해관계를 관철하기 위해 정치적으로 조직화한다고 해도, 옛 시절의 좋았던 기억만 떠올리며 제 몫 찾기에 혈안이 된 노년층 '인해전술' 앞에서 얻어낼 수 있는 것은 그리 많아 보이지 않았다. 그 시점에 내 아이를 기다리는 것은 아마도 끝 모를 원망과 탄식, 무기력뿐이지 않을까? 아버지로서 이런 미래가 다가오는 것을 마냥 지켜볼 수만은 없는 노릇이었다. 나는 구경꾼의 자리를 박차고 나와 공모자의 배역을 떠맡아야 한다는 사실을 깨달았다. 그리고 미국의 명문 사립 고등학교로 아이를 유학 보낼 준비를 시작했다. 기러기 아빠가 되기로 작정했던 것이다. 누군가 물으면 "아이의 뜻을 꺾기 어려웠다."고 응답할 준비를 하면서 말이다.

현대사를 되짚어보면 내가 택한 문제 해결 방식이 그리 유별난 게 아니라는 사실을 알 수 있다. 사회 이동의 주류적 경로가 명문고와 명문대라는 조합에 바탕을 둔 '출세'의 다양한 형식으로 제도화되었던 반면, 그것을 우회할 수 있는 비주류의 경로 역시 매 시기마다 다소 우발적인 형태로 만들어지곤 했으니까 말이다. 식민지 말기의 만주 개발이나 1960년대의 베트남 전쟁 참전, 1970, 1980년대의 이민 러시와 중동 건설 등이 바로 그런 경로들이 아니던가? 기득권 세력이 요구하는 주류 진입의 조건을 충족시키지 못한 이들은 자신의 노동력을 통째로 해외에 수출함으로써 중산층 진입을 위한 도약의 기반을 마련할 수 있었다.

하지만 경제 성장과 더불어 이런 수출 양상도 바뀌기 시작했다. 고도의 학력 자본이 투자된 노동력이 기존의 저임금 노동력을 대체하면서 새로운 수출 품목으로 떠오른 것이다. 나는 이런 변화의 흐름에 따르기로 작정했다. 성급한 기대이겠지만, 아이가 미국의 명문 이공계 대학에 진학해 국적 불문의 상품성을 지닌 초국적 엘리트로 성장한다면 어렵지 않게 해외에서 정착할 수 있을 것이라고 판단했다. 가까운 미래에 북미나 유럽의 몇몇 국가도 한국과 마찬가지로 저출산과 고령화로 인한 노동 인구의 공백을 메우려면 좀 더 전향적으로 이민의 문호를 개방할 수밖에 없을 테니 말이다. 나는 내 아이가 언어 장벽을 뛰어넘어 충분히 준비된 상태에서 그 기회를 움켜쥘 수 있기를 진심으로 소망했다.

하긴 이렇게 그럴싸한 이유를 들이대며 주절주절 말을 늘어놓는 것이 무슨 소용이겠는가? 어떤 이들에게는 그저 넋두리 같은 자기 합리화나 구차한 변명처럼 들릴 게 뻔한데 말이다. 단도직입적으로 말하자면 나는 무슨 일이 있어도 내 아이가 이 나라를 탈출해야만 한다고 판단했다. 그래야만 자기 인생의 전망을 찾을 수 있을 테니까. 공교롭게도 이런 생각을 나 혼자만 했던 것은 아닌 것 같다. 실제로 학교를 자퇴하고 조기 유학을 떠나는 고교생들은 2005년 5,684명, 2006년 6,319명, 그리고 부동산 경기가 정점을 찍었던 2007년에는 7,230명으로 빠르게 늘어났다. 전체 고교 입학생의 약 1퍼센트에 해당하는 인원이었다.

속물은 눈물을
믿지 않는다

소설가 최인훈은 구보 씨라는 가상의 대리인을 내세워 식민지 초기 평민 계급 출신의 지식인을 이광수, 이상, 임화로 대변되는 세 가지 유형으로 나눈 적이 있다. 그에 따르면, 이광수와 이상 유형은 "나라는 망했을지 모르지만 계급으로서는 사는 길"이 열린 낭만파들이었다. 물론 각 유형의 인생행로는 아주 달랐다. "짓눌렸던 평민 계급" 출신인 이광수는 "적의 손에 의해서일망정 손에 넣게 된 버리고 싶지 않은 기득권에의 애착"이 뚜렷했다. 그의 "민족 없는 계급주의"는 거의 언제나 "황국 신민이 빨리 되는 것이 조선 사람의 살길이라는 결론"에 도달했다.

한편 이상은 "파락호 이하응의 모습"과 묘하게 닮아 있었다. 그는 "양반 계급의 몰락한 가락에 빙의하여" 세상에 대한 노여움을 토해냈다. 평민 출신의 조선 지식인이 "하이칼라 취향"을 전시하며 공공연하게 식민 치하의 절망감을 표출하기 위해서는 정치적 미래가 사라진 귀족의 탄식을 흉내 내는 수밖에 없었던 것이다. 그래서 구보 씨는 이상의 절망이 "도포 자락으로 휘어치는 하이칼라"의 절망이었으며, 이렇게 잘 포장된 절망 덕분에 그의 취향이 "근본 있어 보이는 멋"으로 둔갑할 수 있었다고 말한다. 한편 구보 씨가 정의한 지식인의 마지막 유형은 이광수와 이상의 정반대편에 서 있던 임화였다. 그에 따르면 임화는 "'민중'이란

이름의 장난감 칼을 비껴들고 역사의 황산벌로 달려가는 흰말 탄 화랑 소년 관창" 같은 지식인이었다.[47]

이런 구보 씨의 분류법으로 내가 속한 세대의 행보를 설명해보면 어떨까? 비웃음 사기 딱 좋은 생각일지도 모르지만, 우리 세대는 이 세 유형의 인물이 꼭짓점을 이룬 삼각형의 좌표 안에서 머물렀던 것이 아닐까? 식민지 시대의 그들과 박정희 시대 이후의 우리, 격세유전의 운명과 닮은꼴의 인생 편력. 그렇다면 나는 어느 쪽일까? 젊은 시절 방황 끝에 스물여섯 살에 이광수와 같은 자리를 차지한 뒤 꿈쩍도 하지 않았던 현실주의자라고 할 수 있지 않을까? 반면 내 세대 일부는 아버지로 늙어가며 임화에서 이상을 거쳐 이광수로 코스프레 대상을 옮겨가고 있었다. 아마도 그들 상당수가 '진정성'이라는 단어를 신줏단지 모시듯이 했던 이유도 여기에 있을 것이다. 그들에게 그 단어는 거듭된 변신의 알리바이이자 옛 기억의 신원 보증서였을 테니까.

한 사람이 평생 동안 오를 수 있는 계단의 수는 한정되어 있게 마련이다. 상승의 욕망이 하늘에 구멍을 낼 정도로 치솟는다고 하더라도 그 욕망이 추동하는 삶의 속도와 보폭에는 한계가 있을 수밖에 없다. 그럼에도 계단 오르기에 집착하는 이유는 무엇일까? 자신이 공들여 성취한 바를 직접 눈으로 확인하고 싶기 때문일까? 그런 용도라면 계단만큼 좋은 게 없을 것이다. 하지만 그게 이유의 전부는 아닐 것이다. 자신이 평생에 걸쳐 올라선 계단의 가장 윗자리에서 자신의 자식들이 첫걸음을 내디뎠으면 하는 아비의 바람도 중요한 이유가 된다.

물론 그런 바람이 언제나 이뤄지는 것은 아니다. 그 태반은 영영 실현할 기회를 놓친 채 허공 속으로 사라지게 마련이니까. 도쿄로 유학을 떠나는 천석지기 부잣집 도련님을 바라보면서 식구들의 입에 풀칠이라도 하기 위해 식솔들을 이끌고 만주로 향하거나 오사카로 떠나야 했던 할아버지 세대, 해외 선교재단의 장학금을 받고 미국으로 유학 떠나던 교회 목사 아들을 부러워하면서 집안을 일으켜 세우기 위해 베트남 파병을 자원하고 나서야 했던 아버지 세대, 부모가 증여해준 아파트에서 자취하다가 유학을 떠난 지방 토호의 아들을 부러워하면서 대학을 마치자마자 곧바로 취업 전선에 뛰어들어야 했던 우리 세대까지. 대단한 가풍이라도 되는 양 '다람쥐 쳇바퀴 돌기'의 시간은 3대에 걸쳐 반복되었다. 아마 나 또한 재건축 아파트 한 채가 아니었다면 별 수 없이 그 굴레를 대물림할 수밖에 없었을 것이다.

보통 이 과정의 낙오자들은 '평등'이라는 환상에 도취된 채로 "너나 나나 다를 것 없고 너는 운수가 좋았을 뿐"이라고 빈정거리고 뒤쳐진 자신을 위로한다. 하지만 그들이 놓치고 있는 점은 "팔자가 갈라지는 대목까지는 운수 놀음이지만 갈라진 다음부터는 현실 놀음"[48]이라는 점이다. 나는 운수가 좋아 재건축 아파트를 거머쥐었고, 그 덕분에 "현실 놀음"에 뛰어들 수 있었다. 물론 구시대의 이류 인생에 불과한 내 태생 자체가 근본적으로 변한 것은 아니었지만, 그래도 내 하나뿐인 피붙이만큼은 새로운 세계로 진입할 수 있도록 도울 수 있었다. 반상의 구분이 사라진 세상에서 자식의 미래는 부모의 삶과 등가로 교환되게 마련이다. 나는 한 명의 부모로서 그 교환에 나설 용의가 얼마든지 있었다.

누군가는 이렇게 '사회'가 사라지고 '가족'만 남은 내 마음의 풍경을 두고 "사회적 생존의 공격적 형태"로서의 "속물주의"[49]라고 명명하고 시비를 걸 수도 있을 것이다. 그런 지적에 대해서라면 어느 좌파 성향 인문학자의 말을 빌려 다음과 같이 응대하면 어떨까? 나는 '사회'를 '사회'로 이해할 수 있는 인식의 기회를 얻지 못했으며, '사회'를 '사회'답게 만드는 집단적 경험조차 제대로 공유해본 적이 없다고 말이다. 그러니 만일 내가 사회적 약자에 대해 티끌만큼이라도 연민의 감정을 가진다면, 그것은 유소년기에 접한 농경문화가 내게 심어준 도덕적 심성, 혹은 무지하고 가난했던 내 부모에 대한 부채의식의 발로일 뿐이지, "타자와의 공존을 지향하는 삶의 태도", 혹은 사회가 사회의 노릇을 할 수 있을 때 그 구성원들이 지닐 법한 호혜와 연대 의식의 산물은 아니라고 말이다.[50]

얼마 전 늦게 퇴근한 후 거실에 앉아 쉬다가 텔레비전을 켰다. 오후 11시를 넘어선 시각, 모 방송국의 예능 프로그램에는 유명 배우가 출연해 사당동 달동네에서 살던 자신의 어린 시절을 회상하고 있었다. 혹시 그는 스물여섯 살의 내가 판자촌에 들를 때마다 골목 어귀에서 마주쳤던 꼬마들 중 한 명이 아니었을까? 가파른 골목길을 놀이터 삼아 정신없이 뛰어다니던 꼬마들 말이다. 문득 이런 의문이 떠올랐을 때는 이미 화제가 성장사에서 연애담으로 넘어간 뒤였다. 그 배우는 사회자의 질문에 응답하며 담담하게 자신의 옛 연인에 대한 이야기를 털어놓고 있었다. 흥미로운 것은 그렇게 고백하는 그의 표정에는 맨땅에서 홀로 인생을 시작해야만 했던 이들이 인식표처럼 달고 다니는 독특한 분위기의 공허감이 묻어났다는 점이다. 나 혼자만의 느낌이었겠지만, 그는 그 달동네 꼬마들 중 한 명이 자신의 잠재력을 총동원해 성취할 수 있는 최대치의 삶을 혼신을 다해 연기하고 있는 듯 보였다. 나는 텔레비전에서 눈을 떼지 못하고 멍하니 그를 바라보다가 그만 눈물을 흘리고 말았다. 그 눈물은 내가 소유한 물질들 중 가장 싸구려였지만, 내 자신에게 건넬 수 있는 최선의 위로였다.

4

이름 하여 신세대,

그리하여

청춘의 시뮬라크르

"가슴이 뜨거운 예술가와 지성인 들은 '예술이 세상을 바꾼다'고 말하기 좋아하지만, 천만의 말씀. 세상은 정치와 종교, 과학 기술과 경제가 바꾼다. 세상과 예술이 충돌했을 때, 바뀌는 쪽은 주로 예술이다. 고로 예술가들은 종종 선지자의 전략을 모방해 제 능력의 확장을 꾀한다. 지금 여기서 다루고자 하는 것도 그러한 모방의 기술이지, 신성의 영역에서 제 이름을 삽입하는 데 성공한 초인의 삶이 아니다."

—임근준, 《예술가처럼 자아를 확장하는 법》(책읽는수요일, 2011), 24쪽.

1990년대적 청춘의 시뮬라크르

  고교 농구 대회에서 팀을 우승으로 이끈 동민은 대학 진학을 앞두고 신라대와 명성대를 놓고 저울질한다. 신라대는 동민의 동료인 철준과 호성의 동반 입학을 조건으로 내걸고, 명성대는 장학금이라는 명목으로 금전적 보상을 약속한다. 동민은 명성대를 선택한다. 친구들을 배신했다는 낙인이 찍힌다고 해도 어쩔 수 없는 노릇이다. 신부전증을 앓고 있는 어머니의 병원비를 마련해야 하기 때문이다. 한편 대학 진학에 실패한 철준과 호성은 동민의 처지를 알지 못한 채 좌절과 실의의 나날을 보낸다. 엎친 데 덮친 격이랄까, 철준에게 농구를 다시 시작하라고 권하던 호성은 교통사고로 세상을 뜨고 만다.

  친구의 갑작스러운 죽음에 충격을 받은 철준은 절치부심 끝에 재수학원에서 두문불출하더니 이듬해 한영대에 당당히 입학한다. 그리고 과 대항 농구 대회에서 그의 활약상을 지켜본 농구부 코치의 손에 이끌려 다시 유니폼을 입게 된다. 그 팀에는 고교 시절 동민의 강력한 라이벌이었던 김선재가 버티고 있다. 철준은 과연 김선재와 의기투합해 동민의 명성대를 꺾고 한영대 농구팀을 대학 최강의 반열에 올려놓을 수 있을까? 혹은 동민은 오해를 풀고 철준과 화해할 수 있을까? 안타깝게도 철준과 동민 사이에 다슬이라는 여대생까지 끼어들면서 상황은 더욱 복잡해진다. 스포츠의 대결 구도에 연애의 삼각관계까지 겹친 것이다.

한편, 한빈, 한현, 한준 삼 형제는 동민과 철준과는 달리 유복한 가정에서 자라나 자유분방한 삶을 산다. 우애 좋기로 소문난 형제지만 성격과 전공은 제각각이다. 맏형 한빈은 가업을 이어받으라는 부모의 뜻을 거스르고 대학에서 디자인을 공부하고, 냉철한 성격의 한현은 경제학도로 자신이 좋아하는 컴퓨터에 몰두한다. 그리고 체육과 대학생인 막내 한준은 공부와는 거리를 둔 채 조정 선수로 활동 중이다. 그러던 어느 날, 엄마 친구의 딸인 유리가 프랑스에서 건너와 한집에 머무르게 되면서 이들 간에 미묘한 분위기가 흐르기 시작한다.

어머니를 잃고 고아가 된 그녀를 처음 보았을 때만 해도 삼 형제의 감정은 동정심에 기울어 있었다. 하지만 그녀의 긴 치마와 밀짚모자, 그리고 긴 생머리와 청순한 미소 앞에 그들은 각자 다른 모양새의 연정을 품기 시작한다. 그리고 그들 간의 애정 다툼이 한창 무르익을 무렵, 둘째 한현은 어머니가 감춰둔 녹음테이프를 우연히 듣고 삼 형제 중 한 명이 유리와 친남매라는 사실을 알게 된다. 한 여성을 두고 벌이는 형제의 경쟁 구도에 뜻하지 않게 가족사의 비밀이 끼어든 형국이다.

바야흐로 1994년, 마치 총동원령이라도 내린 듯 당대의 청춘 스타들은 '트렌디 드라마'라고 불리던 텔레비전 미니 시리즈의 최전선에 빠짐없이 투입되었고, 순식간에 평일 밤의 브라운관을 점령해버렸다. 사실 그들이 펼쳐 보인 이야기의 골격은 1980년대 소년 잡지에 연재된 스포츠 만화나 순정 만화와 그리 다르지 않았다. 유치하다느니 비현실적이라니 적잖은 불평불만이 쏟아

졌지만, 브라운관으로 향하는 시선을 막기에는 역부족이었다. 중요한 것은 그게 아니었기 때문이다.

10, 20대 시청자들이 브라운관에서 직접 확인하고자 했던 것은 마법과도 같은 변신의 순간이었다. 이전까지 지면의 비좁은 칸 속에 존재하던 만화 주인공들이 그 드라마 속에서는 뼈와 살을 가진 인간으로 변신해 살아 움직이고 있었다. 만화책에서 텔레비전 드라마로 미디어 간의 차원 이동을 감행하는 변신이라고 할까? 사실 이들은 이미 1980년대 중반에 이런 유형의 변신을 목격했었다. 노르웨이 출신 밴드 아하의 〈테이크 온 미〉 뮤직 비디오가 그것이었다. 그러나 그것은 먼 나라 선진국의 이야기인 터라 체감 지수가 그리 높지 않았다. 반면 트렌디 드라마의 주인공이 선보인 변신은 10, 20대 시청자들이 꿈꾸던 바로 지금 여기의 변신이었다.

무엇보다 시청자들이 눈을 뗄 수 없게 만든 것은 드라마 주인공들의 빛나는 외모였다. 브라운관에 등장한 그들의 이목구비는 회색빛 콘크리트 도시를 배경으로 뚜렷한 윤곽선을 과시하면서 시시각각 매력적인 표정을 만들어냈다. 특히 풀숏의 화면에 담긴 그들의 서구적 체형은 자신감으로 넘쳐났다. 그들의 팔등신 몸매에서 '조국 근대화'의 누추한 역사를 발견해내기란 쉽지 않은 일이었다. 한마디로 그들은 시간의 최첨단을 달리는 존재였다. 10, 20대 시청자들은 그들이 선보인 일상의 판타지에 환호했다. 그 판타지 속에서라면 눈앞에 다가온 소득 1만 달러 시대에 걸맞은 새로운 청춘의 체취를 만끽할 수 있을 것 같기 때문이었을까? 아마도 그랬을 것이다. 얼마 전까지만 해도 이 시청자들이 빠져 있던 판타지 속 주인공은 거의 해외 청춘스타들의 몫이었다. 실제로 바다를 건너온 그 스타들은 학교 앞 문방구에서 '코팅'된 사진이라는 약간은 괴이한 형태로 복제되어 불티나게 팔려나가곤 했다. 하지만 트렌디 드라마의 방영 이후 이들의 인기는 빠른 속도로 하향세를 그렸다. 아마도 1992년에 내한 공연을 한 뉴 키즈 온 더 블록이 마지막 정점이었을 것이다.

이제 내 자신을 소개할 시점인 것 같다. 나는 바로 1990년대의 트렌디 드라마에 등장한 청춘들, 바로 그들의 총합이다. 앞서 언급한 드라마들보다 2년 먼저 번역되어 국내에 소개된 프랑스 사회학자 장 보드리야르의 포스트모던 이론에 따르면 나는 '1990년대적 청춘의 시뮬라크르'였다. 현실의 원본에서 출발했으나 어느 순간부터 더는 원본과 상관없이 스스로 증식하게 된 복제물. 하지만 나는 원본보다 더 강력한 영향력을 지닌 복제물이었다. 청춘의 고농도 집약체라고나 할까? 나는 이동민이고 윤철준이며 한빈이고 한현이며 또한 한준이었다. 그러니까 나는 그들 모두였다.

이름 하여
신세대

주지하다시피 제2차 베이비부머는 한국 경제가 본격적인 산업화의 궤도에 오른 1968년과 1974년 사이에 태어난 이들로, 약 570만 명에 달한다. 그 일부는 도시에서 자라나 유년기부터 물질적 풍요의 단맛을 맛보았으며, 대중문화의 세례를 받으며 성장해 1980년대 후반부터 미성년의 신분에서 벗어나기 시작했다. 본래 내게 복제의 임무가 부여된 대상은 바로 이 제2차 베이비부머의 하위 종족, 즉 1990년대 초반부터 대중매체에 의해 '신세대'라는 이름으로 불리던 이들이었다. 미국과 일본의 소비 시장 변화에 민감한 반응을 보이던 마케팅 전문가들이 '신인류'니 'X세대'니 하는 이름으로 실상보다 부풀리긴 했지만, 기성세대와는 다른 문화적 감수성을 지닌 젊은 세대가 출현했다는 사실만큼은 분명해 보였다. 특히 격동의 1980년대를 '변혁'과 '이념'의 시대로 보낸 386 세대가 대통령 선거의 패배와 사회주의권의 몰락으로 청춘의 무대에서 퇴장해야 하는 시점이 신세대의 등장 시점과 맞물리면서 이들의 새로움은 더욱 극적으로 부각되기도 했다. 창공에 빛나던 이념의 별이 사라져버린 시대, 아이러니하게도 그 시대에 〈별이 빛나는 밤에〉라는 라디오 프로그램을 들으며 야간 자율학습 시간을 견뎌낸 아이들이 대학가 주변에 무리 지어 모여들기 시작했던 것이다.[1]

단절과 간극. 그러면 먼저 '신세대'의 독특한 면모를 살펴보면 어떨까? 나는 그 종족의 시뮬라크르였으므로 나보다는 그들에 대해 이야기하는 것이 당연한 순서일 것 같다. 자, 시작해볼까? 먼저 신세대가 유·소년기를 보내고 있을 1970년대 후반과 1980년대 초반으로 시선을 돌려보자. 이전 세대와는 뚜렷하게 구분되는 이들의 성장 과정은 크게 네 가지 측면에서 정리해볼 수 있다.

첫째, 이들의 부모 상당수는 1970, 1980년대 산업화와 도시화의 급물살을 타고 서울에 정착해 중산층 진입에 성공한 이들이었다. 정부의 산아제한 정책으로 이들은 한두 명의 형제밖에 없었지만, 또래의 인구는 제2차 베이비붐 세대라는 이름에 걸맞게 100만 명을 넘나들었다. 그들의 부모가 농촌으로부터 대규모 탈출을 감행한 첫 세대였다면, 그들은 농촌을 전혀 알지 못하는 첫 세대였다. 핵가족의 울타리 안에서 자란 그들은 지방에 거주하는 조부모가 오랜 시간에 걸쳐 습득한 농경문화의 일상적인 지식과는 거리를 둘 수밖에 없었고, 조부모와의 정서적인 교류 역시 '명절'이나 '방학'이라는 제한된 시간에만 이뤄졌다. 그들의 교육과 관련된 의사 결정은 전적으로 가정주부인 엄마의 몫이었다.

둘째, 전두환 정권의 과외 전면 금지 정책 덕분에 아이들 대다수는 방과 후 오후 시간을 비교적 여유롭게 보낼 수 있었다. 중상류층의 비밀과외가 없는 것은 아니었지만, 사교육의 영향력은 이전과 같을 수 없었다. 학교 수업과 직접 관련된 과외가 불가능했기 때문에 이들의 부모는 피아노 교습소나 미술 학원으로 눈길을 돌렸고, 아이들은 남아도는 시간을 효과적으로 소비할 수 있는 방법을 강구해야만 했다.

셋째, 부모 세대의 경제력 증대, 기록적인 출생 인구, 과외 금지 정책이 서로 맞물린 결과, 이들은 당시 빠르게 성장하던 대중문화 내부에 소비자로서 제자리를 확보할 수 있었다. 실제로 〈소년중앙〉, 〈어깨동무〉, 〈새소년〉, 〈보물섬〉 등 어린이를 독자로 삼는 잡지들이 등장했고, 프로야구의 인기를 등에 업고 다양한 유소년 스포츠가 활성화되었으며, 레고 블록이나 영플레이모빌, 미니카, 아카데미 프라모델, RC 머신 등 현대적인 면모를 갖춘 장난감이 유행했다. 이런 변화 덕분에 그들은 이전 세대보다 훨씬 더 많은 시간과 노력을 쏟아가면서 대중문화와의 내밀한 관계를 만들어갈 수 있었다.

넷째, 컬러텔레비전은 이 아이들이 대중문화와 접촉할 수 있는 정보의 윈도 역할을 해주었다. 이들은 "어른들로부터 '테레비가 밥 먹어주냐'라는 잔소리를 밥 먹듯 들어야 했"지만, 방과 후에는 남아도는 시간을 주체할 수 없을 정도로 심심했으므로 차라리 텔레비전 속에 들어앉을 수 있기를, 그리하여 "정규방송 종료를 알리는 시그널이 나올 때까지 텔레비전을" 볼 수 있기를 소망했다.[2] 게다가 그들 중 상당수는 거실의 소파나 안방의 아랫목에 앉아 멍한 상태로 브라운관에 시선을 붙박고 있으면, 기분 좋은 몰입감과 함께 주변의 모든 사물이 사라지고 만다는 것을 이미 감각적으로 알고 있었다. 흥미로운 것은 이들이 텔레비전을 통해 접한 대중문화의 상당 부분이 '메이드 인 재팬'이었다는 점이다. 군사 정권의 수입 금지 조치와 검열 장벽에도 어떻게 일본 애니메이션이 공중파를 탈 수 있었는지 알 수 없는 노릇이지만, 이 아이들은 일본 현지와 약간의 시차를 두고 그 애니메이션들을 감상

할 수 있었다.[3]

그렇다면 이러한 성장 조건의 변화는 신세대가 자신의 문화적 정체성을 형성하는 데 어떤 영향을 미쳤을까? 먼저 이 세대의 소년이 '마징가 제트'의 프라모델(플라스틱 모델)을 조립하고 있는 장면에서 시작해보자.[4] 그는 1970년대 후반부터 전파를 탄 일본 만화가 나가이 고의 애니메이션들, 즉 〈마징가 제트〉, 〈그레이트 마징가〉, 〈그랜다이저〉 등에 환호성을 지르며 빠져들었을 테니, 이 로봇의 축소 모델에 매료된 것도 그리 이상한 일이 아니었다. 그에게 강철 갑옷으로 무장한 거대 로봇은 외부 세계와의 관계를 고정하는 매개물이자 자아의 확장을 도와주는 힘센 사물이나 다름없었다.[5] 소년은 자신의 애정을 주체하지 못한 채 '철인 28호'까지 거슬러 올라가 거대 로봇의 계보를 파헤치기도 했다. 하지만 이런 관계는 그리 오래가지 못했다. 문제는 디자인이었다. 이 유형의 로봇들은 별다른 디테일이 없는 원통형의 몸체로, 마치 드럼통을 개조한 것처럼 보였다. 소년은 싫증을 내며 변덕을 부리기 시작했다.

다행스러운 것은 이 시점이면 어김없이 이전과는 전혀 다른 디자인 접근법을 취하는 로봇 모델들이 등장하곤 했다는 점이었다. 가령 1980년대 초반, 국내에 프라모델로 출시된 '킹 라이온'은 마징가 제트 류의 대체 모델 중 하나였다. 이 로봇의 디자인은 독특하게도 다섯 마리의 사자 로봇의 합체 과정을 탐구함으로써 무쇠 다리와 로켓 주먹에 집착하는 중공업적 디자인과는 궤를 달리할 수 있었다. 물론 합체 로봇이다 보니 전체적인 실루엣은 비례가 어긋나 약간 기우뚱해 보였다. 하지만 메카닉의 디테일은 소년의 시선을 사로잡기에 충분했다. 특히 머리뿐만 아니라 팔다리까지 사자 머리로 보철한 모양새는 합체를 통해서만 도달할 수 있는 장식 미학의 정점처럼 보였다. 다만 아쉬운 점이라면 로봇의 일부 형태가 당시 주택가의 강철 대문에 달려 있던 사자머리의 손잡이를 연상시킨다는 것 정도였다.

이렇게 킹 라이언이 소년들에게 합체의 장식 미학을 선사했다면, 그 뒤를 이어 등장한 '스페이스 간담 V'는 변신의 스펙터클을 체험케 해주었다고 할 수 있다. 1983년에 김청기 감독이 만든 동명의 애니메이션에 등장하는 이 로봇은 근육질의 육체를 지녔는데, 다양한 형태의 매스들이 관절을 통해 정교하게 연결된 결과였다. 진짜 볼거리는 그다음이었다. 로봇의 몸을 구성하던 매스들이 용틀임을 거듭하며 F-14 톰캣과 유사한 가변익 전투기로 변신하는 과정이 그것이었다. 실제로 그 광경을 지켜보면 로봇이 무엇으로 변신하느냐보다는 얼마나 정교하고 복잡한 과정을 거쳐 변신하느냐가 시각적 쾌감의 측면에서 더 중요한 문제일 수도 있다는 사실을 깨닫기도 했다.

이렇게 소년은 로봇 프라모델의 조립 과정을 통해 대상과 밀착된 관계를 맺고 거기에 기대어 자아의 확장과 심미안의 향상을 꾀할 수 있었다. 그런데 이 장난감의 효용이 여기에만 그친 것은 아니다. 그것은 독특한 이중구속의 구렁텅이로 그 소유자를 밀어넣고 자아의 변형을 강제하기도 했다. 이를테면 로봇 프라모델을 조립하던 소년이 텔레비전 애니메이션을 보다가 악의 무리 중 하나로 등장하는 팔이 여덟 개 달린 괴수 로봇에 자연스럽게 감정이입하는 장면을 떠올려보자. 이것은 그리 낯선 풍경이 아니었다. 의외로 기형적인 형태의 로봇이 모범생처럼 생긴 이족 보행 로봇보다 그로테스크한 멋을 풍기는 경우가 적지 않았으니까. 하지만 방송이 끝나면 어김없이 반성의 시간이 찾아왔다. 소년은 자신이 잠시나마 '사악한 놈들'을 응원했다는 사실에 죄책감을 느껴야만 했던 것이다.

소년이 미적 판단과 도덕적 판단의 이중구속에 빠져드는 것은 바로 이 지점이었다. 선악에 대한 분별력을 과시하기 위해 괴수 로봇의 형태가 안겨주는 진기한 시각적 쾌감을 단호하게 거부할 것인가? 아니면 고통스럽긴 하지만 죄의식을 감내하면서 그 로봇의 디자인에 대한 자신의 선호를 분명하게 표명할 것인가? 둘 중 하나를 선택해야만 하는 상황. 일부 소년은 이런 상황을 돌파하기 위해 나름의 해법을 찾아냈다. 그것은 "정의의 사도라고 해서 무조건 멋진 것은 아니다."라는 사실을 인정하고 "악의 화신이라고 해도 아름다울 수 있다."고 말할 수 있는 위치로, 그러니까 이중구속의 상황 자체를 일종의 아이러니로 즐길 수 있는 위치로 옮겨가는 것이었다.

이런 태도는 결국 '단일한 자아'에 대한 포기로 이어지기도 했다. 그러니까 도덕적 판단과 미적 판단의 주체가 반드시 동일한 '나'일 필요가 없다는 사실을 깨닫고, 각각의 차원에 최적화된 형태로 사안에 따라 대응할 수 있도록 자아를 쪼갰던 것이다. '킹 라이온'이 상황에 따라 자신의 기계 몸을 다섯 마리의 사자 로봇으로 분리하듯이 말이다. 합체 로봇의 전략을 모방해 복수의 자아를 거느린 소년, 이제 그는 이중구속의 상황에 처할 때마다 그 자아들 중 하나를 작동해 그 상황에서 유유히 빠져나온다.

그런데 안타깝게도 소년의 시련은 여기에서 끝나지 않았다. 그 앞에는 아직 또 다른 이중구속이 남아 있었다. 이 두 번째 이중구속은, 앞서 말한 독특한 디자인의 '스페이스 간담 V'가 일본 애니메이션 〈초시공요새 마크로스〉의 '발키리' 로봇 디자인을 베낀 것이라는 사실을 간파하는 순간, 혹은 그와 유사하게 국내 제작의 로봇 프라모델이 일본 반다이 제품을 베낀 짝퉁이라는 사실을 인지하는 순간에 찾아왔다. '일본이라면 우리나라를 지배하면서 할아버지, 할머니를 못살게 굴었던 나라인데, 그 나라의 로봇을 베낀 짝퉁을 국산인 양 선전하다니, 그런 우리나라의 어른들은 과연 양심이 있는 것인가? 엄마, 아빠를 졸라 그 영화를 보며 좋아했던 나는 도대체 뭐지? 정말 나는 '민족중흥의 역사적 사명을 띠고 이 땅에 태어'난 것이 맞는 것일까?' 어른들에 대한 배신감과 함께 이런 존재론적 의문이 마음 한구석에서 스멀거릴 것이다. 이 이중구속의 상황을 첫 번째 상황처럼 '아이러니'로 돌파할 수 없다는 것만큼은 분명했다. 첫 번째 상황에서 소년의 위치는 사건을 바라보는 '관객'의 자리였지만, 두 번째 상황에서는 사건 속의 '이해 당사자'의 자리였기 때문이다. 그렇다면 이 상황의 해법은 무엇이었을까?

일단 소년은 이해 당사자의 자리에서 벗어나려고 안간힘을 썼다. 착잡한 심정으로 멍하니 앉아서 홀로 시간을 보내다가 저 위의 누군가가 '나'를 바라보고 있는 것은 아닐까 공상하기도 했다. 그러다 문득 해법을 깨달았다는 듯이 이해 당사자의 자리에서 벗어나기 위한 방편으로 '나를 바라볼 수 있는 나'를 고안해내려고 시도했다.[6] 여기에서 그 '나'는 복수의 자아들이 자리한 공간에서 일시적으로 벗어나 거리를 두고 그 자아들을 응시할 수 있는 자아, 즉 '메타 자아'였다. '메타 자아'의 시선을 탑재하는 데 성공한 소년은 이제 조바심을 거둬들이고 자신이 처한 상황을 좀 더 객관적으로 응시하려고 애쓰기 시작한다. 애초에 기대했던 것만큼 어른들의 세계가 신뢰할 만한 곳이 아니라는 사실을 묵묵히 받아들이면서 말이다.[7]

문화적 인터페이스,
데이터베이스와 패턴 알고리즘

　여기까지 로봇 프라모델이 자아의 확장을 돕는 기계 이미지의 힘센 사물에서 시작해 자아의 변형을 유도하는 이중구속의 미적 오브제로 변모하는 과정을 살펴보았다. 이제 그 프라모델의 원본이 텔레비전 브라운관 속에서 자유자재로 관절을 움직이며 자기 세계의 주인공으로 활약하는 과정으로 시선을 옮겨보자.

　당시 어린이를 대상으로 한 대중문화 대부분이 그러했듯이 방영된 상당수의 애니메이션은 1970, 1980년대 호황기의 일본이 만들어낸 문화적 발명품이었다. 일본 비평가 아즈마 히로키의 지적대로 이 생산물들은 "패전의 트라우마"를 전면에 투사하면서 국가, 민족, 가족 등 위기에 처한 공동체의 생존을 주제로 삼았다.[8] 더 나아가 나가이 고의 거대 로봇물에서 마쓰모토 레이지의 〈은하철도 999〉와 〈천년여왕〉을 거쳐 미야자키 하야오의 〈미래소년 코난〉까지 미국의 대중문화를 원자재로 삼아 현실계와는 동떨어진 독특한 가상계를 이야기의 무대로 만들어냈다.

　SF적 상상력을 바탕에 두고 테크놀로지의 혁신과 외계의 침입과 인류의 멸망이라는 소재를 적절한 비율로 배합한 이 애니메이션들은 대한해협을 건너와 반도 소년들의 문화적 경험의 한 축을 차지했다. 그러니까 핵가족 제도의 첫 자녀 세대에 속했던 소년들은 일본 국적이 아닌 한국의 어린이라는 다소 비스듬한 자리에서 이 애니메이션들을 감상하면서 가족-국가-인류 등 다양한 규모의 공동체 속에서 자신의 위치를 상상해보았고, 애니메이션의 소재, 주제, 플롯, 갈등구조의 매개를 통해 자신의 눈앞에 펼쳐지는 현실계의 사건들을 좀 더 명료하게 이해했던 것이다.

이런 측면에서 보자면 일본 애니메이션은 이 세대의 소년들에게 프로토타입 형태의 문화적 인터페이스[9]를 인스톨(install)할 수 있는 기회를 제공해주었다고 할 수 있다. 여기에서 문화적 인터페이스란 미디어가 산만하게 흩뿌리는 자극을 수용자가 자기 것으로 흡수하기 위해 착용하는 감각의 파워 슈트라고 할 수 있다. 그것은 초기에는 일종의 여과 장치로서 자극과 반응 간 평형 상태를 유지하는 데 주력하지만, 일정 시간이 지나면 착용자의 미디어 리터러시를 증강시키는 역할도 한다. 그리고는 내부에 두 가지 부속 장치를 장착하고 외부의 자극에 나름의 질서를 부여하면서 독특한 양상의 감각적 쾌락을 생산해내기도 한다. 그 장치는 바로 '데이터베이스'와 '패턴 알고리즘'이다.[10]

실제로 일본 애니메이션과의 접촉 강도를 높여가던 소년들은 거기에 내재한 세계를 온전히 이해하려면 그에 대한 자료 수집을 게을리해서는 안 된다는 사실을 깨달았다. 그들은 관심사의 향방에 따라 특정 애니메이션에 구현된 가상계의 세계관에 흠뻑 빠져들어 그 역사를 연대기적으로 재구성하기도 했고, 나가이 고의 로봇물에 등장하는 괴수 로봇 기괴한 형태를 유형학적으로 분류해 목록화하기도 했으며, 로봇 디자인의 참조 대상인 제2차 세계대전의 국가별 탱크나 장갑차에 대한 자료를 수집해 백과사전이나 카드 형식으로 정리하기도 했다. 각기 다른 양상이긴 했지만,

소년들이 목표로 삼는 것은 동일했다. 바로 데이터베이스의 구축이었다.

일반적으로 데이터베이스의 구축은 자료 그 자체에 대한 물신적 소유욕에서 출발하는 경우가 적지 않았지만, 종종 그 자료가 구성해낼 수 있는 정보의 자기 완결적 체계에 대한 관심으로 이어지기도 했다. 이 변곡점에서 양질 전환의 촉매로 등장한 것이 바로 패턴 알고리즘이었다. 여기에서 패턴 알고리즘이란 소년들이 데이터베이스의 자료들에 대한 호불호의 판단을 되풀이하는 과정에서 습득하는 차이의 '식별 규칙'을 의미했다. 이런 규칙들이 차곡차곡 쌓이다 보면, 취향도 자연스럽게 형성되었다. 드물긴 했지만 패턴 알고리즘은 상징 처리의 인지적 기제로 진화해, 데이터베이스로부터 특정한 형태의 서사를 추출하거나 새로운 의미의 차원을 통해 기존의 데이터베이스를 해체, 재구성하기도 했다. 이런 특성으로 인해 데이터베이스 없는 패턴 알고리즘은 불가능했던 반면, 패턴 알고리즘 없는 데이터베이스는 가능했다. 데이터베이스만 갖춘 소년들의 경우 자료의 수집과 축적 자체를 쾌락의 원천으로 삼으려고도 했다.

앞서 살펴봤듯이 신세대 일부는 처음에는 '자아의 분열'로, 그 다음에는 '메타 자아의 구성'으로 두 번에 걸친 이중구속의 상황을 돌파한 소년들이었다. 당연히 이런 경험을 해본 영민한 소년일수록 자기만의 패턴을 체계화하는 데 익숙했고, 자기만의 쾌락을 추출하는 데도 능수능란했다. '메타 자아'를 보유한 덕분이었을까? 실제로 그 시선의 담지자라면 데이터베이스의 미로 속에서 길을 잃지 않고, 조감의 시선으로 자료들에 잠복해 있는 정보의 패턴을 감지해내고, 그 패턴을 기본 골격으로 삼아 자신만의 컬렉션을 구성해낼 수 있었다. 이런 측면에서 보자면 다음과 같은 가설도 가능하다. 문화적 인터페이스는 자아의 변형과정과 교차될 때 좀 더 역동적으로 활성화된다고 말이다.

그런데 문화적 인터페이스와 관해 한 가지 더 주목해야 할 사항이 있다. 한번 인스톨된 문화적 인터페이스는 사용자의 생애주기와 보조를 맞춰가며 다양한 방식으로 업그레이드된다는 점이다. 특히 데이터베이스와 패턴 알고리즘은 매 시기마다 새롭게 등장하는 다양한 미디어와 상호작용하며 사용자에게 문화적 경험의 확장 팩을 제공한다. 그렇다면 이런 특성은 신세대의 성장과정에서 어떤 영향을 미쳤을까? 먼저 신세대가 중·고등학교에 다니던 시점으로 시선을 옮겨보자. 전 국민의 60퍼센트 이상이 자신이 중산층에 속한다고 믿던 시절, 바로 이 시점에 이 세대를 맞이한 것은 '워크맨'이라는 미디어 재생 장치와 '헤비메탈'이라는 음악 장르였다.

일단 그 시절 휴대가 가능한 전자제품이 '워크맨'뿐이었다는 점부터 짚어볼 필요가 있다. 지금이야 거의 누구나 손아귀에 스마트한 세상을 거머쥐고 있지만, 당시에는 워크맨이 전부였다. 1980년대 중반부터 10대 사이에서 인기를 누리던 워크맨은 표면적으로는 그 소유자가 음악 애호가이거나 최소한 FM 라디오의 애청자이며, 그의 부모가 자녀의 취미 활동을 존중할 줄 아는 중산층이라는 사실을 가시화하는 기호였다. 이런 이유로 또래들 사이에서 계층적 위화감을 조성하는 부작용을 일으키기도 했는데, 그렇다고 워크맨의 잠재력이 이런 표면적인 기능에만 머무른 것은 아니었다.

이 자그마한 전자제품이 당시 10대에게 열광적인 반응을 이끌어낼 수 있었던 가장 큰 이유는 그것이 공적인 장소 한복판에서 개인만의 은밀한 공간을 만들어내는 능력을 지녔기 때문이다. 자율학습 시간의 교실이나 사람들로 북적이는 번잡한 거리, 등하굣길의 대중교통 등 도시의 어디에서나 이어폰을 끼고 재생 버튼을 누르면 워크맨의 소유자는 간단하게 최소 부피의 비가시적인 음향학적 밀실로 도피할 수 있었다. 운전자가 밀폐된 차 안 라디오에서 흘러나오는 노래를 들으며 가속 페달을 밟듯이, 이들 역시 이어폰 스피커의 공명이 양쪽 귀 사이에 만든 사운드트랙의 공간에 청각적으로 몰입하면서 자신의 몸을 움직였던 것이다. 그런 의미에서 워크맨은 외부의 공간이 아니라 사용자 신체 내부에 '방'을 만들어내는 장치였다.

여기에서 주목해야 할 것은 그 '방'이 감각의 멀티태스킹을 통해 만들어졌다는 점이다. 귀로 듣는 것과 눈으로 보는 것, 이 두 과정은 그들의 몸 안에서 서로 간섭하지 않은 채 동시에 숨 쉬듯 자연스럽게 이뤄졌다. 오감으로부터 '청각'의 분리. 이런 맥락에서라면 다음과 같은 표현도 가능했다. 프라모델이 그들의 자아를 쪼갰다면, 워크맨은 그들의 감각을 쪼갰다고 말이다. 워크맨은 감각의 재조직화를 통해 당시 청소년이었던 신세대의 문화적 인터페이스를 업그레이드한 것이다.

물론 이런 방식의 수용 과정에 반발이 없던 것은 아니다. 이를테면 그들의 담임교사들은 야간 자율학습 시간에 이어폰을 낀 채로 공부하는 학생들을 나무라곤 했다. 그들의 레퍼토리는 한결같았다. "그렇게 음악을 들으면서 어떻게 공부를 하겠다는 거야! 당장 끄고 공부에 집중해!" 하지만 그들의 편견과는 달리 워크맨의 음악은 눈에서 두뇌로 이어지는 정보의 흐름에 리듬감을 부여할 뿐만 아니라 그 흐름으로 인해 신체에 유발되는 피로를 완화하는 역할을 하고 있었다. 다른 감각으로부터 분리된 청각은, 그러니까 평상심 유지를 위한 접지 장치 구실을 했던 것이다. 하지만 교사들은 자신이 경험해본 바 없다는 이유만으로 이 새로운 문화적 인터페이스의 효능을 제대로 이해하기를 거부했다. 그들은 그저 학습의 효율성을 높이기 위해 강도 높은 집중과 몰입을 강조할 뿐이었다.

한편 '헤비메탈'은 바로 워크맨의 밀실에 대한 독점적인 소유권을 주장해 분란을 일으키던 대중음악 장르였다. 1971년생 소설가 백민석은 〈이 친구를 보라〉라는 자전소설에서 우연히 독일의 메탈밴드 악셉트의 〈메탈 하트〉를 처음 듣게 된 순간의 기분을 이렇게 말한다. "나는 미쳐버릴 것 같았고, 실제로 헤비메탈 음악에 미쳐버렸다." 그는 "마이클 잭슨의 나긋나긋한 세계"에서 곧바로 탈출해, 친구들과 함께 "저 바다 건너 먼 땅 미국의 밴드들을, 그루피처럼 추종하고 경배를 드리곤 했"으며, "모여 앉아서 우리만의 인기곡 차트를 작성하기도 했고, 음반 헌팅을 위해 저 멀리 파주 미군 기지촌까지 원정을 나가기도 했다."고 회고한다. 그는 또래들과 마찬가지로 "좌우 고막 가까이서 헤비메탈이 꽝꽝 울려"댄 덕분에 "문학책을 읽고, 수학 문제집을 풀고, 상상력을 키워나갔"던 것이다.[11]

또한 이 음악 장르는 팬들을 매료시키는 밴드 음악의 독특한 면모를 고스란히 간직하고 있었는데, 그것은 바로 보컬, 기타리스트, 베이시스트, 드러머가 특정 밴드를 결성하고 해산하는 과정의 반복 자체가 이 장르의 역사이기도 했다는 점이다. 따라서 이 음악 장르의 팬이라면 누구나 뮤지션의 신상 정보에 관한 데이터베이스를 갖추고 있어야 했고, 시계열에 따른 밴드들의 계보도를 바탕으로 자신의 음악적 안목을 가늠해볼 수 있어야 했다. 이를테면 보컬리스트 오지 오스본의 팬이라고 하더라도 그의 동명 밴드와 블랙사베스 중 어느 시기를 더 좋아하는지, 기타리스트로는 랜디 로즈와 제이크 E. 리 중 누구를 더 선호하는지 등에 따라 다종다양한 취향 구분법을 만들어낼 줄 알아야 했다. 그러니까 헤비메탈 자체가 이 시기의 중·고등 학생들이 간단한 패턴 알고리즘을 프로그래밍해볼 수 있는 데이터베이스의 실험실이었던 셈이다.

흥미로운 점은 이 고교생들이 진학률 30퍼센트 대의 장벽을 넘어 대학에 입학할 무렵 한 차례 더 상황 변화를 체험해야 했다는 것이다. 바야흐로 '영상의 시대'가 그들을 기다리고 있었던 것이다. 전영혁[12]의 《헤비메탈 대백과》는 구회영의 《영화에 대해 알고 싶은 두세 가지 것들》에게 책장의 가장 눈에 잘 띄는 자리를, 그리고 레드 제플린과 딥퍼플과 오지 오스본과 아이언 메이든 등은 고다르와 스콜세지와 왕자웨이와 타란티노 등에게 데이터베이스의 바탕화면을 내줘야 하는 상황이 왔던 것이다.

그들에게 영화와의 조우는 그리 낯선 것이 아니었다. 왜냐하면 그들은 이미 꽤 많은 영화를 섭렵한 터였기 때문이다. 사실 이들의 영화 관람은 꽤나 독특한 경로를 거쳐 연대기적으로 진행되었다. 극장 출입이 자유롭지 못했던 유년기에는 텔레비전 프로그램인 〈주말의 명화〉와 〈명화극장〉을 통해 주로 할리우드 고전 영화나, "존 포드의 기병대물, 히치콕의 스릴러물, 알랭 들롱 주연의 갱스터물, 그리고 십중팔구 존 윌리엄스 것이 분명한, 관악기 특유의 장쾌한 오리지널 사운드 트랙이 인상적이었던 SF들"[13]을 정기적으로 봤다. 그리고 초등학교 고학년과 중학교 시절에는 한중합작이라는 문구를 포스터에 달고 다니던 국산 무협 영화, 추석이면 언제나 찾아오던 청룽의 영화, 공상과학물부터 아동물까지 종횡무진하던 스필버그 사단의 영화, 그리고 충격적인 기계 전쟁의 미래상을 보여준 제임스 카메론의 〈터미네이터〉 같은 영화와 조우했다. 그리고 고등학생이 되었을 무렵에는 담배 냄새에 찌든 변두리의 동시상영관을 전전하다가 〈영웅본색〉과 〈천녀유혼〉으로 상징되던 홍콩 영화를 '발견'했고, "개처럼 사느니 영웅처럼 죽고 싶다."고 뇌까리면서 친구들과 함께 '의본무언(義本無言)'[14]의 세계에 빠져들기도 했다.

이제 대학생이 된 그들은 영화평론가 정성일과 구회영이 영화전문 월간지 〈로드쇼〉를 통해 발표한 '컬트영화 십계명'과 '저주받은 걸작 100 리스트' 등을 가지고 시네마테크와 으뜸과버금 비디오 대여점을 드나들기 시작했다. "비평가를 속이고, 영화 이론을 믿지 않으며, 제작자들을 배반"[15]하는 영화, 달리 말하자면 마침내 자신의 데이터베이스와 패턴 알고리즘을 한 단계 업그레이드해줄 영화를 찾아 자발적으로 순례에 나섰던 것이다.[16]

물론 문화적 인터페이스의 업그레이드 과정이 신세대 모두에게 순탄하게 진행된 것은 아니었다. 실제로 또래 집단 내에서 지나치게 취향의 구별 짓기 경쟁에 몰두하는 경우 만만찮은 부작용을 일으키곤 했다. 소설가 김영하는 자신의 소설을 통해 두 유형의 캐릭터를 내세워 그 부작용의 양상을 상세히 기술했다. 먼저 김영하의 콩트 소설 〈인물 분석: 귀족주의자 K〉에 '저강도 저술 노동자'로 등장하는 K라는 캐릭터부터 살펴보자. 그는 당시 흔하던 프리랜서로 다양한 매체에 글을 기고한다. 작가는 K의 음악 취향에 대해 다음과 같이 이야기한다.

> 작업을 진행하는 동안 K는 음악을 틀어놓는데, 얼마 전까지 그가 즐겨듣던 장르는 재즈였다. 그는 마일즈 데이비스나 윈톤 마샬리스, 존 콜트레인 등의 1급 뮤지션들의 곡은 듣지 않는다. 그는 쳇 베이커나 헬렌 메릴 등 2급 뮤지션의 곡들만을 찾아듣는다. 그는 1급 뮤지션들의 컬렉션 앨범을 듣는 사람들을 경멸하며, 그들은 '하춘화 베스트'를 듣는 인간들과 다를 바 없다고 비아냥거린다.[17]

K는 최근에 들어 "이런 2급 뮤지션들에 대한 일반인들의 인지도가 높아"지면서, 이제는 다른 음악을 들어야겠다고 결심한다. "레드 제플린이나 야드버즈 등의 판을 구입해볼까" 아니면 "차라리 영산회상이나 수제천, 경풍년 따위의 정악을 들어"볼까 고민 중이다. 될 수 있으면 남들이 듣지 않는 희귀한 음악을 찾아 들으려고 한다. K의 또 다른 취미활동으로 영화 감상도 빼놓을 수 없다. 얼마 전에는 "젖소부인 바람났네" 유형의 에로 비디오를 관람한 후, 그 영화의 제목이 조선 후기 가사의 4·4조 운율과 어떤 관계를 맺고 있는지 심층 분석한 뒤 비평문을 작성해 하이텔, 천

리안, 나우누리 게시판에 올리기도 했다.

K의 음악 취향이 차별화의 욕망이 데이터베이스에 대한 과도한 집착으로 표출된 것이라면, 그의 영화평 쓰기는 지나친 자신감이 패턴 알고리즘의 무분별한 적용을 불러온 것이었다. 이 두 가지 증상이 골방을 벗어나 타인과의 관계로까지 확산될 때는 꽤나 파괴적인 양상을 띠기도 한다. 이를테면 K는 "할리우드 영화는 혼자, '예술' 영화는 여자친구와 함께 본다."라는 원칙을 견지하는데, 그 이유는 "할리우드 영화의 해독을 그의 여자친구에게까지 전염시키지 않고자 하는 갸륵한 성정 때문이며, 아울러 '예술' 영화를 보고 나서 정리를 못하는 그의 여자친구에게 작품의 의미와 주제, 제작 배경, 숨은그림찾기 따위를 친절히 설명해주기 위해서"이다.[18]

한편 김영하의 중편 소설 《나는 나를 파괴할 권리가 있다》에는 저강도 저술 노동자 K의 정반대편에 놓일 법한 캐릭터가 등장하는데, 그는 바로 자살 가이드 '나'이다. '나'는 다음과 같이 자신을 소개한다.

> 나는 너무 많은 이야기를 함으로써 내 취향을 은폐한다. 그들은 자신들이 상정한 인간 유형에서 자꾸만 벗어나는 나를 보고 당혹해할 따름이다. 하기사 당연한 일이다. 누구도 신에 대해서 너무 많이 알 수는 없는 법이다.[19]

자신이 신과 비견되는 존재라고 감히 말하는 자살 가이드, 그는 타인 앞에서 투명인간처럼 행세하지만 그들의 정체를 파악하는 데는 능수능란하다. 아니, 좀 더 정확히 말하자면 그는 자신이 그런 능력을 지니고 있다는 사실을 믿어 의심치 않는다. 잠재 고객이 대화 중에 무심코 내뱉은 몇 마디 말을 단초로 삼아서 "상대방의 학력, 취향, 경제력 등"을 식별해낼 수 있다고 생각하는 것이다. 물론 이런 자신감의 근거는 그가 검색용으로 활용하는 인간 유형에 대한 데이터베이스 덕분이다. 이를테면 이런 식이다. 그는 "고흐의 자화상에 탐닉하는 자들"은 너무 고독한 나머지 "자신의 내면을 한 번이라도 들여다본 사람", "그 경험이 고통스러우면서도 내밀한 쾌감이라는 것을 아는 사람"이라고 확신하고, 레코드점에서 우연히 집어든 앨범의 커버 사진을 들여다보면서 그 사진에 담긴 가수가 녹음 후 얼마 지나지 않아 자살했으리라고 예측하기도 하며, "압축할 줄 모르는 자들은 뻔뻔"할 뿐만 아니라 "삶의 비의를 결코 알지 못하고 죽"을 것이라고 믿는다. 사실 이런 이유로 그에게는 '자살 가이드'보다는 '취향의 프로파일러'라는 호칭이 더 적절해 보이기도 한다.

문제는 비범한 척 연기하는 그가 자신의 취향에 대해 언급하는 순간 여태껏 자신이 의지하던 데이터베이스가 얼마나 빈곤한 것이었는지를 고스란히 노출한다는 점이다. 그의 미감을 자극하는 대상은 대충 이런 것들이다. 다비드의 〈마라의 죽음〉, 클림트의 〈유디트〉, 들라크루아의 〈사르다나팔의 죽음〉 같은 회화 작품, 그리고 마리아 칼라스의 목소리 등. 이런 취향의 목록을 들여다보고 있으면, 그가 파리로 여행을 떠나 "그곳에서 헨리 밀러나 오스카 와일드의 글을 읽거나 아니면 루브르에서 앵그르나 모사하면서 세월을 보낸다" 하더라도 그리 놀랍지 않다. 이런 유형의 캐릭터에 몰입하는 메소드 연기자들은 세상 어디에나 넘쳐나기 마련이다.

이 두 가지 부작용 사례를 다음과 같이 정리해보면 어떨까? 저강도 저술 노동자 K가 메타 자아를 욕망하지만 그것을 제대로 인스톨하지 못해 결핍에 시달리는 캐릭터라면, 자살 가이드 '나'는 자신을 메타 자아로 착각하는 나르시시즘적 자아의 캐릭터라고 말이다.

그리하여
청춘의 시뮬라크르

자, 이제 드디어 나에 대해 말해야 할 차례가 온 것 같다. 꽤나 멀리 돌아오느라 이미 지친 기색을 보이는 독자들도 있을 성싶다. 단도직입적으로 말하자면, 내가 등장한 시점은 신세대가 시청각 미디어를 한층 업그레이드하고 리모트 컨트롤을 손에 쥐게 되는 순간과 거의 일치했다.

소설가 백민석의 〈믿거나말거나박물지 세 개〉의 주인공을 보자.[20] 그의 직장생활 기간이라고 해봤자 전 생애를 통틀어 "그 모든 시간의 단지, 1%에 지나지 않"지만, 그래도 누군가 직장을 계속 다니게 된다면 그는 어쩔 수 없이 자살을 하거나 살인자가 될 것이라고 진지하게 믿는다. 유일하게 예외가 있다면 자신만의 은밀한 '장난감'을 적어도 하나쯤 가지고 있는 자들뿐이다. 그들이라면 자살도 살인도 하지 않고 직장생활을 견뎌낼 수 있다. 주인공이 선택한 장난감은 다름 아닌 리모트 컨트롤이다. "엘지로 상호 변경을 하기 전"에 출시된 금성 1993년 저가 보급형 비디오데크용 리모트 컨트롤, 1992년형 태광 에로이카 콤팩트디스크 플레이어의 리모트 컨트롤, 1995년형 인켈 스테레오 인티크레이티드 앰프 모델명 AX-5030R의 리모트 컨트롤. 다양한 선택 버튼이 달려 있는 이 세 개의 리모트 컨트롤은 그가 시청각 미디어를 통해 세계와의 교감을 시도할 수 있도록 돕는 문화적 인터페이스의 사물화된 형태였다. 주인공은 "진지하고 심각하게" 허공에다 리모트 컨트롤의 전파를 쏘아대는 듯한 흉내를 내곤 한다. 마치 "1960년 스타일의 의상을 걸친 〈스타 트렉〉의 미래 인간들이 우주 공간에서 또 다른 1960년대식 특수 분장을 한 미래 우주인들을 향해 플라스틱 레이저 권총을 쏘아대"듯이 말이다.

바로 여기였다. 리모트 컨트롤과 시청각 미디어들 사이의 빈 공간, 바로 그곳에서 나는 리모트 컨트롤의 전자파를 맞아가며 가상의 육체를 지닌 존재로 등장할 수 있었다. 물론 내가 그곳에서 자연발생적으로 성장한 존재는 아니었다. 그렇다면 누가 나를 만들어낸 것일까? 나의 창조주들은 자신과 닮은 형상을 흙으로 빚어내고 거기에 생명력을 불어넣을 수 있는 전지전능한 존재는 아니었다. 오히려 그들은 조립에 능한 엔지니어에 가까웠다.

일단 나는 신세대와 동년배였지만 나의 창조주, 즉 엔지니어들은 그렇지 않았다는 사실에 유념해야 한다. 그들 대다수는 1960년 전후로 태어난 기성세대에 속했다. 또래에 비해 비교적 자유분방한 감수성과 뛰어난 심미안을 타고났으나, 유·소년기에는 군부 독재와 저개발이라는 상황 탓에 취향의 발육 부진을 당연한 것으로 받아들어야 했고, "계몽사의 세계명작동화와 만화책, 흑백 티브이, 동시상영관, 그리고 세운상가"로 요약되는 대중문화를 향유했으되, 시청각적 미디어와의 친밀한 관계를 맺을 기회는 잡지 못했다. 그들의 불행은 20대를 넘어선 1980년대에도 계속되었다. 자유와 낭만이 넘치리라고 믿었던 대학 캠퍼스는 '5월 광주' 이후 정치적 적대의 최전선으로 변모했다. 군부 세력은 권력 유지를 위해 무소불위의 폭력을 휘둘렀고, 운동권 대학생들은 이에 저항하고자 마르크스주의와 주체사상에 바탕을 두고 청춘의 이념 지향적 모델을 고안해냈다. 나의 엔지니어들은 이런 분위기 속에서 어깨 한번 제대로 펴보지 못한 채 "모노톤의 풍경만이 눈앞에 펼쳐져 있던 청춘의 한때"[21]를 보낼 수밖에 없었다. 그들은 자신이 속한 세대의 소수자였던 것이다.

주변부에 머물면서 경제 발전 속도와 그에 따른 문화적 변화에 촉각을 곤두세우고 있던 그들에게 엔지니어로 활약할 수 있는 기회가 찾아온 것은 1990년대였다. 그들은 그 기회를 놓치지 않고, 바로 '나'를 만들어냈다. 문제는 그들은 자신을 "대중문화 1세대"로 부르고 싶었지만, "신세대처럼 영혼과 육체가 완벽하게 대중문화와 합일되는 것도 아닌 엉거주춤한 상태"[22]였다는 점이다. 따라서 그들은 신세대가 문화적 인터페이스를 통해 향유하던 대중문화의 쾌락을 직접 경험해보지 못한 채, 그저 그 질감을 나름의 직관으로 상상할 수밖에 없는 처지였다.

돌이켜보면 내가 드라마 〈질투〉의 최수종과 최진실의 출현 이후 불과 2년 만에 그들과는 전혀 다른 '형상'으로 등장할 수 있었던 것도 사실은 내가 현실 경험의 결정체가 아니라 시뮬레이션의 조립물이라는 점에서 비롯된 것인지도 모른다. 번지르르한 겉과 대비되는 나의 텅 빈 내부를 들여다본다면 누군가는 나를 두고 '청춘의 프라모델'이라고 불렀을지도 모른다. 나라고 해서 내 또래의 일부가 지닌 메타 자아나 문화적 인터페이스로 나의 텅 빈 내부를 채우고 싶지 않았겠는가? 하지만 엔지니어들은 그런 소원을 실현해줄 수 있는 역량이 없었다. 이런 이유로 나는 시대착오적인 단순 플로 차트에 따라 자동인형처럼 연기하면서 뿌옇게

흐려진 파스텔조의 영상 속에서 젊음의 낭만을 읊조리거나 사랑과 우정의 주문을 되뇔 수밖에 없었다. 이렇듯 완성도와 관련해 아쉬운 점이 있었지만, 엔지니어들에게 진정으로 고마움을 느꼈다. 그들이 아니었다면 나는 존재할 수 없었을 테니까.

한편 이 시점에 내 경쟁자들이 나와 앞서니 뒤서니 하면서 등장했다는 점도 지적해야 할 듯하다. 그 시발점은 나의 엔지니어들보다 한발 앞선 1992년에 1962년생 소설가 장정일이 만들어냈던 1970년대 초반 태생의 재수생 '아담'이었다. "타자기와 뭉크 화집과 카세트 라디오에 연결하여 레코드를 들을 수 있게 하는 턴테이블"을 욕망했던 아담, 그는 나와 마찬가지로 작가의 욕망이 고스란히 반영된 '청춘의 시뮬라크르'였다.

흥미롭게도 아담의 이런 처지는 워크맨에 대한 아담의 노골적인 반감에서 뚜렷하게 드러났다. 아담은 "워크맨을 귀에 꽂고 있는 애들"을 "정서불안에 시달리는" 저능아들로 여기면서, 그들을 볼 때마다 "워크맨을 벗겨버리고 싶은 충동"을 느낀다고 거침없이 말했다. 아담의 고답적인 태도는 그의 음악 취향에도 고스란히 드러났다.

1960년대의 히피 문화에 뿌리를 둔 지미 헨드릭스, 재니스 조플린, 짐 모리슨, 이른 바 3J의 섹시하고 성스러운 음악은 열정적으로 숭배하는 반면, "달짝지근한 목소리로 가득" 찬 요즘의 중성적인 팝음악은 저항과 인간애의 상징이었던 "록 스피릿"이 사라졌다며 타락한 음악으로 치부했던 것이다.[23] 아담의 이런 성향은 당연한 것이기도 했다. 그는 1960년대생의 영혼에 1970년대생의 몸을 뒤집어쓰고 '청춘'을 연기하고 있었으니까. 나의 배다른 쌍둥이나 다름없었던 것이다. 물론 아담은 내 적수가 되지 못했는데, 그는 타자기로 쓰인 피조물이면서 또한 인쇄 미디어에 종속된 존재였기 때문이다. 그가 연출하는 '청춘'의 호소력은 제한적일 수밖에 없었다.

아담의 뒤를 이어 등장한 것은 무라카미 하루키의 소설《노르웨이의 숲》의 주인공인 '와타나베'와 '미도리'였다. 그들은 일본의 거품 경제가 정점을 찍던 시기에 1949년생 작가가 자신의 젊은 시절을 회고하며 만들어낸 청춘의 시뮬라크르였다. 이 소설이 배경으로 삼는 1960년대 말 일본의 급변하는 시대 분위기가 1990년대 초반 한국의 근 미래처럼 보였기 때문일까? 신세대 중 일부는 두 주인공의 '쿨'한 면모를 새로운 일상의 감각으로 받아들이며 소설의 매력에 흠뻑 빠져들었다. "과연", "물론", "설마" 같은 두 음절의 단어로 시대의 허무를 연기하면서도 유머 감각을 잃지 않는 남성 캐릭터나, 남자친구에게 자신을 생각하며 마스터베이션을 해달라고 조르는 여성 캐릭터는 당시로서는 확실히 낯선 존재들이었다.[24] 특히 하루키가 댄디한 감각으로 공들여 빚어낸 미도리의 도발적인 면모는 국내 젊은 독자들의 이목을 집중시키기에 충분했다. 물론 〈아담이 눈뜰 때〉에 등장하는 여고생 J도 어느 대목에서는 미도리에 견줄 만큼 도발적이긴 했다. 이를테면 그녀가 "내 성감대는 모의고사에 있어. 시험 때만 되면 바짝 달아오르곤 해."[25]라고 말할 때 그런 경우였다. 하지만 그것은 작가의 성적 판타지가 빚어낸 작위적인 도발에 가까웠다. 여고생 J는 미도리처럼 소설의 서사 속으로 자연스럽게 녹아들지 못했고, 그래서 그저 아담이 행하는 성적 편력의 전리품으로 전시되다가 이내 사라지고 말았다.

흥미로운 점은 386 세대에 속한 국내 작가 일부가 하루키의 캐릭터들에 넋을 잃고선 그와 유사한 캐릭터들을 국산화하려고 시도했다는 사실이다. 물론 그런 계획은 번번이 실패로 돌아갔다. 그도 그럴 것이 그 캐릭터들은 하루키에게는 이미 경험해 본 과거였지만, 그들에게는 아직 경험해보지 못한 근 미래였기 때문이다. 즉 하루키에게 후일담의 대상이었던 것이 그들에게는 SF의 소재였던 것이다. 결국 끝까지 포기하지 않는 극소수는 하루키의 캐릭터들을 리버스 엔지니어링(reverse engineering)의 대상으로 삼아 그들이 향유하던 라이프스타일의 세부 항목을 분석한 뒤 한국형의 양산 모델을 설계해내기도 했다. 사정이 이렇다 보니 표절 논쟁도 끊이지 않았는데, 그 논쟁이야말로 하루키가 빚어낸 시뮬라크르의 위세를 역설적으로 반영하는 것이기도 했다. 하지만 여기에서 상기해야 할 점은, 이 캐릭터들의 영향력이 그 강도에 비해 제한적인 범위에만 머물러 있었다는 것이다. 그것들은 아담과 마찬가지로 기껏해야 '문자'로 존재하는 시뮬라크르에 불과했기 때문이다. 하루키의 피조물 역시 내 경쟁자가 되기에는 역부족이었다.

사실 경쟁자들 중 내가 가장 두려워했던 상대는 제2차 베이비붐 세대, 그들 자신이 직접 만들어낸 청춘의 모델이었다. 주지하다시피 그들 중 극소수는 스스로 대중문화의 생산자로 변모해 그 자신이 청춘의 모델이 되려고 시도했다. 앞서 말했다시피 나의 엔지니어들은 나와 내 소비자와 같은 세대가 아니었다. 이런 상황에서 한때 소비자에 불과했던 신세대가 자신의 문화적 인터페이스를 자유자재로 조작하면서 새로운 판타지를 만들어낸다면, 그 결과물은 당연히 나의 판타지와는 질적으로 다를 수밖에 없지 않은가? 나의 판타지는 신세대 자신의 판타지가 아니라 그들의 판타지를 욕망하던 그 앞 세대의 판타지였으니까. 언젠가 일본 작가 시마다 마사히코가 선배 세대에 속하는 하루키를 일컬어 "자기 세대의 이야기는 못 쓰고 그보다 어린 세대의 독자들이나 유혹하는 작가"라고 경멸 어린 어조로 비꼰 적이 있었다.[26] 마사히코의 비판은 나의 엔지니어들에게도 똑같이 적용될 수 있는 비판이었다. 물론 그들이 만들어낸 판타지는 하루키의 세계와 비교하기 어려울 정도로 보잘것없는 판타지에 불과했지만 말이다.

불행 중 다행이었던 것은, 제2차 베이비붐 세대의 문화 생산자들이 영향력을 발휘할 수 있었던 문화 영역이 대중음악 분야에 국한되었다는 점이다. 그나마도 상대적으로 진입 장벽이 낮았기 때문에 가능한 일이었다. 아마도 그 출발점은 1990년에 동시에 첫 앨범을 발표한 1968년생 동갑내기 신해철과 윤상의 몫이었을 것이고, 그 정점은 1992년에 데뷔한 서태지와 아이들의 차지였을 것이다. 이들은 기존의 가요나 통기타 음악의 영향권 바깥에서 자신만의 팝송 데이터베이스를 축적하고, 각자의 방식으로 팝음악의 역사를 속성으로 전유하면서 당시 각종 음반 차트를 석권했다. 1990년대 중반, 대중가수에서 4인조 밴드의 리더로 변신했던 신해철은 당시 자신을 포함한 3인의 경쟁구도를 다음과 같이 정리하기도 했다. 그에 따르면 자신의 음악이 "서양 대중음악을 한번 그대로, 그러니까 '가요화'하지 않고 그대로 시도해보는 것"이라면, 윤상의 음악은 "다분히 재패니스 팝의 영향을 받았지만, 그 안에 한국 특유의 가슴 저미는 청승과 독특한 색깔의 분위기가 가미되어 분명 독자적인 영역을 가지고 있"으며, 서태지의 음악은 "장르와 장르 사이의 퓨전"이 아니라 "흑(힙합)과 백(얼터너티브)이라는 양쪽의 하위문화의 정통을 동시에 쥐고 가려"고 시도하고 있다는 것이었다.[27]

이들은 모두 무국적의 음악을 하고 있다는 비판을 듣곤 했지만, 그런 편향은 그들로서도 어쩔 수 없는 것이었다. 그들이 10대 때부터 축적해온 데이터베이스 자체가 무국적이었기 때문이다. 사실 내게 중요한 것은 이들이 지닌 취향의 원산지가 아니었다. 오히려 이들의 사운드 실험이 각각 약간의 차이가 있긴 했지만 "상투적인 가사, 천편일률적인 뽕짝 내지 세미 뽕의 멜로디가 판을 치는"[28] 당시 가요의 전형적인 틀에서 벗어나려고 시도하고 있었다는 사실이 중요했다. '세미 뽕'이야말로 나의 판타지를 아름답게 물들이는 '사랑과 우정'의 또 다른 이름이 아니던가? 내가 불안함을 느낀 것은 당연한 일이었다. 하지만 그들의 영향력은 시각적인 차원으로 확대되지 못하고 청각적 차원에 머물러 있었다. "블라우스와 망토"를 걸치고 무대에 오르던 신해철이나 가격표를 떼지 않은 옷을 입고 춤을 추던 서태지, 몰래 카메라에 출연해 멋쩍은 연기를 반복하던 윤상은 시각적 차원에서는 내 존재를 위협하지 못했다.

이렇게 한편에서는 다양한 '청춘의 시뮬라크르'들이 내 자리를 넘보며 경합을 벌이고 있었다면, 다른 한편에서는 기성세대의 일부 비평가들이 근심 어린 표정으로 이런 상황 전개를 지켜보면서 이론적인 분석을 통해 개입을 시도했다. 그들이 키워드로 내

건 것은 '신세대'와 '대중문화'였다.

양자에 대한 기성세대의 1차적인 반응은 양자 모두를 단칼에 불량식품으로 판정해버리는 것이었다. 그들에 따르면 이 불량식품들에 대한 열광은 문화적 청맹과니들의 아우성에 불과할 뿐이며, 결국에는 그 향유자의 천격을 고스란히 드러낼 따름이었다. 물론 이런 판단에는 세상 물정 모르고 날뛰는 '젊은 세대'를 근심하는 그들 나름의 진정성이 담겨 있었다. 사실 이들이 내세운 분석의 프레임은 20세기 초 유럽의 일부 지식인이 내세웠던 '고급문화'와 '저급문화'의 이분법을 고스란히 답습한 것이었다. 그러니까 그들은 일종의 '카피 앤드 페이스트(copy and paste)'를 행했던 것이다. 문제는 이들이 이런 행위로 드러나는 자신의 결핍에 대해서는 철저히 함구했다는 점이다. 자신이 행한 가치 평가가 정당하다고 느꼈기 때문일까?

그런데 한번 생각해보자. 그런 이분법의 잣대를 휘두르던 이들은 그 잣대의 원적지인 유럽의 '고급문화'를 제대로 향유해본 적이 있었을까? 아마도 그들 중 상당수는 일어 중역본의 해외 문학 작품을 읽으면서 고급문화에 대한 동경과 꿈을 키웠을 것이고, 대학교에 다니면서 유럽 인문주의의 세례를 받았을 것이다.[29] 그리고 유학을 떠날 수 있는 형편이었다면 해외 유명 박물관과 미술관 정도를 돌면서 고급문화의 역사적 산물들을 구경해보기도 했을 것이다. 그러므로 그들에게 고급문화란 기행문의 형식으로 기록될 수 있는 추체험의 가상계나 다름없었다. 그럼에도 불구하고 그들은 고급문화를 동경의 대상으로 향유하는 데 그치지 않고 대담하게도 당대의 문화 지형을 조망하는 소실점으로 격상하려고 들었다.[30] 나 같은 시뮬라크르의 눈에도 신세대와 대중문화를 깎아내리기 위한 무리수가 분명했다. 하지만 그들은 아랑곳하지 않고 자신이 고급문화의 수호자인 양 굴었다. 자신들이 저개발의 신생 독립국가 출신이라는 사실조차 잊어버린 듯 보였다.

한편 기성세대 중 일부, 특히 제2차 베이비붐 세대의 바로 앞 세대 중 일부는 신중한 태도로 안전거리를 유지하면서 신세대와 대중문화를 본격적인 비평의 대상으로 다뤄야 한다고 주장하기도 했다. 이들에 따르면 신세대가 향유하는 대중문화는 젊은 세대가 자신만의 정체성을 구성하는 장소이며, 따라서 '기호학적 게릴라전'이나 '이데올로기적 진지전'이 펼쳐져야 하는 정치적 공간이었다.[31] 흥미로운 점은 이들 역시 앞 세대의 '카피 앤드 페이스트' 습관을 고스란히 답습하고 있었다는 사실이다. 그들이 복제의 대상으로 상정한 것은 68 혁명의 실패 이후 대학원으로 투항해 '문화 연구'라는 학문 분과를 창안해낸 유럽, 특히 영국의 베이비붐 세대 비평가 혹은 연구자들의 담론이었다.

고급문화론에 경도되었던 기성세대와 마찬가지로, 이들 역시 어떤 곤궁함을 자각할 수밖에 없는 처지였다. 전자의 경우 자신이 수호하고자 하는 고급문화라는 대상의 부재에서 결핍을 느껴야만 했다면, 후자의 경우 대중문화의 한국적 상황에 대처할 만한 비평적 전략의 부재에서 결핍을 감내해야만 했다. 결국 그 결핍에 무릎 꿇었기 때문이었을까? 후자에 속하는 이들 상당수는 자신이 '공부'한 서구 메타 이론의 프로토콜(protocol)에 기반해 해석의 오토마톤(automaton) 혹은 비평의 오퍼레이터(operator)가 되고자 했다.

몰락의
신호들

생산과 비평의 양 측면에서 소란이 없진 않았지만, 돌이켜보면 내 인생의 최고 전성기는 1995년이었다. 순식간에 도달한 정점. 하지만 영광의 순간도 잠시뿐이었다. 가파른 몰락을 암시하는 신호가 여기저기서 타전되고 있었다. 첫 번째 신호는 그해에 '멀티미디어'라고 불리며 새롭게 등장한 미디어 환경이었다. 주지하다시피 이런 변화를 주도한 주인공은 윈도즈 95를 탑재한 386, 486 컴퓨터였다. 그래픽 사용자 인터페이스 덕분에 시청각적 미디어를 관장하던 리모트 컨트롤의 수많은 버튼은 이 컴퓨터에서 모니터 위를 둥둥 떠다니는 귀여운 아이콘들로 변모해 있었다.

나는 넋을 잃고서 바라봐야 하는 형편이었지만, 신세대는 이런 변화에 그리 어렵지 않게 적응하고 있었다. 이미 그들은 자아와 감각을 쪼개는 데 익숙한 데다가, 어린 시절부터 동네 전자오락실을 들락거리면서 아케이드 게임기의 조이스틱과 버튼을 조작하며 손과 눈의 협응 패턴까지 훈련한 바 있었으니까.[32] 그들은 그래픽 유저 인터페이스가 요구하는 멀티태스킹에 최적화된 사용자나 다름없었다. 문제는 이런 변화로 인해 나와 그들의 접촉 빈도수가 빠르게 줄고 있었다는 사실이다. 실제로 그들은 거실의 텔레비전 앞으로 향하던 발길을 끊더니만, 그 대신 자신의 방에 틀어박혀 누구의 방해도 받지 않은 채 책상 위에 놓인 컴퓨터의 모니터 속으로 빠져들기 시작했다. 물론 그들의 변심이 내가 이해하지 못할 부류의 것은 아니었다. 나라도 리모트 컨트롤의 버튼을 누르며 철 지난 청춘의 시뮬라크르에 빠져들기보다는 인터랙션의 몰입감을 제공하는 조종석에 앉아 마우스를 클릭하며 '사이버월드'를 탐험하고 싶었을 테니까.

몰락의 두 번째 신호는 1995년 6월 삼풍백화점 붕괴 사고였다. 이 사건을 가까이서 목격한 어느 1974년생 대학생의 경험담을 한 번 들어보도록 하자. 군 입대를 앞두고 있던 그는 그날 여자친구와 함께 급히 필요한 물건을 사러 그곳에 들렀다.[33] 그리고 "이상하게 높은 실내 온도에 땀을 흘리"다가 점원으로부터 에어컨이 고장 났다는 이야기를 듣고선, 백화점에서 나와 "길 건너편 국숫집에 들어가 우동 한 그릇씩"을 먹었다. 식사를 마친 뒤 바깥으로 나와 보니 "분홍색 외관"의 백화점 건물은 어디론가 사라져버렸고, "거대한 잿빛 연기 기둥"이 그 자리를 차지하고 있었다. "누구도 입을 열지 못하고 멍하니 그 광경을 바라보"고 있는 가운데 구경꾼 무리에 섞여 있던 택시 기사가 정적을 깨는 한 마디를 툭 던졌다. "북한이 미사일을 쏜 게 분명해. 전쟁이 난 거야!"

이 대학생은 "폭격으로 거대한 건물이 붕괴되었는데 기이하게도 공습 사이렌은 울리지 않았다."고 덧붙인다. 얼마 후면 부실 시공으로 인한 대참사임을 알게 될 테지만, 내가 이 대목에서 주목한 것은 백화점 붕괴에서 북한 미사일을 거쳐 공습 사이렌으로 이어지는 연상의 고리였다. 1970, 1980년대 민방위 훈련과 등화관제 훈련을 통해 자연스럽게 습득했던 이 감각의 연상 작용은 전후의 기성세대에게는 언제나 '가상훈련'의 형태로 유예된 것이지만, 신세대에게는 브라운관의 일본 애니메이션을 통해 이미 목격한 것이었다.

연상의 흐름 맨 끄트머리에 그해 10월 일본에서 방영된 〈신세기 에반게리온〉을 위치시켜 보는 것은 어떨까? 아주 자연스럽지 않을까? 이 애니메이션에서 도시 전체를 파괴의 소용돌이 속으로 몰아넣는 사이렌 소리는 일상이나 다름없었으니까 말이다. 1989년 부동산 대폭락 후 장기 불황 국면에 접어든 일본의 사회상을 시종일관 비관적으로 반영했던 이 애니메이션 시리즈는 당시 신세대 일부에게 열렬한 환영을 받았다. 어찌 보면 꽤나 기이한 풍경이었다. 그들은 혹시 이제 곧 자신의 눈앞에 펼쳐지게 될 미래를 슬쩍 엿보았던 것일까? 만일 그렇다면 한줌의 희망도 발견할 수 없는 비관적인 미래에 환호하는 그들의 자학적인 태도는 무엇을 의미했던 것일까? 그들은 "노력하기만 하면 무엇이든 될 수 있으리라 믿었으므로 당연히, 아무것도 되고 싶지 않다"[34]고 말할 수 있는 이들, 그리고 "무언가를 진심으로 좋아하면 그걸로 세상을 바꿀 수 있을 줄 알았"고 "재미있는 것들이 우리를 구원해줄 거라고 생각했"[35]던 이들이지 않았나?

이즈음 나는 1971년생 소설가 송경아가 어느 단편소설에서 심각한 어조로 "나는 우리 세대가 이제 얼마 지나지 않아 멸망하리라고 확신합니다."[36]라고 썼던 것을 떠올렸다. 그 문장을 처음 접했을 때만 해도 소설 속 주인공이 별 생각 없이 겉멋에 취해 내뱉은 말이라고 생각했다. 하지만 상황이 변하자 큰 울림을 지닌 예언처럼 머릿속에 맴돌기 시작했다. 하긴, 20대가 될 때까지 10퍼센트 이상의 경제성장률을 적게는 5번, 많게는 7번, 8퍼센트 이상을 적게는 10번, 많게는 12번을 경험한 세대의 아이들이니 무엇이 두려웠겠는가? 그런 이들이라면 자신의 예정된 몰락마저도 메타 자아의 시선으로 멀리서 응시하며 쾌락의 원천으로 삼을 수 있지 않았을까?

확실히 나 같은 낙관주의자가 쉽게 이해할 수 있는 태도는 아니었다. 나는 고개를 절레절레 흔들면서 다시 한 번 '사랑과 우정'을 되뇔 수밖에 없었다. 이제 곧 퇴장의 시간이 다가오리라는 것을 예감하면서 말이다. 아니나 다를까, 1997년 겨울의 초입, IMF 외환 위기가 들이닥쳤고, '1990년대'는 행방불명되었다. 나뿐만 아니라 신세대 역시 이제 무대에서 내려와야 할 시점이었다.

판타지가 꿈꾸는
판타지

솔직히 말하자면 나는 2000년대 중반부터 복귀를 위해 몸을 만들고 있었다. 그런 결심을 하게 된 데에는 자산 시장의 버블이 큰 영향을 미쳤다. 나는 그 버블이 점점 더 규모를 키우다 보면 1990년대와 유사한 문화적 지형이 재건될 수도 있으리라는 희망을 품고 있었다. 일단 나는 내 자신이 소구될 수 있는 틈새시장의 소비자로 20대들을 떠올렸다. 내가 지닌 청춘의 육신이 시대의 변화에 맞춰 탈바꿈할 수 있다면 그들의 주목을 받는 데 별 어려움이 없을 것이라고 판단했다.

그러나 막상 들여다보니 실제 상황은 내 예상과는 전혀 달랐다. 뒤늦게 깨달은 것이었지만, 20대는 버블의 수혜자가 아니었다. 아니, 오히려 그들은 실제 수혜자들이 도박판에 내건 판돈에 가까웠다. '청춘'이라는 호명을 수신할 수 있는 개인들은 궤멸 직전이었다. 물론 특정 생물적 연령대로서 '청년기'는 여전히 존재했다. 하지만 1990년대에 '트렌디 드라마'의 주인공으로 전성기를 누렸던 '젊은 그들', 즉 세계에 대한 낭만적 인식을 토대로 자신의 미래를 기획하던 개인으로서의 '청춘'은 2000년대에 몰아닥친 적자생존의 경쟁 앞에서 열세종으로 전락했다. 이제 누구도 "바로 지금이 그대에게 유일한 순간이며 바로 여기가 단지 그대에게 유일한 장소"라고 쉽사리 선언하지 못했고, 아무도

"기대만큼 두려운 미래지만 너와 함께 달려가겠"다고 노래하지 않았다. 20대에게 '미래'란 대출 원금과 이자를 상환하기 위해 존재하는 나날을 의미할 따름이었다. 그러니 청춘이 무슨 쓸모가 있겠는가? 그들 중 일부는 청춘이야말로 성장률 10퍼센트를 웃돌던 고도성장기의 신기루가 아닌지 의심했고, 낭만과 방황과 고뇌의 수사들을 '중2병'의 병리적 징후로 받아들였다. 재벌가의 3세 정도가 아니라면 '사랑과 우정'을 감당할 수 있는 트렌디 드라마의 20대 주인공이 된다는 것은 불가능한 미션에 가까웠다.

나는 텔레비전을 통해 모 방송국의 오디션 프로그램을 본 다음 내가 처한 상황을 좀 더 명료하게 이해할 수 있었다. 거기에서 심사위원으로 등장한 가수 보아는 내게 강렬한 인상을 심어주었다. 그녀는 청춘이 사라진 시대의 젊은이들이 상상할 수 있는 새로운 20대의 역할 모델처럼 보였다. 주지하다시피 포스트-서태지 시대를 준비하던 대중음악계의 큰손들은 엔터테인먼트의 산업화라는 야심찬 목표를 내걸고 아이돌의 생산 시스템을 기획했고, 보아는 그 시스템이 시험 가동을 통해 잉태한 첫 '완전체'였다. 1986년생인 그녀가 오디션을 본 해가 내가 브라운관에서 자취를 감추기 시작한 직후, 그러니까 외환 위기 직후인 1998년이라는 사실은 우연이겠지만 대단히 상징적이었다. 바로 그해부터 그녀는 자신의 소속 기획사의 관리를 받기 시작했고, 열네 살의 어린 나이로 데뷔했다. 그리고 지금 20대 중반의 그녀는 코스닥 상장 기업의 이사다운 노회한 시선으로 자신을 역할 모델로 삼는 오디션 참가자들을 응시하며 자신감 넘치는 세련된 어조로 그들의 퍼포먼스를 품평했다.

나는 잠시 그녀와 경쟁할 수 있을지도 모른다고 생각했다. 하지만 곧 오판임이 드러났다. 보아와 함께 심사위원으로 등장하는 40대 초반의 가수 겸 프로듀서의 존재 때문이었다. 1990년대만 해도 나를 닮으려고 애썼던 것이 분명한 내 또래의 인물. 그는 참가자들을 심사하면서도 지나치게 '1990년대적'인 행태로 자신의 경험, 취향, 레퍼런스를 언급하며 오디션 프로그램 자체를 자신의 에고트립(ego trip)을 위한 무대로 만들려고 했다. 한마디로 시대착오적이었다. 가만히 지켜보고 있자니 시청자인 내가 다 민망할 정도였다. 기분이 씁쓸했다. 하긴 막강한 경제력을 지닌 이라면 그것을 보호막으로 삼아 불멸의 가상계에 머물며 영원한 젊음을 연기하며 살아갈 수도 있을 것이다. 그는 텔레비전 화면 속에서 자신이 정말로 그런 사람인 것처럼 행세하고 있었다.

흥미로운 대목은 보아가 바로 그 가수 겸 프로듀서의 술책에 유일하게 제동을 걸 수 있는 인물이었다는 점이다. 그녀는 아이돌 생산 시스템에서 "Peace B"[37]라는 아이디를 발급 받은 '초호기(初號機)'면서, 어린 시절부터 문화산업의 생리를 일상의 습속으로 내면화했던 "허리케인 비너스"[38]였으니까. 그래서였을까? 심사위원석에서 40대의 가수 겸 프로듀서가 시종일관 과장된 '연기'에서 벗어나지 못하고 있었던 반면, 보아는 그냥 자연스럽게 자신의 삶을 살고 있었다. 그가 아직도 자신이 청춘이라고 생각하는 중년으로 보였던 반면, 보아는 실제로 그런 청춘을 살아본 적 없는 20대로 보였던 것이다.[39]

보아에게 인큐베이터 구실을 해준 연습생 트레이닝 시스템을 눈여겨볼 만했다. 내게 그것은 일종의 실험실처럼 보였다. 그러니까 '청춘'을 말소한 뒤 소년기와 성년기를 바로 이어 붙여 새로운 타입의 인간형을 양산하려는 시도가 거듭되는 실험실 말이다. 특히 내 시선을 끈 대목은 신세대에 속하는 1990년대의 생존자들 일부가 그 실험실 내부에 칩거하면서 트레이너, 트렌드 연구자, 콘텐츠 생산자로, 그러니까 '엔지니어'로 활약하고 있었다는 점이다.

그들 역시 나의 엔지니어들과 같은 운명을 반복하고 있었던 것일까? 차이가 있다면 이런 것이 아니었을까? 그들은 제각각의 데이터베이스와 패턴 알고리즘을 바탕으로 체계적으로 아이돌의 생산 시스템을 운영, 관리하고 있었다는 것. 놀랍게도 그들은 철저히 매뉴얼에 따라 일사불란하게 회사원처럼 움직이고 있었다. 1990년대의 자유분방한 분위기는 찾아볼 수 없었다.

이런 상황에서 내가 보아와 대결을 벌인다면 과연 승산이 있을까? 나는 짧은 전성기 동안에도 현실세계로 발을 내딛지 않은 채 거의 언제나 브라운관의 가상계에만 머물러 있지 않았던가? 게다가 나의 엔지니어들은 매번 임기응변식 방편에 의존하지 않았던가? 그러니 결과는 뻔했다. 백전백패. 나는 다른 방법을 강구해야만 했다. 결국 떠올릴 수 있는 차선책은 그 잘난 중산층 출신의 '1990년대 신세대'를 다시 소비자로 삼는 것이었다. 이미 중년에 다다른 나이였지만, 그래도 흥청망청하던 청춘의 기억을 떠올리며 노스탤지어의 대상으로 나를 향유할 수도 있지 않을까?

하지만 그들이 처한 상황 역시 그리 녹록지 않았다. 내가 보기에 셋 중 하나였다. 부모의 자산을 물려받아 중산층으로 행세하고 있거나, 부모의 도움 없이 혼자 힘으로 내 집을 마련했다가 '하우스푸어'로 시름시름 앓고 있거나, 이도저도 아니면 그냥 '세입자'였던 것이다. 그들 중 상당수는 20여 년 전 노래방에서 신해철이 부른 〈나에게 쓰는 편지〉의 다음과 같은 한국어 랩을 열심히 따라 불렀을 것이다.[40]

전망 좋은 직장과 가족 안에서의 안정과 은행 구좌의 잔고 액수가 모든 가치의 척도인가 / 돈, 큰 집, 빠른 차, 여자, 명성, 사회적 지위 그런 것들에 과연 우리의 행복이 있을까 / 나만 혼자 뒤떨어져 다른 곳으로 가는 걸까 / 가끔씩은 불안한 맘도 없진 않지만 걱정스런 눈빛으로 날 바라보는 친구여, 우린 결국 같은 곳으로 가고 있는데

청춘의 전성기에 이 노래를 애창하던 신세대, 그들이 지금 이 가사를 다시 읽어간다면 과연 무슨 생각을 하게 될까? 정말 여전히 "우리가 찾는 소중함은 항상 변하지 않"는다고, "가까운 곳에서 우릴 기다릴 뿐"이라고 말할 수 있을까? 오히려 "강철과 벽돌의 차가운 도시 속에" 너무 일찍 구부정해져버린 자신의 모습을 응시하면서 "살아갈 날들이 살아온 날들보다" 많지 않음을 깨닫고 "점점 빨리 변해만 가"는 세상에 적응하지 못한 자신을 자책하지 않을까? 한때 나에게 많은 자양분을 공급했던 신세대의 2000년대는 초라하기 짝이 없었다. 하긴, 오죽했으면 사회 재생산의 책무마저 방기해버리고 스스로 저출산 시대의 문을 열어젖혔겠는가?

이런 사정에도 그들이 20대보다 훨씬 더 만만한 공략 대상인

것만큼은 분명했다. 그들은 적어도 내가 누구인지, 그러니까 이동민과 윤철준, 한빈과 한현, 그리고 한준이 어떤 인물인지는 알고 있으니까. 그렇다고 막무가내로 그들 앞에 나설 수는 없었다. 그들은 나에 대한 정보를 자신의 데이터베이스에 수록해두고 있을 테니까. 그 데이터베이스를 정교하게 활용할 수 있는 생존전략이 필요했다.[41]

나는 오랜 숙고 끝에 결국 앞서 언급한 오디션 프로그램의 그 프로듀서 겸 가수의 청춘 유지 비결을 단초로 삼아 한 가지 복귀 전략을 고안해냈다. 그것은 바로 1990년대의 내가 꿈꾸던 미래를 2010년대로 확장하고 그 안에 내 자리를 마련하는 것이었다. 나의 세계관이 어쩔 수 없이 '1990년대적'이라면, 그래서 바로 지금의 현실 원리를 온전히 받아들이기 어렵다면, 내 몸이 닻을 내려야 하는 2010년대의 시공간을 아예 내가 머물렀던 브라운관 속 1990년대의 미래 버전으로 새롭게 만들어내는 것도 하나의 방법이지 않은가? 그러니까 나는 지금 현실의 2010년대와 전혀 다른 2010년대를 상상했던 것이다. 1990년대 트렌디 드라마의 데이터베이스를 바탕으로 시뮬레이션한 평행우주로서의 2010년대 말이다. 〈마지막 승부〉의 윤철준과 〈느낌〉의 한현이 이 평행우주 속에서 2010년대에 도달했다면 그들은 어떤 모습일까? 적어도 이 세계에서라면 그들은 1997년 외환 위기라는 대재난이 존재하지 않았던 것처럼 말하고, 지난 세기의 고도성장이 지금도 계속되고 있는 것처럼 행동할 수 있지 않을까? 아마도 물질적 풍요를 바탕으로 행복을 추구하는 데 능숙할 것이며, 때에 따라 얄밉지 않을 정도로 자아도취적 면모를 드러낼 수도 있을 것이다.

2012년에 방영된 드라마 〈신사의 품격〉은 이러한 도전의 첫 성과 물이었다.

물론 누군가는 이 세계를 두고 지나치게 비현실적이라고 불평할 수도 있을 것이다. 그러나 이는 부적절해 보인다. 왜냐하면 '판타지가 꿈꾸는 판타지'에는 애당초 그런 불만을 접수할 민원 창구 따위는 마련되어 있지 않을 테니까 말이다. 사실 이 두 제곱된 판타지의 힘을 빌리지 않는다면 20대에 '댄디'였던 이들이 어떻게 40대의 '꼰대'로 전락하지 않고 '신사'로서 기품을 유지할 수 있겠는가? 나는 내가 상상한 이 세계가 청춘의 테마파크라고 생각했다. 장기 경기 침체의 덫에 걸린 신세대가 호황의 기억을 소환해 복고와 추억, 자기 위안을 상품 형식으로 소비할 수 있는 테마파크 말이다. 막장극과 버라이어티 쇼와 오디션 프로그램이 판치는 텔레비전 화면의 가상계에 손바닥만 한 빈자리라도 있다면 별 어려움 없이 터전을 마련할 수 있을 것이라고 판단했다. 어차피 내가 선택할 수 있는 다른 길이 있는 것도 아니었다. 따라서 내 입장은 단순 명료할 수밖에 없었다. 1993년에 출간된 《신세대: 네 멋대로 해라》의 저자들이 주장했던 바 그대로 "더 이상 탄원은 없다. 돌파하라!"

5

지상의
방 한 칸

| 큐브의

간략한 역사

"사람들이 '도서관'이라고 부르는 우주는 육각형 진열
실로 이루어진 부정수, 아니, 무한수로 구성되어 있다.
각각의 진열실 중심에는 낮은 난간으로 둘러싸인 커다
란 통풍구가 있다. (······) 복도 좌우로 아주 작은 문간
방이 두 개 있다. 하나는 선 채로 자는 방이고 다른 하
나는 생리적인 문제를 처리하는 방이다. 이 공간으로
나선 계단이 지나가며, 이 계단은 아득히 먼 곳으로 내
려가거나 올라간다. 좁은 복도에는 거울 하나가 있는데,
그 거울은 대상을 있는 그대로 복제한다."

―호르헤 루이스 보르헤스 지음, 송병선 옮김, 《픽션
들》(민음사, 2011), 97~98쪽.

큐브 대박람회에 오신 걸
환영합니다

안녕하세요. 반갑습니다. 오늘 이렇게 입추의 여지 없이 객석을 가득 메워주신 여러분, 대단히 감사합니다. 그리고 바쁘신 와중에도 자리를 빛내주기 위해 참석해주신 내외 귀빈 여러분께도 감사의 말씀을 드립니다. "방의 평등주의 실현"이라는 슬로건을 내걸고 매년 개최되어온 본 박람회는 큐브(cube)의 예비 세입자들에게 가치 중심의 주거 문화를 선보이고 일대일 맞춤형 상담으로 알찬 임대 정보를 제공하기 위해 마련되었습니다. 방에 대한 모든 생각이 오늘 바로 이곳에 집결해 있다고 해도 과언은 아니지요. 해마다 박람회를 준비해왔지만 이번처럼 많은 분이 찾아주신 것은 처음인 듯합니다.

본 강연, "지상의 방 한 칸"은 개회식에 뒤이어 부대 기념행사로 기획되었습니다. 큐브에 대한 여러분의 이해를 돕기 위해 마련했지요. 여러분도 잘 아시다시피 큐브는 수많은 방으로 이루어져 있습니다. 이 방의 거주자 상당수는 여러 가지 이유로 부모의 집을 떠나온 이들입니다. 지금 이 자리에 참석하신 여러분과 비슷한 처지라고 할 수 있지요.

본격적인 강연에 들어가기 앞서 큐브의 연원을 살피기 위해 다음과 같은 장면을 함께 떠올려보면 어떨까요? 과거의 어느 시점, 무대는 상행선 열차가 막 도착한 서울역 플랫폼입니다. 서울의 대학교에 합격한 지방 명문고 출신의 예비 대학생은 하숙집 주소가 적힌 쪽지를 호주머니에서 꺼내 펴보고, 아버지가 소 판 돈을 몰래 훔쳐 무작정 새벽 기차에 몸을 실은 청년은 졸린 눈을 비비고 크게 하품을 합니다. 보릿고개에 시달리다 어쩔 수 없이 가족을 이끌고 상경한 빈농 출신 가장은 짐을 짊어진 채 한숨을 크게 내쉬며 어린 장남의 손을 잡고 무거운 발걸음을 옮기고, 오빠가 일자리를 알아봐준 덕분에 공장에 취업하기로 결정한 10대 후반의 소녀는 드디어 시골에서 벗어났다는 사실에 감격한 탓인지 상기된 표정을 짓고 있습니다. 반면 그녀와 같은 또래의 또 다른 소녀는 계속 불안한 기색을 감추지 못하고 사방을 두리번거립니다. 혹시라도 자신이 식모살이를 시작해야 할 먼 친척집에서 역으로 마중 나오지 않을까 봐 걱정이 태산인 것이지요. 바쁜 일상을 사는 도시인들에게는 별다른 주목을 끌기 힘든 풍경이지만, 이들의 상경은 당사자 모두에게는 개인사적으로 매우 중요한 의미를 담고 있겠지요. 일생일대의 전환점 같은 것일 테니까요.

이런 장면이 서울의 급속한 도시화와 함께 시작되어 이후 한 해도 거르지 않고 수십 년에 걸쳐 매일 되풀이되었다고 상상해보십시오. 누군가는 이주와 실향의 연대기를 담은 거대 벽화를 떠올려볼 수도 있을 것입니다. 그런데 과연 그 이주민들은 서울역을 벗어난 이후 어디로 향했을까요? 여러분도 잘 아시다시피 그들 중 상당수는 판자촌 빈민가에 거처를 마련해야 했을 것입니다. 도시 빈민의 삶을 시작해야만 하는 형편이었으니까요. 반면 이주민 중 청년 세대 일부는 이들과 다른 선택을 할 수도 있었

아파트 게임

을 것입니다. 바로 큐브가 '집 없는 청년들을 위한 방들의 군락지'로 도시 주변부에 자리 잡고 있었으니까요.

그렇다면 큐브는 어떤 역사적 궤적을 밟으면서 현재에 당도한 것일까요? 또한 지금은 어떤 미래를 그리고 있을까요? 큐브의 변천사를 살펴보면서 이런 질문들에 대한 실마리를 풀어가도록 하겠습니다.

하숙방과
벌집방

그러면 곧바로 본론으로 들어가도록 하지요. 일단 한국전쟁 이후로 시간을 거슬러 올라가보는 것이 좋을 성싶습니다. 당시 서울은 전쟁으로 누더기가 된 폐허의 도시였지만, 피난을 갔다가 돌아온 사람들과 이북에서 월남한 사람들이 모여 빠른 속도로 팽창하고 있었습니다. 초기 큐브가 성장의 발판을 마련한 것은 바로 이 시점이었습니다. 인구 증가에 발맞춰 수많은 방이 대학가 주변이나 시내에 새로 만들어지고 있었으니까요.

당시 돈암동에 거주하던 J씨의 사례를 살펴보지요. 아시다시피 당시만 해도 돈암동은 "얌전하게 쪽 진 노부인처럼 적당히 품위 있고 적당히 퇴락한" 조선 기와집 동네였습니다. J씨는 전쟁으로 아들을 잃고 며느리와 손자, 그리고 딸과 함께 그 동네에서 살고 있었습니다. 대학을 중퇴한 딸이 미군 PX에서 타온 월급으로 겨우 생계를 유지하고 있지만, 목구멍이 포도청인 처지였습니다.[1] 남편이 남긴 소박한 한옥 한 채가 가족의 유일한 재산이었지요. 물론 집이라도 있으니 그나마 다행이긴 했습니다. 집도 절도 없는 이들은 입에 풀칠이라도 하기 위해 당장에 광주리를 이고 동대문시장으로 행상을 나서야 하는 형편이었으니까요.

그런 J씨는 반장네 아주머니로부터 솔깃한 조언을 듣습니다. "밥하는 재주밖에 없고, 집구석밖에 모르"는 "여자들이 집에 앉아서도 돈을 벌 수 있는 일"로 하숙을 치는 게 제일이라고 말이지요. 반장네는 문 바깥의 대학교 주변 동네에서 방이 많은 집은 그리 비싸지 않을 것이라고 덧붙입니다. 결국 J씨는 돈암동의 기와집을 팔고 종암동에 있는 "방이 여덟 개나 되는 양기와집"[2]으로 이사를 갑니다. 당시 J씨와 같은 사례는 그리 드물지 않았습니다. 실제로 많은 이가 문안의 집 한 채 판 돈을 밑천 삼아 집값이 헐한 대학가 주변에서 방 많은 집을 구입해 하숙을 치면서 생계를 이어나갔습니다. 일반적으로 이들이 선호하던 집은 기역자로 된 안채와 일자형 바깥채로 이뤄진 한옥이었습니다. 이 바깥채에 붙어 있는 네댓 개의 방들은 대개 하숙을 치기 위한 공간이었지요.

이런 하숙방에서 숙식을 해결하던 이들 상당수는 서울의 대학교로 유학 온 학생들이었습니다. 큐브에 당도하기 이전, 그들은 지방의 명문고를 졸업한 엘리트로 청운의 꿈을 품고 서울행 기차에 몸을 실었을 것입니다. 아마도 드디어 시골에서 벗어난다는 해방감에 한껏 들뜬 기분이었을 겁니다. 물론 '눈 감으면 코 베어간다'는 서울살이에 대한 긴장감도 늦출 수 없었겠지요. 이런 묘한 처지는 서울역에 내려 광장에서 두리번거리는 그들의 불안한 눈빛에서 역력하게 드러납니다. 등록금과 생활비로 쓸 돈다발이 복대에 싸인 채로 그들의 배 위에 찰싹 달라붙어 맨살에 거북스러운 촉감을 전해줍니다만, 그들은 거기에 신경 쓸 겨를이 없습니다. 혹시라도 자신을 노릴지 모르는 소매치기 때문에 경계를 풀지 못하고 주변을 살필 수밖에 없었던 것이지요.[3]

이들의 어수룩한 모습은 큐브의 하숙방에 자리 잡은 이후에도 크게 변하지 않습니다. 일단 그들은 고향에서 고생하고 계신 부모님을 생각하며 한눈팔지 않고 학업에 열중하려고 애쓰지요. 따라서 한쪽 벽면에 하루 시간표와 공부 목표량 그래프를 붙여놓고 그 앞에 앉은뱅이책상을 놓은 방 풍경은 그 시절에는 흔한 것이었습니다. 대학을 '우골탑'으로 부르던 시절, '출세해 집안을 일으켜야 한다.'는 것이 바로 그들의 지상 과제였으니까요. 이들의 행태가 흥미로워지는 것은 그다음 대목입니다. 이들은 시내로 외출을 나갈 때도 교복 입는 것을 잊지 않습니다. 이들에게 교복은 서울에서 촌놈의 자존심을 지켜주는 보호막이었다고 할까요? 하지만 교복이 모든 문제를 해결해줄 수는 없는 노릇이지요. "모든 욕망의 집결지"[4]이자 신기하고 부러운 것투성이인 도시 앞에서 교복의 주인공들은 너무 쉽게 촌놈의 호기심을 노출하며 무장해제 당하게 마련이었으니까요. 그들은 술 한잔을 걸치고 나면 서울 토박이 동년배에게 이런 고백을 하곤 했습니다. 서울에서 제일 부러웠던 건 어두운 밤에도 빌딩들의 불빛 속에서 "이리저리 움직이고 있는 사람들"이고, 가장 신기했던 건 "버스칸 속에서 일 센티미터도 안 되는 간격을 두고 자기 곁에 이쁜 아가씨가 서 있다는 사실"이라고 말이지요.[5]

한편 대학가 주변의 전형적인 하숙방과는 전혀 다른 하숙방도 존재했습니다. K씨의 하숙방이 그런 경우였지요. 그는 거의 빈털터리 신세로 동대문 곁에 있는 창신동의 빈민가에서 하숙방을 구합니다. "판자를 얽어서 만든 형편없이 작은 집"들, 거기에 "겨우 한두 사람이 들어가 누우면 꽉 차버"릴 정도의 작은 방 대여섯 개가 다닥다닥 붙어 있습니다. 조금 널찍하고 빛이 잘 드는 방은 주인 식구 차지이게 마련이지요. K씨가 하숙하는 집의 경우, 주인 식구의 방 다음으로 쓸 만한 방에는 "방세 지불이 정확한 영자라는 창녀"가 자리를 잡고 있고, 이 집에서 유일하게 유리창이 달린 방에는 "오십쯤 나 보이는 깡마르고 절름발이인 사내"가 영양실조에 걸린 열 살 난 딸과 함께 살고 있습니다. 주인공이 묵고 있는 방은 "일어서면 머리를 숙여야 할 정도로 천장이 낮"고, 그 천장마저도 가운데 부분이 푹 내려앉아 포물선을 그리고 있습니다. 육각형 무늬의 도배지가 발라진 천장 한구석에는 빗물이 새어 누렇게 얼룩져 있고, 벽면은 신문지로 도배되어 있지요. 그나마 답답한 방구석에 숨통을 틔워주는 것은 한쪽 벽면에 나 있는 타블로이드판 크기의 창입니다. 하루 종일 기다려봐야 한 움큼이 될까 말까 한 햇볕이 방 안으로 들어올 뿐입니다만.[6]

오후가 되면 "멀지 않은 시장에서 장사치 여자들이 떠들어대는 소리, 집 안에서 나는 수돗물 흐르는 소리, 옆방에서 무슨 내용인지는 모르나 들려오는 웅웅거림, 창밖으로 지나가는 자동차의 덜커덕거리는 궤음과 경적의 날카로운 소리" 등의 소음이 어김없이 들려옵니다. K씨는 그 소음을 들으며 "거대한 기계가 돌아가고 그 기계에 수많은 새들이 치여 죽어가는 상황"이 방 바깥에서 펼쳐지고 있는 모습을 상상합니다.[7] 약간 기묘한 연상입니다만, 어쩌면 그는 이제 막 용틀임을 하고 있던 초창기 큐브의 움직임을 소리로 감지하고 있었는지도 모를 일입니다. 그가 상상한 "거대한 기계"가 큐브일 수도 있으니까요.

1960년대 후반부터 산업화가 본격적으로 추진되면서 하숙방과는 대척점에 놓인 방들도 등장했습니다. 1970년대 초반부터 큐브 내부에 빠른 속도로 늘어가던 '벌집'의 방들이 바로 그 주인공이지요. 하숙방의 증가에 견인차 역할을 한 것이 도심 바깥의 대학교들이었다면, 벌집의 등장에 숙주 구실을 한 것은 구로공단의 대규모 공장들이었습니다. 이 공단은 단순 가공업에서 출발했으나 1970년대 초반부터 섬유, 전기, 전자 업체들이 대거 입주해 '한국의 대표적인 수출산업기지'로서 전성기를 누렸습니다. 7만 명이 넘는 고용 인원을 자랑하며 지방 출신의 젊은이들을 빨아들였지요.

그들 대다수는 중학교나 고등학교 문턱도 밟아보지 못한 채 집안에 입을 하나라도 덜기 위해 어린 나이에 서울로 올라온 이들이었습니다. 이들 중 일부는 공장 취업과 함께 벌집방에 입주했습니다. 구로공단의 경우 벌집으로 구성된 큐브는 2,000여 개의 방을 갖추고 있었다고 전해지는데, 그 유형을 나누자면 크게 두 가지였습니다. 하나는 공단 조성 이전에 이 지역에 자리 잡은 단독 주택을 증개축한 것이었고, 다른 하나는 공단 조성 이후 신축된 다가구 형태의 연립주택이었습니다. 양쪽 모두 보통으로 30~40개의 방을 갖추고 있었습니다. 방의 크기는 공급과 수요의 절묘한 교차점에서 정해졌지요. 그러니까 집주인이 임대 수익을 극대화할 수 있으면서도 입주자들이 쥐꼬리만 한 임금으로 감당할 수 있는 선에서 방의 크기가 결정되었던 것입니다.[8]

그러면 1970년대 후반의 유신 말기, 이 지역 벌집방 거주자의 사례를 한번 살펴볼까요? S씨는 시골에서 중학교를 졸업한 뒤 두 살 많은 사촌 언니와 함께 이곳에 당도합니다. 그들은 취업하기 전에 먼저 공단 초입에 위치한 직업훈련원에 들어갑니다. 그들은 그곳에서 한 달 동안 연수를 받으며 훈련원의 기숙사에서 지내게 되지요. 이 기숙사의 방은 군대 내무반을 닮아 있습니다. 유치원처럼 방문마다 꽃이름을 달고 있지만, 문을 열면 방 양쪽으로 두 개의 침상이 2층으로 자리 잡고 있습니다. 침상 하나의 수용 인원은 다섯 명입니다. 네 개의 침상이 놓인 방에 스무 명이 합숙을 했던 것이지요.[9]

이 열여섯 살 소녀는 연수를 마치고 취업을 결정한 뒤 공단 주변의 벌집에 거처를 마련합니다. 수원행 국철 노선 위에 놓인 서울의 마지막 전철역, 그 역에서 공단으로 가는 길목 옆에는 벌집들이 자리 잡고 있습니다. 3층짜리 붉은 벽돌집, 대문을 열고 들어가면 시멘트로 덮인 마당 한가운데 수돗가가 있고, 위층으로 오르는 계단 왼편에는 각각 남과 여라고 쓰인 공동 화장실의 황색 나무문 두 개가 보입니다. 계단을 타고 올라가면 구불구불한 복도를 따라 작은 부엌과 다락이 딸린 단칸방들이 다닥다닥 붙어 있습니다. S씨가 오빠와 사촌 언니와 함께 머물기로 한 방은 이 서른일곱 개 방 중 하나입니다. 보증금 20만 원에 월세 2만 원짜리 방. 부엌에는 작은 찬장과 솥단지와 풍로가, 방에는 비키니 옷장이 살림살이의 전부입니다.[10]

S씨의 월급은 일당제로 계산됩니다. 그녀가 하루 종일 컨베이어벨트 위에서 에어드라이버를 돌리거나 납땜을 해서 받는 하루 일당은 1,000원 초반이지요. 그 돈을 받아서 "시골로도 부치고 동생을 데리고 살"고, 월세도 내고 자취도 합니다. 그녀는 이곳에 거주하면서 한 가지 매우 이상한 사실과 마주치게 되지요. 시골에서 살 때만 해도 동네에서 "가장 넓은 마당을 가진 가운뎃

집"에 살았고, "부유하다고 느낀 적도 없지만 가난하"다고 느낀 적도 없었습니다. 하지만 서울에서 그녀는 하층민에 불과합니다. 이런 상대적 박탈감을 벌집의 거주자들 모두가 공유하고 있던 것일까요? 잠시 잠깐 일상의 즐거움이 없는 것은 아니지만, 벌집의 거주자들 대다수는 어떻게 해서든 벌집방을 떠나기 위해 발버둥을 칩니다. 동거 중인 사촌 언니는 "난 어떻게 해서든지 여길 떠나겠어."라고 다짐하고, 옆방의 언니는 "이다음에 마당이 있는 이층집에서 살 수 있을까?"라고 자문합니다. 주인공 역시 야간 고등학교를 다니며 소설가의 꿈을 키우지요.[11]

이렇게 초창기 큐브의 방들은 하숙방과 벌집방, 이렇게 크게 두 가지 유형으로 자리 잡았습니다. 그 이후에는 시대 변화와 경제 성장에 보조를 맞춰가며 좀 더 현대화된 형태로 변모했습니다. 지방에서 올라온 새로운 세대의 젊은 거주자들을 맞이하기 위한 것이었지요.

큐브 탈출,
내 집 마련의 사다리

시간이 흐르면서 큐브에서 오랜 시간 거주했던 이들이 이제 하나둘 짝을 찾아 결혼하기 시작했습니다. 여러분도 잘 아시겠지만, 방만으로 가정을 꾸린다는 것은 쉽지 않은 일입니다. 깨가 쏟아지는 신혼이라면 방 하나만으로도 충분히 행복할 수 있겠지요. 하지만 아이를 낳아 기르기 시작하면 사정이 달라집니다. 이 시점이 되면, 많은 아내가 복덕방 영감을 앞세워 셋방을 구하러 변두리 주택가를 돌아다니다가 결국에는 남편들 앞에서 가슴에 쌓아두었던 집 없는 설움을 토로하기 시작합니다. 매번 집주인으로부터 "자녀가 둘 이하라야 한다." 같은 입주 조건들을 귀에 못이 박히도록 들어야 했으니까요. 물론 운이 좋다면 "전열기의 사용이나 담요의 물빨래 같은 것에 야박하게 굴지 않"고 "오물 수수료나 야경비 따위 제반 공과금 지불에 억울하지 않게시리 선처" 하는 집주인을 만나는 경우도 있었지요.[12] 드물긴 하지만요. 결국 가장은 큐브 탈출 계획을 실행에 옮겨야만 하는 상황에 이르게 됩니다.

모두가 성공한 것은 아니었지만, 큐브의 일부 세입자들은 변두리의 집장사 집을 장만하는 데 성공해 자기 이름이 박힌 문패를 내걸기도 했습니다. 그들 중 일부는 집을 구입하면서 경제적으로 무리한 탓에 부엌이 딸린 방 한 칸을 따로 전세방으로 내주기도 했습니다. 큐브 탈출과 동시에 세입자에서 임대인으로 변신한 것입니다. 여기서 흥미로운 점은 그렇게 내 집 마련에 성공한 이들이 꽤나 쫀쫀하게 집주인 행세를 하곤 했다는 점입니다. "이게 어떻게 장만한 집인데"라는 혼잣말을 하면서 말이지요. "며느리 늙은 것이 시어미"라는 옛말 그대로였던 것이지요.[13] 어쨌든 큐브에 거주하는 기혼 가구들이 내 집 마련에 나선 것은 큐브의 입장에선 무척 반길만 한 일이었습니다. 왜냐하면 큐브 역시 도시 인구의 폭발적인 증가로 인해 수용 인원의 한계에 도달해 있었으니까요. 세입자 일부를 큐브 바깥으로 배출해야만 하는 처지였던 것이지요.

바로 이 시기에 큐브의 설계자들은 용단을 내렸습니다. 그들은 은행과 건설사를 동원해 큐브 곳곳에 거대한 사다리들을 세우기로 한 것입니다. 이 사다리는 큐브 내부의 '방'과 큐브 바깥의 '집'을 연결하는 통로였습니다. 근로자재산형성저축과 분양가 상한제와 주택청약 제도 같은 복잡한 공법이 활용되었지요. 큐브의 거주자들은 목돈 마련과 분양권 당첨이라는 조건을 충족시킨다면 이 사다리를 타고 올라가 보급형 아파트의 현관문을 열고 자신의 '집'으로 이주할 수 있었습니다. 물론 주택청약은 일종의 복권처럼 운영되었기 때문에 아파트로의 진입은 그리 쉬운 일이 아니었습니다. 웃돈을 주고 떴다방에서 분양권을 살 여력이 있다면 당첨 확률 따위는 큰 문제가 아니긴 했습니다만 말입니다.

물론 사다리가 생겨났다고 해서 큐브 탈출이 언제나 아파트로 향했던 것은 아닙니다. 1980년대 중반, 30대의 평범한 직장인 Y

씨의 경우를 잠시 살펴볼까요? 그는 서울에서 대학을 다니기 시작한 이후 계속 큐브의 하숙방을 떠돌았고, 결혼 후에는 4년 동안 어머니를 모시며 전세방을 전전했습니다. 집값 싼 동네의 복덕방 순례만큼은 전문가로 불려도 손색이 없을 정도입니다. 그런 그에게 새로운 문제가 닥칩니다. 바로 두 달 전에 새 전셋집을 어렵게 구했는데, 집주인이 변덕을 부려 집을 비워줘야만 하는 처지에 놓이게 된 것이지요. Y씨는 고민 끝에 이 기회에 내 집을 장만하기로 마음먹습니다. 서울의 독채 전세금이면 부천의 연립주택을 구할 수 있다는 아내 친구의 조언 덕분이었지요. 결국 Y씨는 서울이 아닌 경기도 부천에, 그리고 아파트가 아닌 18평짜리 연립주택에 가족의 새 보금자리를 마련합니다.

이사 당일, Y씨는 늙은 어머니와 어린 딸을 트럭 조수석에 태우고, 자신은 만삭의 아내와 두툼한 담요를 둘러쓴 채로 짐칸에 몸을 싣고 부천의 집으로 향합니다. Y씨는 차로 한참을 달려도 끝없이 이어지는 서울의 광활함에 질렸다가도, 그곳 어디에도 자리 잡지 못한 자신의 초라한 처지를 확인합니다. 그리고 방과 악전고투해온 지난 15여 년간의 서울살이를 반추하며 다음과 같이 말하지요.

> 방이 그들을 내쫓는 때도 있고, 그들이 방을 버리고 떠난 때도 있었다. 하지만 대개의 경우 방이 그들을 내몰았다. 그렇게 수도 없이 이사를 다니며 얻은 결론은 한 가지, 집이 없으면 희망도 없다는 사실이었다. 희망이란, 특히 서울에서 살고 있는 이들에게 희망이란 집과 같은 뜻이었다.[14]

이 글은 급격한 도시화의 물결을 타고 상경했다가 30대 중반을 넘어서도 큐브에서 벗어나지 못한 이들이 어떤 심정으로 '집'에 대한 집착을 키워갔는지를 가감 없이 보여줍니다. 물론 Y씨는 행복한 편에 속했다고 할 수 있지요. 사다리에 올라탈 기회를 잡지 못하고 서울에서 밀려났지만, 그래도 '내 집 마련'이라는 소원을 성취했으니까요.

Y씨와 같은 사례가 적지 않았지만, 그럼에도 앞서 말씀드린 사다리의 건설이 큐브의 역사에서 분수령이었다는 것만큼은 분명합니다. 그 이유는 이렇습니다. 이제 큐브는 고립된 섬이 아니라 도시 연속체의 일부로 제 위상을 공식적으로 인정받을 수 있었습니다. 지방에서 몰려드는 청년 세대의 이주민들을 흡수할 뿐만 아니라 그들이 일정 기간 머무르며 미래를 설계할 수 있도록 돕는 일상의 공간, 즉 사회적 이동을 위한 주거의 환승역으로 제 기능을 정의할 수 있었던 것이지요. 한편 도시에게도 사다리의 건설은 새로운 비전을 안겨주었습니다. 큐브로부터 이주하는 인구를 수용하기 위해 아파트라는 주거 모델을 대량 복제하면서 신시가지의 밑그림을 그려나갈 수 있었으니까요. 이 시기는 큐브뿐만 아니라 도시의 역사에서 대전환기였다고 할 수 있습니다.

그리 중요한 사건은 아니지만, 이무렵 큐브에 독특한 돌연변이 방이 잠시 출현했다가 사라졌다는 사실도 기억해둘 필요가 있습니다. 1980년대 초·중반에 언론 지면에 종종 등장하곤 했던 "비밀방"이 바로 그 돌연변이 방이었습니다. '집'으로 향하는 사다리를 거부하는 극소수의 대학생이 하나둘 모여든 방이었습니다. 네, 맞습니다. 당시에 "극렬 좌경 운동권 학생"이라고 불리던 이들이지요. 저로서는 정확한 이유를 알 수 없습니다만, 아무튼 그들은 모순에 가득 찬 역사의 흐름을 뒤바꾸고 노동자가 주인 되는 세상을 만들겠다고 나섰습니다. 독특하게도 그들은 자신이 염원하는 세상에 다가서기 위해서는 먼저 그들 자신이 노동자가 되어야 한다고 생각했지요. 그래서 하숙방과 벌집방 사이에 "비밀방"이라는 은신처를 마련하고 대여섯 명씩 모여서 조직적으로 노동 현장에 투입되기 위한 교육, 그러니까 노동자가 되기 위한 교육을 받았습니다. 그들에게 비밀방은 존재 이전(移轉)의 공간이나 다름없었던 것이지요. 지금의 여러분은 이해하기 어렵겠지만, 그 시절에는 이런 일들이 드물지 않았습니다. 그러면 1986년 겨울에 대학원을 그만두고 집을 뛰쳐나온 중산층 출신의 스물네 살 여성 K씨의 시점으로 그 비밀방의 생활을 살펴볼까요?

> 머리털이 나고 나서 그렇게 혹독한 공부는 처음이었다. 물론 그렇게 궁핍한 것도 처음이었다. 하루분의 아주 적은 식량이 정해지고 하루분의 엄청난 양의 학습 분량이 정해지고 피워도 될 은하수 담배의 개수가 정해졌다. 그 여자는 학습에 몰두했다. 하지만 그 기쁨은 오래 가지 않았다. 손질이 간편한 머리와 허름한 옷, 식물 성분의 식사, 공동의 용돈, 닥쳐올 나날들에 대한 불안…….[15]

K씨는 "노동자가 되고 싶다는 생각과 되고 싶지 않다는 생각" 사이에서 갈팡질팡하다가 결국 비밀방에서 홀로 빠져나옵니다. 동료들로부터 개인주의적 성향을 비판받아 마음의 상처를 입은 데다 학습을 담당하는 남자 선배에 대한 연정까지 들통 나서 어

쩔 수 없었던 것이지요. 이후 그녀의 행적은 비밀방의 운명을 비대칭의 형태로 축약해서 보여줍니다. 그녀는 대학원에 복학해서 그 방에서 배운 지식을 활용해 '1930년대 소설에 나타난 사회주의 리얼리즘'이라는 학위 논문을 쓰고 대학의 전임 자리를 맡게 되지요. 반면 비밀방은 1987년 민주화 투쟁, 1988년 노동자 대투쟁을 거치면서 빠른 속도로 자취를 감췄습니다.

고시원,
워크맨, 노래방

1980년대 후반의 사회·정치적 대격변 이후 큐브에도 미묘한 변화가 일어나기 시작합니다. 1990년대 초반으로 시선을 돌려볼까요? 가정 형편 때문에 어쩔 수 없이 그 변화의 첨병 역할을 떠맡아야 했던 P씨의 사례를 보도록 하지요.[16] 시대적 배경은 1991년입니다. P씨는 "아버지의 사업 부도로 집을 잃고 가족이 뿔뿔이 흩"어지자, 친구들의 집을 전전하게 됩니다. 하지만 그렇게 빈대를 붙는 것에도 한계가 있게 마련입니다. 결국 P씨는 고시원으로 향하게 되지요. 그의 전 재산은 직장을 그만두고 막노동판을 전전하던 형이 건네준 30만 원뿐, 그 돈으로 구할 수 있는 방은 "단 한 푼의 보증금"도 없이 월 9만 원에 식사까지 제공한다는 고시원밖에 없었습니다. 그가 거처를 마련한 고시원은 자신이 다니던 "부끄러운 삼류 대학"에서 얼마 떨어지지 않은 "한적하고 초라한 외곽 지대", 페인트가 벗겨진 낡은 건물 3층에 자리 잡고 있습니다.

흥미로운 것은 바로 1990년대 초반이라는 시점입니다. 그때만 하더라도 고시원이라고 하면 보통 사람들은 "거긴 고시생들이 고시 공부 하는 곳 아니야?"라고 되물으며 '숙식을 겸한 독서실' 정도로 생각하던 시절이었지요. 하지만 실제로는 "일용직 노무자들이나 유흥업소의 종업원들"이 숙소로 사용하면서 여인숙의 대체 공간으로 새 출발을 하려던 찰나이기도 했습니다.

그러면 P씨가 지내던 고시원의 실내로 눈을 돌려봅시다. 계단을 따라 3층으로 올라와 문을 열면 "발 디딜 틈 없는 현관"이 나옵니다. "열세 켤레의 운동화와 네 켤레의 구두, 다섯 켤레의 하이힐과 세 켤레의 슬리퍼, 그리고 도무지 주인을 짐작할 수 없는 한 켤레의 백구두"가 놓여 있지요. "실내 정숙"이라고 큰 붓글씨로 쓴 현판 액자 아래 "쥐구멍 같은 유리창의 작은 카운터"에는 50대 주인아주머니가 지키고 앉아 있습니다. P씨는 첫 달 치 방세를 선납하고 장부에 신상을 적은 뒤 열쇠를 넘겨받습니다.

주인공에게 배정된 방은 복도의 맨 끝 방입니다. "방이라고 하기보다는 관이라고 불러야 할 사이즈의 공간", 그 비좁은 공간에 책상과 의자가 놓여 있기 때문에 다리를 뻗고 누우려면 의자를 빼서 책상 위에 올려놓아야 합니다. 그렇게 몸을 눕혀 천장을 바라보면, "두 가닥의 빨랫줄"이 허공을 가르고 있고 작은 옷장이 책상 위쪽에 붙어 있음을 깨닫게 됩니다. 그리고 천장에는 "초소형의 형광등"이 매달려 있지요. 방에 따로 창문이 없기 때문에 형광등이 유일한 광원입니다. 그래서 취침할 때나 외출할 때를 제외하고는 항상 켜두어야만 합니다.

또한 방들은 1센티미터 두께의 베니어판을 칸막이로 삼아 옆방과 시각적으로만 분리되어 있어서 "책상을 구르는 볼펜의 소리"나 "코를 들이키는 소리"마저 옆방으로 건너가기 일쑤입니다. 따라서 언제나 정숙해야만 합니다. 이렇게 고시원의 방이 요구하는 조건에 맞추다 보니 P씨는 처음에는 "조용한 인간"이 되었다가 다시 "소리가 나지 않는 인간"이 됩니다. 그리고 그다음에는 방안에서 "늘 그 자리에 붙박인 오래된 가구" 같은 인간으로 거듭나지요. 그러니까 P씨의 몸은 고시원에 최적화된 형태로 변모한 것입니다.[17]

여기서 주목해야 할 대목은 바로 P씨가 고시원에서 워크맨을 듣고 있는 장면입니다. 이 장면에서 P씨는 "숨을 죽이며 주파수를 맞춘 다음, 들릴락 말락 최저의 볼륨으로 음악을 듣"습니다.[18] 워크맨에 부착된 스피커를 통해서 말이지요. 이어폰은 분실한 것인지 찾을 수가 없습니다. P씨는 옆방의 눈치를 살피느라 "가사는 전혀 들을 수 없고 그저 음악이 나오는구나 정도를 알 수 있는" 볼륨으로 음악을 듣습니다. "쟁쟁쟁쟁". 그런데 이 소리마저도 칸막이 너머 옆방으로 스며들었던 모양입니다. 옆방에 거주하는 "이 고시원 최후의 진짜 고시생"이 곧바로 방문을 두드리며 조용히 하라고 경고합니다. 만일 이어폰이 있었다면 어땠을까요? P씨는 고시원의 칸막이 밀실 안에 또 다른 밀실을 만들 수 있었을 것입니다. 이어폰과 고막 사이에 좌우 빈 공간이 바로 P씨 혼자만의 밀실이 되어주었을 테니까요.

흥미로운 것은 바로 P씨가 고시원에서 워크맨을 듣고 있는 그 시점에 '노래방'이라고 불리는 낯선 방이 출현했다는 사실입니다. 주지하다시피 워크맨의 이어폰은 음악을 듣는 행위를 청취자 개인의 은밀한 경험으로 재정의했지요. 바야흐로 '대중문화'가 폭발적으로 성장하던 1990년대 초반, 워크맨 덕분에 취미 칸에 음악 감상을 적어 넣던 수많은 10대가 이제 20대가 되었습니다. P씨도 그중 한 명이었겠지요. 워크맨으로 음악을 들으면서 성장한 이들이라면 이쯤 해서 한 번쯤 무대 위에서 노래를 불러보고 싶다는 생각을 하지 않았을까요? 노래방은 바로 이런 요구에 대한 응답이었습니다. 고시원의 칸막이 방에서 궁상맞게 구겨진 채로 워크맨으로 음악을 듣던 P씨가 어느 순간 노래방의 칸막이 방에서 팝업 북의 종이 인형처럼 활짝 펼쳐진 채로 서태지와 아이들의 〈난 알아요〉를 신나게 노래하는 모습을 상상하기란 그리 어렵지 않을 것입니다. 그러니까 타임라인 상에서 고시원의 워크맨은 노래방의 반주 기계와 묘하게 겹쳐져 있었던 것이지요.

잠깐, 노래방을 좀 더 들여다보도록 할까요? 여기서 눈길을 끄는 대목은 노래방의 갑작스러운 출현에 대한 당시 젊은 세대의 반응입니다. 나름 문화적 식견이 있다고 자부하는 대학생들은 노래방에 대한 자신의 의견을 피력하는 데 주저하지 않았는데, 대충 이런 모양새였습니다. 술자리에서 모두가 얼큰하게 취하고 화젯거리도 빈곤해질 무렵이면 누군가 어김없이 노래방을 비판의 도마 위에 올립니다. 그들 중 태반은 주로 학교 풍물패나 노래 동아리에서 활동하고 있는 이들로, 매우 '교과서'적인 입장을 견지하고 있었지요.

"이게 다 급격한 산업화의 결과라고. 공동체의 전통과 놀이 문화가 거의 다 파괴된 현 자본주의 단계에서 대중의 표현 욕구가 왜곡된 형태로 나타난 거야. 노동과 놀이가 완전히 분리된 상태가 오래 지속됨에 따라 자기 소외가 급진화된 것이라니까."

이런 이야기가 약간 흥분된 어조에 실려 흘러나오면, 구석에 앉아 있던 누군가가 조용히 반론을 제기했습니다. 그들 중 태반은 그때 막 국내에 소개되기 시작한 알튀세르의 책이나 여타 문화이론 서적들을 열독하고 있던 이들이었습니다.

"그건 지나치게 1980년대식 구닥다리 사고방식이야. 생각해 봐, 기술 발전의 파급 효과에 대해 무턱대고 반대하고 나서는 것은 언제나 시대착오인 결과를 가져왔어. 그저 반대하고 부정할 게 아니라, 그 효과의 변증법적 의미를 살펴봐야 한다고. 누구나 노래방에서 연습해서 거의 모든 대중이 프로 수준까진 아니더라도 나름 수준급의 노래 실력을 가지게 된다면, 그게 밑바탕이 되어 새로운 문화적 조건이 만들어질 수도 있는 거지. 기술이 펼쳐 놓은 새로운 지형에서 훈수랍시고 '소외' 같은 개념을 들먹이는 건 너무 관념적이고 방어적인 태도야."

이쯤 되면 주변 사람들은 지나치게 진지한 대화 당사자들에게 핀잔을 주면서 분위기도 수습할 겸 2차를 가자고 채근했습니다. 그렇게 술집을 나선 그들의 발걸음이 향하는 행선지는 당연하게도 거의 대부분 노래방이었습니다.

돌이켜보면 당시 노래방의 포용력은 대단한 것이었습니다. 자신에 대한 비판자들까지 보듬어 안기 위해 '노래를 찾는 사람들'이 부른 민중가요 같은 레퍼토리까지 구비해두고 있었으니까요. 아무튼 한 시간가량 참석자 모두가 나름 사연이 있는 애창곡들을 진정성 넘치는 목소리로 부르고 나면, 주인아저씨는 10분 정도의 시간을 보너스로 더 얹어주곤 했는데, 그 시간은 당일 술자리의 파장을 알리는 대화합의 시간이기도 했습니다. 모두 제자리에서 일어나 들국화의 〈그것만이 내 세상〉이나 부활의 〈비와 당신의 이야기〉 같은 곡을 목이 터져라 외쳐 부르는 시간. 아쉽게도 그들 중 누구도 20년 뒤의 노래방이 대중음악 저작권자의 가장 중요한 수입원이 될 것이며, 전 국민이 참여하는 공개 오디션 텔레비젼 프로그램의 물적 토대가 될 것이라곤 상상하지 못했습니다. 그도 그럴 만한 것이 그 시절은 윈도즈 95도 인터넷도 없고, 코프로세서를 장착한 386 컴퓨터만 달랑 책상 위에 놓여 있던 시절이었으니까요.

아……. 잠시만요. 노래방에 대해 언급하다 보니 이야기가 삼천포로 빠졌군요. 죄송합니다. 제가 그 시절에 대한 추억이 많다 보니 매번 제 젊은 시절의 경험담을 늘어놓게 되네요. 아무튼. 음음. 다시 원래 이야기로 되돌아가도록 하지요.

주지하다시피 1990년대 중반 이후 다종다양한 방들의 시대가 펼쳐지게 되었습니다. 기본적으로 이 방들은 집의 기능 일부를 외부화한 공간이었고, 같은 시기에 이런저런 우여곡절을 거치면서 본격적으로 분화되기 시작했지요. 노래방이 등장해 '전 국민의 가수화'를 추동하더니, 얼마 지나지 않아 비디오방과 피시방이 대학가 주변에 등장했습니다. 이때만 하더라도 이런 유형의 방들은 마땅히 갈 곳 없는 젊은 세대가 청춘의 시간을 원활하게 소모할 수 있도록 돕기 위한 용도였습니다. 그리고 대학가에 위치한 큐브가 숙식용 방과 집의 기능을 외부화한 방들의 네트워크로 변모하기 시작했지요.

아, 생각해보니 아까 고시원에서 노래방으로 넘어가는 대목에서 설명을 하나 빼먹었네요. 잠시 삼천포로 빠지는 바람에 헷갈렸습니다. 죄송합니다. 그 이야기를 잠시 하도록 하지요.

시간적으로 보자면 벌집의 감소와 고시원의 여인숙화는 거의 동시에 일어난 현상이었습니다. 표면적인 인과관계만 놓고 보면, 전자는 1988년 서울 올림픽 대회 이후 구로공단이 경공업 부진, 공장 자동화, 공해 기업 이전 등 서울의 산업 구조 재편과 더불어 빠르게 쇠락하는 과정과 연관되어 있고, 후자는 1989년 이후 수도권 신도시 건설로 인해 일용직 노동자 수가 급격히 늘어나는 과정과 관련되어 있습니다. 그런데 큐브의 변천사라는 관점에서 정리하자면, 사실상 고시원이 벌집의 바통을 이어받은 것이라고 볼 수도 있지요. 고시원이 대학가와 고시촌에서 벗어나 지하철역 주변 주택가와 번화가로 활동 영역을 넓혀갈 수 있던 것도 이런 이유 때문이었을 것입니다.

　　물론 고시원의 입장에서야 미래의 판검사를 배출하던 과거의 영광을 들먹이면서 벌집과의 단절을 주장하고 싶을 것입니다. 분명히 고시원은 벌집과 차별화되는 요소를 지니고 있었습니다. 방에 부엌이 딸려 있지 않고 따로 공동 부엌과 휴게실을 갖추고 있었으니까요. 하지만 그것뿐이었습니다. 친자 확인 소송이라도 벌어진다면 고시원은 자신이 벌집에서 진화한 형태임을 인정하지 않을 수 없는 처지였습니다. 고시원과 벌집은 근본적으로 똑같은 유전자를 보유하고 있었으니까요. 그것은 바로 '일실 병렬형의 집단 주거 모델'이라는 공간 구획의 유전자였지요.

사다리가 사라진 시대,
빨대 꽂힌 큐브

큐브에 돌이킬 수 없는 변화가 일어난 것은 1997년 외환 위기 이후였습니다. 그 변화는 구조적인 것이었습니다. 앞서 말씀드렸 듯이 큐브 거주자들 상당수의 꿈은 가정을 이룬 뒤 자기 명의의 집을 마련하는 것이었습니다. 물론 이런 꿈이 많은 이에게 실현 가능했던 것은 일종의 복권처럼 운영되던 '내 집 마련'의 사다리 덕분이었습니다. 하지만 이 사다리는 정부의 분양가 상한제 폐지 와 함께 조금씩 흔들리기 시작하더니, 2000년대 전반에 걸친 부 동산 시장의 폭등세로 인해 끝내 무너져 내리고 말았습니다. 그 이후 큐브는 방에서 방으로의 이동만이 무한 반복되는 폐쇄계, 그러니까 환승역이 존재하지 않는 순환선의 세계로 진화하기 시 작했습니다.

이런 변화를 직감적으로 눈치 챈 큐브 거주자도 있었습니다. 30대 초반의 J씨가 그런 경우죠. 그녀는 창 너머로 새벽녘의 동 네 풍경을 바라보면서 다음과 같은 생각에 빠져듭니다.

그중 저기, 제일 꼭대기, 뉴타운에 들어선 아파트는 저녁마다 회사 로고를 본뜬 네온등을 밝히는데요, 그게 어두운 허공에 붕 떠 있으 면, 어느 땐 천공의 섬 같고, 또 어떤 때는 모두에게서 모든 것을 승 인받은, 이 세기의 대표적인 문장(紋章)처럼 보이기도 해요. 그래서

아파트 게임

저는 이따금 유리벽에 코를 박은 스푸트니크의 개를 떠올리며 밖을 바라봐요. 그러면 이 방이 어떤 공간이나 장소가 아닌, 어디론가 계속 이동 중인 물체처럼 느껴지거든요. 이제 저쪽 세계와는 같은 시공을 공유할 수 없겠다는 예감을 안고. 묵직한 가속도를 내며 지구로부터 멀어지는 우주선처럼요.[19]

물론 큐브의 세입자들이 "저쪽 세계", 그러니까 집의 세계에 착지하는 방법이 완전히 사라진 것은 아닙니다. 월세 내기가 지겨워 차라리 은행에 이자를 지불하고 말겠다며 대출을 받아 집을 장만하거나, 부모의 집에서 그들과 함께 살거나, 부모로부터 집을 증여받거나, 이도 저도 아니면 이미 오를 대로 오른 집값에는 턱없이 못 미치지만, 그래도 내 집 마련의 꿈을 포기하지 않을 정도의 연봉을 받는 직장에 취업하기 위해 부모의 노후 준비 자금을 털어 무한 경쟁의 교육 시장에 뛰어드는 것이지요.

이 네 번째 방법은 중산층 사이에서 여전히 인기가 높습니다만, 그리 추천할 만한 방법은 아닙니다. 따지고 보면 아버지의 집을 담보로 잡아 아들의 집을 마련하는 형국이니까요. '교육'을 매개 항으로 삼는 이 증여의 셈법은 꽤나 복잡하고 매우 비효율적인 데다가, 성공 확률도 갈수록 낮아지고 있습니다. 큰 문제지요. 요즘 같아선 차라리 그냥 집을 증여하라고 조언하고 싶은 심정입니다. 그런데 사실 위의 네 가지 방법은 내 집 마련의 꿈이 사실상 물거품이 되었음을 역설적으로 확인시켜주는 것이기도 했습니다. 전부 부모의 도움이나 은행의 대출을 전제로 깔고 있는 것이었으니까요. 바야흐로 사다리의 시대가 저물고 동아줄의 시대가 시작된 것이지요.

이렇게 2000년대 중·후반을 거쳐 큐브가 점차 외부로부터 고립된 폐쇄계로 변모해가던 시점에 대학가 주변이나 역세권에 자리 잡은 큐브의 번화가가 빠르게 고급화되기 시작했다는 점을 주목해볼 필요가 있습니다. 그 이전까지 그 거리의 대부분은 외형적으로 혼란스럽기 짝이 없었습니다. 어느 소설가는 "낡고 일관성 없고 잡지처럼 산만"하며, "이것저것을 오려다 마구 붙여놓은 느낌"이라고 표현했지요. 덩치만 큰 꾀죄죄한 네온사인 간판 아래 어린 남자나 중년 아주머니들이 '섹시 바'의 1만 원 할인권이나 고기 뷔페 전단을 나눠주는 모습을 쉽게 볼 수 있었으니까요.[20] 그런데 어느 순간인가 깔끔한 디자인의 카페 간판들이 하나둘 등장해 거리에 새로운 활력을 불어넣더니, 뒤이어 도넛 가게와 제과점, 아이스크림 가게 등이 상가 건물들을 점거하기 시작했습니다. 물론 뒷골목으로 들어가 보면 예전과 크게 달라진 것이 없었지만, 그래도 이것만큼은 분명했습니다. 지하철역 출구에서 나오거나 시내버스에서 내렸을 때 시야에 들어오는 지상의 풍경이 이전과는 꽤 많이 달라졌다는 사실 말입니다.

이와 같은 큐브 번화가의 변화를 두고 어떤 이들은 "요즘 젊은 애들은 돈 아까운 줄 모르고 한 끼 밥보다 비싼 커피를 사 마신다."며 비판했고, 또 어떤 이들은 서울에서도 젠트리피케이션이 시작되었다며 새로운 창업 종목을 제안하기 바빴습니다. 서울의 시장이 '디자인 서울'을 외치며 간판 정비 사업에 뛰어든 것도 이 시점이었지요.

그렇다면 이런 변화를 주도한 이들은 누구일까요? 바로 은퇴를 하거나 노후를 준비하는 베이비붐 세대의 중산층이었습니다. 그들은 인생 이모작을 준비하며 큐브 변화가에 터를 잡고 가게 문을 열기 시작했지요. 큐브에서 빠져나가는 인구가 급격히 줄어든 만큼 큐브로 들어오는 인구도 높은 대학 진학률과 더불어 꾸준히 유지되다 보니, 큐브의 세입자들을 상대로 하는 자영업이 안정적인 투자처라고 판단했던 것이지요.[21] 그들은 프랜차이즈 브랜드의 가맹점으로 개업을 시도하는 경우가 많았는데, 그들이 선호한 업종은 나름의 공통점을 지니고 있었습니다. 전문적인 지식이나 기술 없이도 프랜차이즈 업체들이 제시하는 매뉴얼에 따라 간단하게 개업이 가능하다는 점, 초기에 투자비용이 많이 들어가는 반면 아르바이트생 고용만으로도 충분히 운영이 가능하다는 점, 그리고 특정한 기호의 식품을 주력 상품으로 내걸었지만 실제로 거래되는 대상이 '집'의 특정 기능을 외부화한 공간이라는 점 등이었습니다. 이를테면 이들이 가장 선호하던 커피전문점은 커피를 미끼 상품으로 내걸고 일정 시간 동안 공간을 빌려주는 업종, 즉 초단기 부동산 임대업에 가까웠습니다. 앞서 설명해 드린 바 있는 집의 기능을 외부화한 방들의 흐름이 노래방과 피시방, 찜질방과 대실용 모텔방 등을 경유해 마침내 프랜차이즈 커피전문점과 카페에 당도했다고나 할까요?

그렇다면 높은 비용을 지불해가며 이 공간을 임대한 이들은 누구였을까요? 그들 상당수는 고교 시절 "이해찬 세대"로 불리다가 대학을 다니던 시점에는 "88만 원 세대"라고 불렸고, 사회생활을 시작할 즈음에는 "삼포 세대"라고 불리게 된 이들이었습니다. 삼포 세대란 연애, 결혼, 출산을 포기한 세대를 의미하는 신조어였지만, 실제로는 '내 집 마련'의 꿈을 포기한 세대를 뜻하는 것이었습니다. 이전 같으면 그들 중 상당수는 결혼을 한 다음 허리띠를 졸라매며 아파트 분양 광고를 눈여겨볼 나이였습니다. 하지만 그들은 큐브 바깥의 세계로 빠져나갈 엄두도 내보지 못한 채 여전히 집주인의 눈치를 살피며 월세방을 전전해야 하는 처지였습니다. 그들은 모델하우스에 한번 가보지도 못한 채 늙어가고 있던 것이지요.

저임금과 고분양가의 시대가 강요한 삶. 그들 중 일부는 집을 포기하는 대신 잠시만이라도 '지지리 궁상'의 상태를 벗어나기 위해 '소박한 사치'의 비법들을 창안하는 데 몰두하지 않았을까요? 실제로 그들이 돈을 쓰는 방법은 큐브에서 생활한 연차만큼 가짓수가 늘어났고, 그들의 취향 역시 느린 속도이지만 조금씩 세련되어갔습니다. 이를테면 서울 변두리의 원룸에 거주하는 P씨는 예전에는 "장식이나 색상 위주로 물건을 골랐다면 이제는 질감이나 선을 보"게 되었습니다.[22] 대학생 시절 큐브의 반지하 방에 거주할 때만 해도 그녀는 "전투 로봇의 갑옷처럼 번쩍하니 투박하게 생긴" 컴퓨터 본체 케이스를 "가장 21세기적인 느낌"이라는 이유로 선택했지요.[23] 하지만 그녀는 변했습니다. 타향살이의 이력이 녹록지 않게 쌓이고 "이런저런 곁눈질과 시행착오"를 거듭한 끝에 스스로 안도할 수 있는 한줌의 취향을 얻게 되자 점차 자신감 넘치는 쇼핑도 할 수 있게 되었습니다.

물론 P씨 같은 세입자들이 구입할 수 있는 상품의 세계는 "늘 반 뼘 모자라"는 것이거나 "한 뼘 초과"하는 것이게 마련입니다. "본디 이 세계의 가격은 욕망의 크기와 딱 맞게 매겨지지 않"는 법이니까요.[24] "늘 반 뼘 모자라"는 소비의 세계는 '유니클로', '무지', '이케아' 같은 중저가 브랜드가 선점한 세계이며, 저렴하지만 싸구려는 아니고 소박하지만 궁핍하지 않은 상품들이 넘쳐나는 세계라고 할 수 있지요. 일본의 디자이너 하라 켄야가 무지의 브랜드 철학으로 내세운 바 있는 "이것만으로도 충분하다"라는 슬로건은 이 세계의 가치관을 명쾌하게 요약했다고 할 수 있습니다. 반면 "한 뼘 초과"하는 세계는 이와는 완전히 다릅니다. 그 세계는 "다른 건 몰라도 이것만큼은 반드시 갖춰야 한다"는 식의 유행 문법이 지배하는 세계입니다. "다른 건 몰라도 가방은 비싼 걸 매야 한다, 다른 건 몰라도 화장품은 좋은 걸 써야 한다, 항상 입는 코트는 유명 브랜드로 걸쳐야 한다, 여자는 머릿결이 생명이다, 피부가 명함이다" 등등. 이른바 '머스트 해브 아이템'의 목록이 철 따라 매번 갱신되는 세계이지요.[25]

'이것만으로도 충분한 세계'와 '다른 건 몰라도 이것만큼은 갖춰야 하는 세계', 이 두 세계에 양다리를 걸치는 것이야말로 큐브의 나이 든 세입자들이 여러 번의 시행착오 끝에 터득한 삶의 지혜 같은 것이라고 할 수 있지요. 바로 욕망의 크기에 반 뼘 모자라는 선택을 거듭한 뒤, 그렇게 모은 반 뼘들로 구매력을 충전해 한 뼘을 초과하는 무언가를 구입하는 것 말이지요. 큐브 변화가의 고급화는 이런 소비의 습속을 지닌 비혼 30대 거주자들이 늘어난 결과라고 할 수 있습니다. 그들이라면 끼니를 때우기 위해 후줄근한 운동복을 입은 채로 골목길 편의점을 들락거리더라도, 데이트를 위해서라면 인터넷을 통해 분위기 좋은 카페나 맛집으로 소문난 음식점을 검색하는 일 따위를 게을리하지 않을 테니 말입니다.

큐브 번화가의 고급화가 정점을 향해갈 무렵, '삼포 세대'로 불리던 이들이 또다시 다른 이름으로 불리기 시작합니다. 바로 '에코 세대'라는 이름이지요. 아시다시피 에코 세대란 삼포 세대의 부모 상당수가 '베이비붐 세대'라는 사실에서 착안한 명명법입니다. 이 명칭은 큐브 번화가의 고급화에 관해 흥미로운 사실을 명료하게 보여줍니다. 바로 '에코 세대'를 주요 고객으로 다종다양한 '방 임대업'을 벌이고 있는 이들 상당수가 그들의 부모 또래에 속하는 베이비붐 세대의 중산층이라는 것이지요. 큐브 내부에서 부모와 자식 세대 간에 매우 기묘한 빨대 꽂기 경쟁이 벌어졌다고나 할까요? 부모는 어떻게든 자식 세대의 누군가로부터 한 푼이라도 더 임대료를 받아내려고 애써야 하는 반면, 자식들은 어떻게 해서든 부모 세대의 누군가에게 임대료를 덜 내기 위해 발버둥 쳐야만 하는 상황인 것이지요. 누군가 멀리서 바라본다면 큐브의 번화가 전체가 자기 꼬리를 잡아먹는 뱀, 즉 오우로보로스처럼 보일지도 모르겠습니다.

잠깐만요. 말하면서 생각해보니 제가 사태를 암울하게 묘사하고 있는 것 같군요. 죄송합니다. 하지만 안타까운 일인 것만큼은 분명합니다. 달리 뾰쪽한 해결책이 있는 것도 아니고요. 장기적인 경기 침체 속에 큐브가 한 단계 더 도약하기 위해서 어쩔 수 없이 치러야 할 희생이라고 할까요?

한편 정보화 시대를 주도하는 첨단 IT 산업도 성장을 위한 핵심적인 시장 중 하나로 큐브를 주목했다는 말씀도 덧붙여야겠네요. 사실 정보 서비스업은 인터넷과 무선망을 통해 사용자에게 가상의 방을 제공하는 사업이라고 할 수 있습니다. 포털, 게임,

공유 등 각종 서비스를 통해 여러분의 두 눈과 컴퓨터 스크린 사이에, 혹은 스마트폰 터치스크린 사이에 정보의 방을 제공해주는 것이지요. 물론 그 방은 업체의 기술력과 여러분의 감각이 합작해서 만들어낸 가상의 방입니다. 일종의 증강현실이라고 할까요. 여러분이 이 방이 제공하는 다양한 문화 콘텐츠를 보고 들으면서 '재미'라는 감정의 흥분 상태를 만끽하는 동안, 정보 서비스 업체들은 그 대가로 여러분의 '시간'을 챙깁니다. 이 시간이 여러분이 지불하는 임대료인 셈이지요.

사실 '창조 경제'란 것도 이런 맥락에 있는 것 아니겠습니까? 큐브의 공식 입장에 따르면, 창조 경제란 각종 첨단 IT 기술을 총동원해 구매력이 현저히 낮아진 젊은 소비자 집단의 '시간'을 현금화하는 방법을 고안해내고, 이를 바탕으로 미래의 비즈니스 모델을 창출해내려는 일련의 시도를 통칭하는 것입니다. 창조 경제가 소비자로 상정하는 이들이 집단적으로 거주하는 지역이 바로 큐브라는 사실에 주목해주시기 바랍니다. 약간 과장하자면 큐브야말로 창조 경제의 핵심 에너지원 중 하나라고 말할 수도 있습니다.

아, 네? 결국에는 IT 산업 역시 '창조 경제'라는 미명 아래 큐브의 거주자들에게 거대한 빨대를 꽂은 게 아니냐고요? 그렇게 부정적으로만 보실 게 아닙니다. 갈 곳 없는 청춘들의 시간이 고여 있는 거대한 저수지 같은 것을 한번 상상해보십시오. 그 저수지가 썩어가도록 그냥 방치해두는 게 과연 올바른 일일까요? 차라리 그들의 시간을 에너지원으로 삼아 경제를 살리고 일자리를 창출하는 것이 더 합리적인 선택이 아닐까요? 그러니 '빨대'라는 비유는 거둬주셨으면 합니다. 차라리 '수력 발전소'라는 표현이 어떨까요? 실제로 거주자의 입장에서도 큐브가 창조 경제와 협력관계를 맺는 것은 그리 나쁘지 않은 선택이었습니다. 비좁은 방에서는 가만히 앉아만 있어도 가슴이 답답합니다. 차라리 컴퓨터 스크린이나 스마트폰 터치스크린을 들여다보면서 감각적인 확장을 경험하는 게 더 낫지 않을까요? 정보 서비스 업체가 저렴한 가격으로 제공하는 '가상의 방'은 건설사가 무상으로 확장 공사를 해준 아파트 발코니 같은 것이라고 할 수 있습니다. 적어도 저는 그렇게 생각합니다.

학원 강사
Y씨의 경우

　그러면 이쯤 해서 21세기 큐브의 변화상을 고스란히 경험한 세입자의 사례를 한번 살펴보도록 할까요?[26] "중등부 1학년만 1,000명이 넘는 기업형 학원"의 국어과 강사 Y씨가 그 주인공입니다. 부동산 활황세가 정점을 찍었던 2006년, 그녀는 매일 지하철을 타고 목동에 위치한 '뉴엘리트 학원'으로 출근합니다. 그리고 그 덕분에 "매달 13평형 원룸의 월세와 의료보험, 적립식 펀드 한 개와 적금을 부어갈 만한 생활력"을 얻지요. 지방 출신인 그녀는 번역 아르바이트, 커피숍 서빙, 보습학원 교사, 잡지 교열, 논술 첨삭 등 다양한 아르바이트를 거친 후 학원 강사라는 일자리를 얻을 수 있었고, 고시원과 반지하 방 등 다양한 큐브의 방들에 차례로 머물고 나서야 마침내 13평형 원룸에 닿을 수 있었습니다. 1997년 외환 위기를 전후로 대학에 들어갔으니, 그녀는 전형적인 삼포 세대이자 에코 세대라고 할 수 있습니다. 그녀의 20대는 21세기 큐브의 산 역사라고 해도 과언이 아닙니다.

　그런데 그녀는 현재의 자신이 그리 만족스럽지 않은 모양입니다. 종종 "사교육만 제대로 받았어도 이러고 있지 않을 텐데"라며 신세 한탄도 하고, "한 1년 묵묵히 공부한 뒤 공기업에 취직한 후배를 보며 질투"를 느끼기도 하니까요. 그래서 강사 생활을 그만두고 다른 직장을 알아볼까 생각하기도 합니다. 하지만 언제나 마음뿐이지요. 월급날이 "번번이 용서를 비는 애인"처럼 돌아오니까요. 그녀는 그 월급 덕분에 자신이 "술자리에서 초조해하지 않아도" 된다는 것, "지인들의 경조사에서 사람 노릇"을 할 수 있다는 것을 잘 알고 있습니다. 물론 그녀가 지불해야 하는 대가도 만만찮습니다. "인생의 어떤 부분을 가불받고 있"는 것 같다는 느낌이 그것입니다. 그렇다면 그녀를 사로잡은 이 느낌의 정체는 무엇일까요? 일견 그것은 그 또래가 흔히 경험하는 '미래의 불확실성'에서 비롯된 것처럼 보이기도 합니다. 하지만 그게 다일까요? 혹시 그녀의 일상을 지탱하는 두 축, 즉 학원과 원룸의 독특한 면모에서 비롯되는 것은 아닐까요? 이런 질문에 답하려면 일단 그녀가 출근하는 큐브 바깥의 '뉴엘리트 학원'을 들여다봐야 합니다.

대개의 기업형 학원들이 그러하듯이 그녀의 학원 역시 386 세대의 운동권 출신이 운영하는 곳일 가능성이 높습니다. 주지하다시피 2000년대 사교육 시장의 흐름을 주도하던 서울 주요 지역의 학원장들은 과거 한때 군부 독재에 저항하며 사회 변혁을 꿈꾸던 이들이었습니다. 수배나 전과 기록으로 인해 취업이 쉽지 않았던 그들은 1990년대 초반 변두리 학원에서 강사 생활을 시작했지요. 호구지책이었습니다. 그러다 1994년에 대학 입시가 수능시험으로 바뀌고 논술 비중이 높아지자 사교육 서비스의 산업화를 실현할 절호의 기회를 잡았던 것입니다. 이 시기, 이들은 대규모 아파트 단지 주변에서 학원을 운영하면서 베이비붐 세대 중산층 부모의 경제력을 성장의 기반으로 삼았습니다. 그리고 인터넷의 보급과 더불어 강의 콘텐츠의 유통망을 확대해 '규모의 경제'를 실현했고, 그 이후에는 코스닥 상장을 통해 학원 사업의 산업화를 완성하려고 했습니다. 30조 원 규모로 팽창한 사교육 시장과 80퍼센트에 육박하는 대학 진학률, 그리고 들썩거리는 자산 시장은 그들의 든든한 지원군이었지요. 따라서 "수백억 원 대의 연매출을 자랑하는 대형 학원의 출현"은 어찌 보면 지극히 자연스러운 일이었습니다.[27] Y씨가 일하는 곳은 바로 이런 배경을 지닌 대형 학원들 중 하나지요.

그녀 일상의 다른 한 축인 큐브의 방, 즉 13평형 원룸은 어떤 가요? 그녀는 학원에서 받은 월급의 일부로 이 원룸의 월세를 지불합니다. 만일 그녀가 월세 계약 당시 부동산 중개업자가 한번 확인해보라고 건네준 등기부등본을 제대로 살펴보았다면 다음과 같은 사실을 알아챘을 것입니다. 2000년대 초반의 분양 당시만 해도 자신이 임대한 원룸의 분양가가 5,000만 원대에도 못 미쳤다는 사실, 집주인이 분양권 구입을 위해 3,000만 원가량을 대출받았다는 사실, 2006년 시점에 시세가 무려 두 배 가까이 올랐다는 사실 말입니다. 집주인은 2,000만 원도 안 되는 돈을 투자해 5,000만 원에 가까운 시세 차익을 남겼으며, Y씨에게 매달 인터넷뱅킹을 통해 월세를 받고 있는 셈이지요.

이쯤 되면 주인공은 한번이라도 이런 생각을 해보지 않을까요? 자신이 지불한 월세가 집주인 자녀의 사교육비로 학원에 흘러들었다가, 다시 자신의 월급 일부로 되돌아오고 있을지도 모른다는 것 말입니다. 혹시 인생의 어떤 부분을 가불받고 있는 것 같다는 느낌은 바로 여기서 비롯된 것은 아니었을까요? 그러니까 그녀가 큐브와 학원, 다시 말해 자산 시장과 사교육 시장이 뫼비

우스의 띠처럼 연결된 매트릭스 안에서 자신이 '입시 정보'의 전달자이자 '임대료'의 연결 통로로 소모되고 있는 것이 아닌가 하는 의문을 가질 수도 있다는 것이지요.

물론 그렇게 생각할 수도 있습니다. 그런데 꼭 그렇게까지 비관적인 태도를 취해야 하는 걸까요? 제가 보기엔 그렇습니다. 내 집 마련의 사다리가 사라진 세계에서 그런 처지에 놓인 청춘이 어디 Y씨뿐이겠습니까? 사실 원룸의 입주자가 학원 강사가 아니라 다른 직종의 종사자라고 하더라도 미래에 대한 불안감을 피하기는 어려울 겁니다. 큐브에서 오랜 시간 거주한 이들이라면 누구나 느낄 수밖에 없는 감정이니 말입니다. 저로서는 이렇게 말씀드리고 싶군요. 그런 감정은 시대의 변화에 적응하지 못해 발생한 부작용일 뿐이라고. 그러니까 변화에 대처하려면 좀더 적극적이고 긍정적인 태도를 취할 필요가 있다고 말이지요. 그 첫 단계는 집에 대한 미련을 버리고 방에 대한 애정을 굳게 다지는 것입니다. 그렇게 예민하게 감각의 날을 세워봤자 피곤해질 뿐입니다. 인생의 선배로서 진심으로 드리는 조언이니 이 점을 명심하시기 바랍니다.

1970, 1980년대 벌집이 지금 어떤 모습으로 남아 있는지 혹시 궁금하신 분들이 있나요? 앞서 말씀드린 Y씨와 유사한 처지인 큐브 거주자 S씨는 몇 년 전 크리스마스이브에 신기한 경험을 했습니다.[28] 그녀는 그날 시내에서 남자친구와 하룻밤을 함께 지낼 모텔 방을 구하지 못해 종로에서 시청으로, 서울역에서 영등포로, 그리고 다시 신길동을 지나 구로공단 근처까지 흘러들었습니다. 그렇게 해서 마침내 방을 구한 곳은 쇠락한 가리봉동 주택가

의 어느 여인숙이었습니다. "장기 방 있음"이라고 적힌 종이가 붙어 있는 "민박집 분위기가 나는 허름한" 골목 끝 건물이었지요. 그곳에서 S씨는 방 하나에 여러 명이 장기 투숙 중인 동남아시아 노동자들을 목격합니다. 제 이야기를 쭉 들어오신 여러분은 그 여인숙이 벌집을 개조한 숙박업소라는 사실을 어렵지 않게 눈치 챌 수 있을 겁니다. '큐브의 살아 있는 역사 박물관'이라고 할 만한 곳이지요. 하지만 그녀는 알아채지 못합니다. 당연한 일이죠. 그녀는 벌집의 존재 자체도 모를 테니 말이지요. 그런데 만일 알았다면 어땠을까요? 큐브의 역사 유적 체험이 연인 간의 하룻밤보다 더 뜻깊고 알찬 크리스마스 선물이라고 생각하지 않았을까요?

아? 예. 물론 농담입니다.

방의
평등주의

자, 이제 강연을 마무리해야 할 시간이 된 것 같군요. 좀 산만하긴 했지만, 큐브의 방들이 어떤 과정을 거쳐 현재의 모습으로 변모했는지 이해하는 데 도움이 되셨을 것이라고 생각합니다. 정리하지면 이렇습니다. 집으로 향하던 '사다리'가 사라진 이후 큐브는 기존의 거주용 방과 집의 기능을 외부화한 방, 즉 주거 공간과 상업 공간이 이원화된 방향으로 계속 증식했다고 말이지요. 이 두 유형의 방들은 물리적으로는 불연속적으로 존재했지만, 큐브 거주자들의 동선을 통해 유기적인 형태로 서로 연결되었습니다. 표면적으로는 그물망과 같은 모양새이지만, 내부적으로는 피라미드와 같은 구조로 결속되어 있었지요. 피라미드라고 하니까 무척 심오해 보이기도 합니다만, 실상 그것이 의미하는 바는 단순 명료합니다. 큐브가 사실상 방을 매개로 한 임대료의 다단계적 이동 경로로 변모했다는 것이니까요.

2000년대 초·중반의 집값 폭등 이후 사실상 거주자가 혼자 힘으로 큐브에서 탈출하기란 거의 불가능한 미션에 가까워졌습니다. 하지만 그들이 지불하는 임대료만큼은 별다른 어려움 없이 큐브에서 빠져나와 그 바깥의 삶을 윤택하게 만드는 윤활유의 기능을 했습니다. 거주용 방은 세입자-집주인-은행의 경로를 따라, 그리고 집의 기능을 외부화한 방들은 고객-자영업자-건물주-은행의 경로를 따라 단방향으로 흘러갔지요. 세입자든 자영업자든 집주인이든 건물주든, 은행에 빚을 지지 않고 있는 경우가 드물었기 때문에 임대료 흐름의 맨 끝자리는 거의 언제나 은행 차지였습니다. 은행은 이들의 자산을 담보로 잡고 주기적으로 이자를 받아냈으니까요.

이러한 임대료의 흐름은 성장의 한계에 도달한 서울에게 반드시 필요한 것이기도 했습니다. 아시다시피 서울은 제조업 기반이 붕괴된 갱년기의 도시나 다름없었습니다. 그러니 서울의 입장에 보자면 임대료는 주기적으로 맞아야 하는 호르몬 주사제나 다름없었지요. 만약 다른 지방 도시였다면 큐브 일부는 빠르게 슬럼으로 바뀌었을 것입니다. 하지만 유독 대학교가 많은 서울에서는 그런 일이 벌어지지 않았습니다. 대학생이나 취업 준비생 같은 산업예비군들이 큐브에 거주하면서 도시의 노화 속도를 늦추고 있는 것이지요. 시간의 격랑에 맞서는 인간 방파제라고 할까요? 여러분 중에는 이런 표현이 너무 과장된 것이라 생각하는 분도 있는 것 같습니다. 지금 여러분이 거주하고 있는 큐브의 번화가에 나가서 술집과 카페, 음식점에 앉아 있는 손님들 중에서 대학생으로 보이는 사람들을 하나둘 지워보시기 바랍니다. 몇 명이나 남나요? 제 말이 이해가 되시나요? 이런 관점에서 보자면 큐브는 중산층 이상 거주 지역과 도시 빈민 거주 지역 사이의 완충지대 같은 구실을 하면서 도시의 평화를 유지하는 데 중요한 역할을 도맡고 있는 셈입니다.

물론 큐브와 관련된 이들의 이해관계는 임대료 지불과 배분을 두고 첨예하게 대립하는 상황이긴 했습니다만, 어느 순간부터인가 미묘한 균형 상태에 도달한 듯 보이기도 했습니다. 지나치게 아슬아슬하기 때문에 극도로 아름다운 균형 상태 말입니다. 물론 이 상태가 계속 지속되리라고 믿는 사람은 그리 많지 않습니다. 그렇다면 이 상태가 언제 어떻게 파국을 맞이하게 될까요? 여러분은 어떻게 생각하시나요? 실제로 이에 대해서는 아무도 예측을 못하고 있습니다. 큐브의 공식 입장은 아닙니다만, 저는 이렇게 생각합니다. 바로 이런 예측 불가능성이야말로 역설적으로 큐브의 상대적인 안정성을 입증해주는 것이라고 말입니다.

억 단위의 거금을 들여야 겨우 집 한 채를 구할 수 있는 큐브 바깥의 세계를 둘러보십시오. 예측 가능한 형태로 몰락의 조짐을 뚜렷하게 보이고 있지 않습니까? 반면 기껏 10만, 100만 단위의 '푼돈'을 월세로 지불하는 큐브의 세계는 불안정하긴 합니다만, 그래도 균형 상태를 유지하고 있지 않습니까? 특히 세입자의 입장에서 보면 사고가 발생해도 '보증금' 정도를 날리게 되는 형편이니 손실 처리의 규모도 그렇게 크지 않은 편이지요. 게다가 큐브의 최대 주주나 다름없는 은행의 역할도 빼놓을 수 없지요. 은행은 금리 조정 등 다양한 수단을 동원해 이해 당사자의 금전관계를 섬세하게 조율할 수 있고, 은행의 그런 역할에 대한 사람들의 막연한 믿음이 큐브의 균형 상태를 유지하는 데 중요한 역할을 하고 있으니까요.

혹시 이 자리에 앉아 계신 분들 중에 아직까지도 '집'에 대한 미련을 버리지 못한 분들이 계신가요? 저임금, 저금리, 저출산, 고분양가, 즉 '3저 1고의 시대'가 현실화된 마당에 아직도 그런 시대착오적인 꿈을 꾸고 있다니요? 그런 분들께 다시 한 번 말씀

드립니다. 미련을 버리십시오. 여러분에게 최적화된 주거 형태는 집이 아니라 방입니다.

앞서 설명해드린 대로 큐브를 둘러싸고 복잡한 이해관계와 모순적인 상황들이 첨예하게 뒤엉켜 있는 것이 사실입니다. 하지만 이것만큼은 꼭 기억해주셨으면 합니다. 여러분이 세상에 발을 내딛기 직전 머물렀던 태초의 방은 지위고하를 막론하고 유사한 크기였습니다. 부모의 사랑과 정성이 아무리 지극하더라도 어머니의 자궁이 제공할 수 있는 방의 넓이에는 한계가 있지요. 물이 가득 차 있던 그 방에서 보낸 10개월의 시간을 상상해보기 바랍니다. 큐브의 설계자들은 오래전부터 '방'의 시대가 올 것을 예측하고 수십 년간 다양한 주거 모델을 실험해왔습니다. 그들이 상상했던 방의 모양새는 시기마다 제각각이었지만, 그들이 이상향으로 꿈꾸던 큐브의 미래만큼은 한결같았습니다. 그것은 어머니의 자궁처럼 '방의 평등주의'를 실현하는 삶의 공간이었지요. 여러 악조건에도 큐브로 향하는 행렬이 끊이지 않고 계속 이어지는 이유도 바로 큐브의 이런 이상주의에 대한 군건한 신뢰 때문이 아닐까요? 저는 그렇게 생각합니다. 부연하다 보니 말이 길어졌군요. 죄송합니다. 여기서 마무리하도록 하겠습니다. 다시 한 번 큐브 대박람회에 오신 걸 환영한다는 말씀을 드립니다. 감사합니다.

아, 아, 마이크, 아, 아, 들리세요? 잠깐만요. 안내 말씀 좀 드릴게요. 국내 유수의 큐브 중개인이 다수 참여하는 '내 방 마련' 프로그램이 옆 로비에서 진행될 예정입니다. 왼쪽 출구로 나가시면 됩니다. 로비로 향하는 복도 양쪽에는 서울 대학가의 큐브 생태계를 분석한 인포그래픽이 전시되어 있습니다. 오늘 강연 후반부 내용을 명료하게 이해하는 데 도움을 주니 눈여겨봐주시기 바랍니다. 로비에서는 도우미 아가씨들의 안내에 따르시면 됩니다. 그리고 오른쪽 출구로 나가면 모델룸 전시장이 여러분을 기다리고 있습니다. 가격대 성능비로 정평이 나 있는 국내 유명 가구업체와 디자인 소품업체 들이 참여한 모델룸은 여러분의 요구와 취향에 초점을 맞춰 최신 디자인 트렌드와 라이프스타일을 소개하고 있습니다. 많은 관심 부탁드립니다.

부록

큐브에 관한

인포그래픽

| 서울 소재

대학생의 경우

1.
서울 소재 대학교에 대한 기본적인 정보는
대학알리미의 2012년 자료를 참고했다.

2.
서울 소재 대학생의 수입과 지출에 대한
정보는 2012년에 금융위원회의 용역
연구로 진행된 한국 갤럽의 <대학생
고금리대출 이용 실태 조사 보고서>를
참고했다. 이 보고서는 전국 4년제 대학,
2·3년제 전문대학에 재학 중인 5,000명의
대학생을 대상으로 진행되었으며, 그중 서울
지역 대학생 923명에 대한 조사 내용을
참고했다.

3.
지방 출신 서울 소재 대학생의 주거 실태는
한국청소년정책연구원의 2013년 보고서
<부모 비동거 대학재학생의 주거 유형 및
주거비 부담 현황>을 참고했다. 이 보고서는
2012년 전국의 4년제 대학, 2·3년제
전문대학에 재학 중인 대학생 2,400명에
대한 실태조사 자료를 분석했다. 그중 부모
비동거 대학 재학생의 사례는 전국 833개,
서울 96개였다.

4.
다음 제시된 수치들은 위 보고서의 조사
결과를 바탕으로 추산한 것이다. 이 자료를
활용함으로써 대학생의 수입과 지출을
중심으로 큐브를 둘러싼 이해관계와 자금
흐름을 살펴보는 데 도움이 될 것이다.

수입: 1만 원

지출: 1만 원

수입: 1,000억 원

지출: 1,000억 원

10만 명

서울시 전체 인구
1,020만 명

서울시 대학생
총 40만 3,000명
35만 9,000명(대학) + 4만 4,000명(전문대학)

서울 소재 대학생의 수입·지출 총액

수입 총액

1인 월평균
52만 3,000원

연간 총수입 규모
2조 5,290억 원

수입 내역

용돈
31만 8,000원

아르바이트
13만 원

과외
6만 4,000원

금융거래
3,000원

 etc

기타
8,000원

지출 총액
(등록금과 주거비 제외)

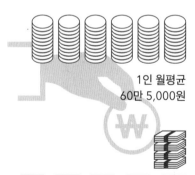

1인 월평균
60만 5,000원

연간 총지출 규모
2조 9,250억 원

적자 총액

1인 월평균
8만 2,000원

연간 총 적자 규모
3,970억 원

서울 소재 대학생의 생활비 항목별 지출

식비

1인 월평균
17만 6,000원

연간 총지출
8,510억 원

의류비

1인 월평균
8만 3,000원

연간 총지출
4,010억 원

학습교재비

1인 월평균
12만 6,000원

연간 총지출
6,090억 원

학원비

1인 월평균
1만 6,000원

연간 총지출
770억 원

취미·여가

1인 월평균
5만 8,000원

연간 총지출
2,810억 원

교통비

1인 월평균
7만 5,000원

연간 총지출
3,630억 원

유흥비

1인 월평균
6만 5,000원

연간 총지출
3,140억 원

기타

etc

1인 월평균
6,000원

연간 총지출
290억 원

지방 출신 서울 소재 대학생의 주거 상황

서울·수도권 대 지방 출신 학생 비율

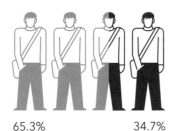

65.3%   34.7%

지방 출신 학생수
14만 명

지방 출신 대학생의 주거 유형

월세
37.5%

전세
17.7%

하숙
9.4%

고시원
7.3%

학교 직영 기숙사
15.6%

학교 민자 기숙사
7.3%

향토 학사
5.2%

지방 출신 대학생의 주거비용

1인 월평균
28만 6,000원

연간 총지출
4,800억 원

서울 소재 대학 기숙사 수용 인원

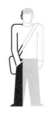

약 3만 명

서울 소재 대학의 등록금·장학금·대출금

서울 소재 대학의 등록금 규모

4조 8,000억 원

대학등록금 납부 주체

부모
85.2%

장학금
13.9%

본인
10.2%

친인척
0.9%

무응답
0.2%

서울 소재 대학의 위치와 면적

장학금 수령 인원과 규모

11만 3,908명
4,000억 원

학자금 대출 인원과 규모
(2010년, 4년제)

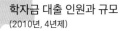

5,166명
3,879억 원

16km²/2.6%

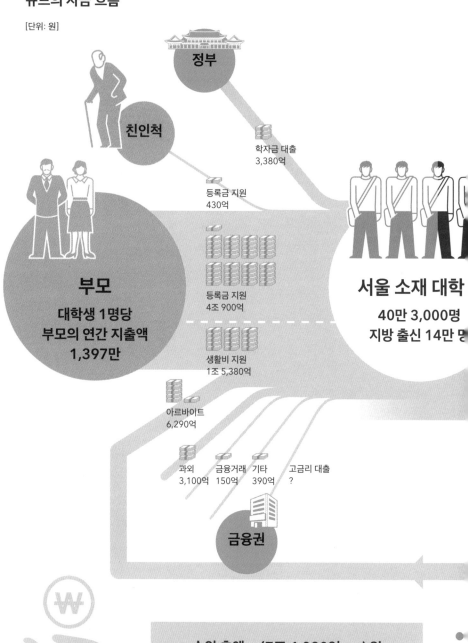

서울 소재 대학생을 중심으로 본
큐브의 자금 흐름

[단위: 원]

정부

친인척

학자금 대출
3,380억

등록금 지원
430억

부모
대학생 1명당
부모의 연간 지출액
1,397만

등록금 지원
4조 900억

생활비 지원
1조 5,380억

아르바이트
6,290억

과외
3,100억

금융거래
150억

기타
390억

고금리 대출
?

금융권

서울 소재 대학

40만 3,000명
지방 출신 14만 명

수입 총액 = (7조 4,020억 + α) 원
대학생 1인당 수입 = (1,837만 + β) 원

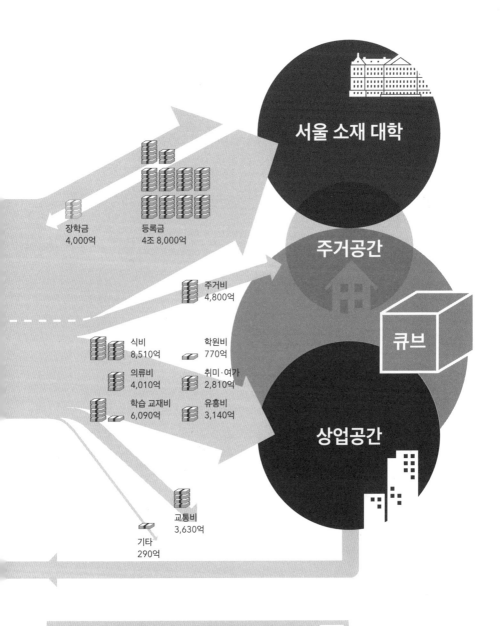

서울 소재 대학

장학금
4,000억

등록금
4조 8,000억

주거공간

주거비
4,800억

큐브

식비
8,510억

학원비
770억

의류비
4,010억

취미·여가
2,810억

학습 교재비
6,090억

유흥비
3,140억

상업공간

교통비
3,630억

기타
290억

지출 총액 = 8조 2,050억 원
대학생 1인당 지출 = 2,036만 원

1장   아파트, 중산층 가족 로망스의 제2막

1   김경화, "자영업(음식업·숙박업) 3년 생존율 28퍼센트 …… '준비된 창업'으로 성
공률 높여라", 〈조선일보〉, 2010. 10. 20.

2   박민규, 〈그렇습니까? 기린입니다〉, 《카스테라》(문학동네, 2005)

3   이로사, "영화 '월 스트리트 2'로 부산영화제 찾은 올리버 스톤", 〈경향신문〉,
2010. 10. 15.

4   이 다섯 번의 버블 중 부동산과 관련된 네 번의 버블에 대해선 다음을 참조하라.
손낙구, 《부동산 계급사회》(후마니타스, 2008), 26~29쪽.

5   아파트 개발이 본격화되기 이전, 1960년대 전반에 걸쳐 진행된 토지 투기를 통한
부동산 매매 차익의 규모는 다음과 같은 수치로 확인할 수 있다. "강남 개발의 결
과 1963년부터 1979년까지 16년간 강남구 학동의 지가는 1,333배, 압구정동은
875배, 신사동은 1,000배가 올랐는데, 같은 기간에 강북인 중구 신당동, 용산구
후암동은 각 25배 오르는 데 그쳤다." 장상환, 〈해방 후 한국 자본주의의 발전과
부동산 투기〉, 《역사비평》, 2004년 봄호(통권 66호). 61쪽.

6   1978년에 명문화된 '주택 공급에 관한 규칙'은 주택청약저축 및 예금의 가입자에
게 주택 분양의 우선권을 부여하는 제도였다. 가입자의 예금액 규모에 따라 추첨
을 통해 분양받을 수 있는 주택의 규모가 달라졌고, 가입 기간에 따라 분양의 우
선순위가 정해지기도 했다. 이 제도는 이후 여러 차례에 걸쳐 변경되었고, 1983년
에는 채권입찰제가 도입되기도 했다. 박철수 외, 《한국 공동주택계획의 역사》(세진
사, 1999), 422~423쪽.

7   이경남, "서울요철 (8), 아파트 치맛바람", 〈동아일보〉, 1978. 1. 26.

8   전자는 안정적인 근로 소득으로 "대기성 여유 자금을 쌓아둘 수 있는 제1의 계층"
이었고, 후자는 1976년 8,000만 달러(400억 원), 1977년에는 3억 달러(1,500억
원) 규모의 송금분으로 내 집 마련에 나선 수요층이었다. 이현락, "부동산 투기 바
람(1), 부동자금", 〈동아일보〉, 1978. 2. 15. 실제로 이 시기 강남 아파트의 일부는
해외취업자에게 우선적으로 분양되었다. 1977년에 분양된 주공 반포 2, 3지구 아
파트는 다음과 같이 분양 순위를 내걸었다. "1. 해외취업자(기능공 및 일반 노무

자)로서 영구불임시술(배우자 포함)을 받은 자. 2. 영구불임시술을 받은 자. 3. 해외취업자. 4. 국민주택 청약부금 가입자." 이 아파트 단지의 총 가구수는 3,810세대로, 25평의 경우 아파트 가격은 신청금 170만 원, 1, 2차 중도금 각각 260만 원, 잔금 177만 6,000원, 융자금 50만 원으로 총 917만 6,000원이었다. "주택공사 아파트 분양 광고", 《동아일보》, 1977. 9. 7.

9   박완서, 〈서울 사람들〉, 《그대 아직도 꿈꾸고 있는가/한 말씀만 하소서》(세계사, 1999), 227~286쪽. 본래 〈서울 사람들〉은 1984년에 《2000년》이라는 잡지에 연재되었다.

10   이경남, 앞의 글.

11   "독립주택식 존재"와 "아파트적 존재"라는 표현은 다음의 신문기사에서 빌려온 것이다. 홍기삼, "70년대식 여성(13) 아파트 추첨과 복덕방 순례", 《동아일보》, 1978. 1. 25.

12   이경남, 앞의 글.

13   "박 대통령 저축운동 담화—근검 절약으로 안정성장 추구", 《동아일보》, 1978. 9. 1.

14   과천, 개포, 목동, 상계는 1979년, 1981년, 1983년, 1985년부터 본격적인 개발에 착수한 신도시 혹은 신시가지로, 각각 인구 5만 명을 수용하는 1만 가구의 주택 건설, 인구 5만 3,000명을 수용하는 1만 2,000가구의 주택 건설, 11만 명을 수용하는 2만 5,000가구의 아파트 건설, 13만 명을 수용하는 3만 가구의 아파트 건설을 목표로 내걸었다. 손장권 외, 《신도시의 형성》(백산서당, 2003), 53쪽.

15   박철수 외, 《한국 공동주택계획의 역사》, 423쪽.

16   1987년과 1989년 사이 부동산 가격의 폭등으로 인한 자본 이득의 규모는 다음과 같이 추산되고 있다. "높은 지가와 지가 앙등에 따른 자본 이득은 1987년 한해에만 34조 8,000억 원에 달했는데 이것은 그해 GNP의 36퍼센트, 봉급생활자 보수 총액의 85퍼센트, 제조업 총생산의 45퍼센트에 달하는 규모이다. 지가가 27.5퍼센트나 폭등한 88년에는 땅값 상승으로 인한 자본 이득이 68조 원으로 봉급자 급여 총액의 1.35배에 달할 것으로 추정되었다. 그리고 1989년에는 1979년 이래의 최대 수준인 30.5퍼센트나 치솟아 그에 따른 토지 자본 이득이 85조 원으로 GNP의 71퍼센트, 제조업 국내 총생산의 두 배가 넘었다. 경실련의 추계에 의하면 1988년 10월부터 1989년 7월까지의 9개월간에 실제 땅값 상승을 통한 자본 이득(미실현분 포함)이 무려 250조 원에 달했다." 장상환, 앞의 글, 61쪽.

17   조건영, "집 한 칸 덫에 걸린 인생", 《한겨레》, 1989. 5. 16.

18   구효서, 〈자동차는 날지 못한다〉, 《확성기가 있었고 저격병이 있었다》(세계사, 1993), 288~290쪽.

19   다음과 같은 사례는 전세 제도를 지렛대로 삼은 전형이라고 할 수 있다. 1989년 당시 31세였던 박모 씨는 1987년 초까지 1,600만 원짜리 전세에 살다가 그해에 은평구의 미분양 아파트를 계약했다. 당시 가격은 3,200만 원. 1988년 완공과 동시에 박 씨는 아파트를 3,000만 원에 전세를 놓았다. 그로부터 1년이 지난 뒤 자신이 살던 집의 전세금에 저축한 돈을 보태 전세금을 돌려주고 자신의 아파트로 이사했다. 그 시점에 아파트의 가격은 분양가에서 두 배 이상 올라 8,000만 원이었다. 전세를 안고 아파트를 구입한 덕분에 거래에 들어간 실제 비용은 200만 원에 불과했지만, 구입한 지 2년 만에 무려 4,800만 원이나 되는 시세 차익을 얻었던 것이다. 신동호, "치솟는 집값 …… '내 집 꿈'은 분노로", 〈한겨레〉, 1989. 5. 16.

20   박완서, 〈그대 아직도 꿈꾸고 있는가〉, 《그대 아직도 꿈꾸고 있는가/한 말씀만 하소서》(세계사, 1999), 104~105쪽. 이 소설은 1989년에 발표되었다.

21   실제로 30대 재벌들은 1987년에는 700만 평, 1988년에는 1,000만 평, 그리고 1989년에도 1,100만 평의 부동산을 사들였다. 이들이 보유한 부동산의 장부 가격은 1987년 말 7조 8,000억 원, 1988년 말 10조 12억 원, 그리고 1989년 말에는 13조 1,000억 원으로 늘었다. 1989년만 놓고 보면 30대 재벌의 부동산 매입은 현대, 삼성, 대우, 럭키금성, 롯데 등 5대 재벌이 주도하고 있었다. 이들의 매입액은 전체의 62.5퍼센트를 차지했다.

22   박영균, "국민이 주인 되는 경제로 전환하자", 〈한겨레〉, 1988. 5. 15.

23   신도시 개발 당시 분당, 일산, 평촌, 산본, 중동의 수용 세대는 각각 9만 7,000세대, 6만 9,000세대, 4만 2,000세대, 4만 1,000세대, 4만 2,000세대였고, 수용 인구는 각각 39만 명, 27만 6,000명, 16만 8,000명, 16만 3,000명, 17만 명으로 총 29만 1,000세대 116만 7,000명이었다. 손장권 외, 《신도시의 형성》, 49쪽.

24   아래와 같은 인구 통계를 바탕으로 추론하자면, 실제로 수도권 신도시 아파트의 초기 입주자들 중 가장 높은 비중을 차지한 연령층은 1955~1965년 사이에 태어난 베이비붐 세대와 386 세대였다고 할 수 있다. 분당 신도시가 위치한 성남시의 경우 총인구가 1985년 44만 7,692명에서 1995년 86만 9,094명으로 늘었고, 이 과정에서 가장 많이 늘어난 연령층은 30~44세였다. 30~34세는 9.0퍼센트에서 10.7퍼센트로, 35~39세는 7.2퍼센트에서 10.8퍼센트로, 40~44세는 5.1퍼센트에서 7.3퍼센트로 늘었다. 1995년 전체 성남 시민 중 30대가 21.5퍼센트를 차지했다. 일산 신도시가 위치한 고양시의 경우, 총인구가 1985년 18만 3,092명에서

아파트 게임

1995년 56만 4,111명으로 늘었고, 이 과정에서 가장 많이 늘어난 연령층은 역시 30~44세였다. 30~34세는 8.6퍼센트에서 13.3퍼센트로, 35~39세는 5.9퍼센트에서 11.8퍼센트로, 40~44세는 4.9퍼센트에서 6.4퍼센트로 늘었다. 1995년 전체 고양 시민 중 30대가 25.1퍼센트를 차지했다. 평촌 신도시가 위치한 안양시의 경우, 총인구가 1990년 48만 668명에서 1997년 59만 3,425명으로 늘었고, 이 과정에서 가장 많이 늘어난 연령층은 35~49세였다. 35~39세는 8.5퍼센트에서 11.6퍼센트로, 40~44세는 5.4퍼센트에서 8.7퍼센트로, 45~49세는 3.8퍼센트에서 5.3퍼센트로 늘었다. 1997년 전체 안양 시민 중 30대가 21.6퍼센트를 차지했다. 손장권 외, 《신도시의 형성》, 76~82쪽.

25 "횡설수설", 〈동아일보〉, 1993. 3. 24.

26 양기대, "변호사 시절 산 땅이라지만", 〈동아일보〉, 1993. 9. 3.

27 공지영, 〈고독〉, 《존재는 눈물을 흘린다》(창비, 1999), 89쪽.

28 은희경, 〈연미와 유미〉, 《타인에게 말걸기》(문학동네, 1996), 114쪽.

29 박민규, 〈코리언 스텐더즈〉, 《카스테라》(문학동네, 2005), 183쪽.

30 은희경, 〈빈처〉, 《타인에게 말걸기》(문학동네, 1996), 184쪽.

31 김사과, 〈매장〉, 《02》(창비, 2011), 239쪽.

32 그들 중 상당수는 자신이 아파트라는 가족의 영지를 보호하는 외피라고 판단했고, 아파트가 자신에게 아내와 함께 쓰는 침실을 제외하곤 따로 방을 배정하지 않은 것도 이런 이유 때문이라고 생각했다. "식구들이 끊임없이 지지고 볶고 싸우고 화해하고 미워하고 갈등하며 겨우겨우 모여 살고 있"지만, 그 안의 균형이 위태로워질수록 외피가 맡은 임무는 더욱 막중해질 수밖에 없지 않은가? 내부의 잡음이 바깥으로 새어나가는 것도 막아야 하고, 외부의 힘이 내부의 균형을 깨뜨리는 것도 막아야 한다. 따라서 안팎의 위기가 반복될수록 외피로서의 아버지가 갑각류의 몰골을 닮아가는 것도 어쩔 수 없는 노릇이었다. 그래서 더욱 단단하고 견고해져야만 했고, 좀 더 배타적이면서도 이기적인 태도로 세상을 바라볼 수밖에 없었다. 박완서, 《아주 오래된 농담》(실천문학사, 2000), 100~101쪽.

33 박완서, 《아주 오래된 농담》, 100쪽.

34 어느 부동산 업체의 조사에 따르면, 1999년 6월부터 2004년 6월까지 불과 5년 사이에 서울 아파트의 평균 매매가는 1억 8,930만 원에서 3억 5,249만 원으로 두 배 가까이 급상승했다. 한 달 평균 약 302만 원이 오른 셈인데, 이는 당시 2인 이상 도시 가구의 월평균 소득 312만 9,000원보다 약간 적은 수준이었다. 차학봉, "서울 아파트는 '돈단지'", 〈조선일보〉, 2004. 7. 19.

35 박현욱, 〈링 마이 벨〉, 《그 여자의 침대》(문학동네, 2008), 191~192쪽.

36 미국의 경우 유례를 찾아보기 힘든 저금리 덕분에 부동산 시장은 베이비붐 세대의 현금 자산과 이후 세대의 차입금이 몰려들며 차익 실현을 위한 투기의 장으로 바뀌었다. 실제로 1주택 보유자가 두 번째 집을 사들인 건수는 2002년까지 연간 40만 채를 줄곧 밑돌았으나 2004년에는 100만 채 이상으로 급증했다. 김회승, "부동산 투기열풍 미국 휩쓴다", 〈한겨레〉, 2005. 6. 7.

37 로버트 기요사키·샤론 레흐트 지음, 형선호 옮김, 《부자 아빠 가난한 아빠 1》(황금가지, 2000), 177쪽.

38 신진욱은 OECD 주요 국가의 자산 및 소득 지니 계수를 분석하면서 이들 간의 흥미로운 관계를 포착한다. 그에 따르면, "자산불평등이 심한 나라는 소득평등도가 대체로 높고, 반대로 소득불평등이 심한 나라에서는 자산불평등도가 상대적으로 낮다." 자산과 소득이 모두 매우 평등한 국가는 존재하지 않는 반면, 자산불평등도와 소득불평등도 양자 모두 매우 높은 국가는 미국이 유일하다. 한국의 경우 소득불평등이 OECD 국가 중 가장 심한 국가에 속하는 반면 자산불평등은 중간 수준에 속하는데, 2000년대 이후 자산불평등이 빠르게 높아짐으로써 이중적 불평등 구조가 심화되고 있는 상태이다. 신진욱, 〈한국에서 자산 및 소득의 이중적 불평등〉, 《민주사회와 정책연구》, 2013년 상반기(통권 23호), 41~65쪽.

39 전남일·임세화·홍형옥, 《한국 주거의 미시사》(돌베개, 2009), 384쪽. 또한 조모 씨의 뒤를 추격하는 이들도 있었으니, 2010년 당시 도곡동 주상복합 아파트에 거주하고 있던 1965년생 한모 씨가 그런 경우였다. 전세로 신혼살림을 시작한 그녀는 "오늘보다 내일이 더 나아야 한다."는 좌우명으로 열심히 살아왔고, 2000년대의 부동산 폭등기를 성공적으로 통과한 덕분에 '진짜 강남 사람'이라는 명칭에 걸맞은 부동산을 보유하게 되었다. 11억 원에 산 주상복합 아파트는 30억 원대까지 올랐고, 이외에도 두 채의 집이 더 있으며, "수도권에 상당한 면적의 땅"도 보유하고 있다. "학교에서 받는 영어교육"은 그냥 시간 때우기용이라고 판단한 그녀는 고2인 딸의 사교육비로 매월 500만~600만 원을 지출한다. 그녀가 자산 목록으로 아파트에 집착하는 가장 큰 이유는 환금성 때문이다. 그녀의 말대로 "아파트는 1억만 싸게 팔면 금방 내 손에 돈이 돌아"오기 때문이다. 아파트를 통한 자산의 증식이라는 측면에서 보자면, 외견상 1944년생 조모 씨와 1965년생 한모 씨는 서로 닮아 있다. 하지만 그들 간에는 차이도 존재했다. 전자의 사례가 아파트를 통해 자산을 늘려가며 다양한 방식으로 자녀 세대에게 그 자산을 증여하는 데 집중했던 반면, 후자의 사례는 거기에 그치지 않고 자신의 자산을 문화적 자본으로 전환할

수 있는 방법을 고안해내 자녀 세대에게 사회적 이동에서 특권적인 기회를 제공하려고 시도했다. 최민섭 외, 《주거신분사회》(창비, 2010), 36~39쪽.

40 백민석, 《16 믿거나말거나박물지》(문학과지성사, 1997), 174쪽.

41 김사과, 〈움직이면 움직일수록 이상한 일이 벌어지는 오늘은 참으로 신기한 날이다〉, 《02》(창비, 2011), 191쪽.

42 김승옥, 〈확인해본 열다섯 개의 고정관념〉, 《무진기행》(문학동네, 2004), 157쪽.

43 김윤식, 〈어떤 4·19 세대의 내면 풍경—김현론〉, 《운명과 형식》(솔출판사, 1992), 63~65쪽.

44 김사과, 《테러의 시》(민음사, 2012), 110~112쪽.

45 김사과, 〈매장〉, 234쪽.

46 다음의 글을 참조하라. 김훈, 〈고향과 타향〉, 《바다의 기별》(생각의나무, 2008).

2장 저 너머 도미노의 끝

1 본 장의 제목은 김애란의 〈도도한 생활〉에 나오는 다음과 같은 문장에서 빌려온 것이다. "그것은 당장 내가 내일부터 아르바이트를 하고 어마어마한 피로감을 느낀다 해도 저 너머 도미노의 끝을 상상할 수 없고, 원망할 수 없는 것과 비슷한 느낌이었다." 김애란, 〈도도한 생활〉, 《침이 고인다》(문학과지성사, 2004), 25~26쪽.

2 박완서, 〈마흔아홉 살〉, 《친절한 복희 씨》(문학과지성사, 2007), 104쪽.

3 박완서, 〈마흔아홉 살〉, 104쪽.

4 신광영, 《한국의 계급과 불평등》(을유문화사, 2004), 264쪽.

5 이런 평가에도 이 선거는 수도권 신도시 유권자들의 아파트 투표 경향이 드러난 선거이기도 했다. 나중에 확인한 것이지만, 손낙구의 《대한민국 정치사회 지도》에 따르면, 경기도에서 투표율이 높았던 상위 열 곳 중 수도권 1기 신도시에 속하면서 주택보유율 70퍼센트, 아파트 거주율 80퍼센트, 대졸 학력 70퍼센트 이상인 동네는 강력한 탄핵 역풍에도 한나라당의 지지율이 열린우리당에 비해 높았다. 이에 해당하는 동네는 안양시 동안구 귀인동, 성남시 분당구 수내2동, 안양시 동안구 범계동, 고양시 일산동구 마두2동 등 네 곳으로 각각 8퍼센트, 22퍼센트, 6퍼센트, 9퍼센트의 차이가 났다. 손낙구는 이런 현상을 다음과 같이 정리했다. 경기도는 서울과 마찬가지로 아파트 거주율이 높은 동네일수록 투표율이 높았고, 투표율이 높은 동네일수록 한나라당의 지지율이 높았다. 손낙구, 《대한민국 정치사회 지도》(후마니타스, 2010년), 147~155쪽.

6   "모래 위에 '공약'이 세워집니까?", 〈한겨레 21〉 제514호, 2004. 6. 25.

7   강준만은 '아파트 분양 원가 공개 거부'가 "노 정권 몰락의 결정적 계기"라고 말한
     바 있다. 강준만, 《강남, 낯선 대한민국의 자화상》(인물과사상사, 2006), 301쪽.

8   김경환, "주택정책, 안정적 공급이 최우선", 〈조선일보〉, 2005. 6. 20.

9   장인석, "떠오르는 한국경제 간판 CEO 열전—임승남 롯데건설 사장", 〈신동아〉
     통권 506호(2001. 11.), 416~423쪽.

10   박완서, 〈마흔아홉 살〉, 97쪽.

11   최종훈, "판교신도시, 녹지율 높으나 동·서 생활권 단절", 〈한겨레〉, 2005. 2. 17.

12   변용식, "강남불패인지, 대통령불패인지 해보자?", 〈조선일보〉, 2005. 6. 17.

13   정남구, "나는 배아프지 않다". 〈한겨레〉, 2005. 6. 21.

14   석진환, "종부세 대상 27만 8,000명", 〈한겨레〉, 2005. 8. 31. 기사에 따르면 종
     합부동산세 대상을 기준시가 6억 원 이상으로 확대함에 따라 "올해 4만여 명에
     불과했던 종부세 대상자는 주택 16만 명, 비사업용 토지 11만 명, 사업용 토지
     8,000명 등 모두 27만 8,000명으로 늘어나게 됐다."

15   2005년 2월에 2,000만 원대를 넘어선 동은 개포동, 대치동, 도곡동, 압구정동 등
     네 개 동이었고, 2006년 2월에는 19곳으로 크게 늘었다. 강준만, 《강남, 낯선 대
     한민국의 자화상》, 298~299쪽.

16   토지보상비는 참여정부 첫 해인 2003년에는 10조 원으로 그리 많지 않았지만
     2004년 16조 2,000억 원, 2005년 17조 3,000억 원으로 점차 늘어나다가 2006
     년에는 23조 6,000억 원으로 최고치를 기록했다. 또한 2007년에는 20조 원이 지
     급될 것으로 추정되었다. 최종훈, "새 도시 보상금 20조, 투기 부메랑 되나", 〈한겨
     레〉, 2007. 6. 13.

17   김태규·신승근, "분양 편법대출 아니지만 10억 차익 '괘씸죄' 해당", 〈한겨레〉,
     2006. 11. 14.

18   "이백만 홍보수석의 강남아파트 사고팔기", 〈조선일보〉, 2006. 11. 12.

19   고종석, 〈엘리아의 제야〉, 《엘리아의 제야》(문학과지성사, 2003), 30쪽.

20   "책임지는 자세 없이 민심 되찾을 수 있나", 〈한겨레〉, 2006. 11. 13.

21   "'부동산 고수' 아줌마들의 2007년 전망", 〈신동아〉 통권 569호(2007. 2.), 478~
     487쪽.

22   박완서, 《그 남자네 집》(세계사, 2012), 240~243쪽.

23   박민규, 〈딜도가 우리 가정을 지켜줬어요〉, 《더블》(창비, 2010), 179쪽.

24   김경욱, "베이비부머 4가구 중 3가구 노후 불안", 〈한겨레〉, 2011. 12. 2. 이 기사

는 모 은행의 경영연구소가 내놓은 '베이비부머 세대의 은퇴 이후 자산여력 진단'
이라는 보고서에 바탕을 둔 것인데, 이에 따르면 베이비붐 세대의 평균 자산은 3억
3,775만 원이며, 부동산 자산은 2억 5,785만 원으로 전체 자산에서 76.3퍼센트
의 비중을 차지했다. 보고서는 "4가구 가운데 3가구는 현재 보유자산만으로는 노
후생활이 어려"우며, "은퇴 뒤 3~10년 안으로 유동성 위기를 맞을 수 있다"고 진
단했다.

25 권은중, "베이비붐 세대 고달픈 대출인생", 〈한겨레〉, 2012. 4. 20. 한국은행의 금
융안정 보고서를 인용한 이 기사는 2011년 "전체 가계 대출 가운데 50세 이상 고
연령층의 대출 비중이 46.4퍼센트까지 늘어났"으며, "정년퇴직에 몰린 베이비붐
세대(1955~1963년생)가 생활자금과 창업자금으로 앞다퉈 받은 대출이 가계빚의
부실 위험을 키우고 있다"고 분석했다.

26 자기 세대의 중산층에 대한 K씨의 생각을 386 세대에게도 적용한다면, 아마도 다
음과 같이 정리되지 않을까? "386 세대의 중산층은 아마도 앞선 세대의 불행을
되풀이하지 않겠다고 다짐하며 탈출구를 찾으려고 발버둥을 칠 것이다. 지방 출신
이라면 고향 인근의 중소 도시로 이주하는 것이 일종의 해결책처럼 제시되지 않을
까? 수도권과 지방의 부동산 가격 격차를 활용하면 그 차액만큼 자영업의 선택 범
위를 넓힐 수 있고, 문화적 격차를 활용하면 틈새시장도 파고들 수 있지 않은가?
아마도 다른 무엇보다 생활비를 줄일 수 있다는 것이 가장 큰 이점일 것이다. 하
지만 이 역시도 말처럼 쉽지는 않을 것이다. 가장 큰 걸림돌은 완공한 지 30년이
지난 이들 소유의 낡은 아파트였다. 특히 노태우 정권 시절에 지어진 1기 신도시
의 대규모 아파트 단지들이 이들의 발목을 잡을 것 같았다.

그렇다면 이 노후 아파트들에게는 어떤 운명이 기다리고 있는 것일까? 수직증축
리모델링을 하면 되지 않느냐고 말하는 이들도 있을 것이다. 그런데 내 돈 한 푼
들이지 않고 헌 아파트 주고 새 아파트 받는 걸 당연하게 생각하던 사람들에게 자
기 돈을 들여 자기 집을 고친다는 상식이 통할 수 있을까? 아파트 소유자들이 수
리에 들어갈 돈을 마련해놓았는가의 여부는 차치하고라도 말이다. 돈을 들여 집
평수가 늘어난다고 해도 마찬가지이다. 상당수는 그 돈을 들이고 공사 기간 동안
전세로 딴살림까지 차리며 이런저런 불편을 감수할 바에야 차라리 헌 아파트를 팔
고 리모델링에 들어갈 돈을 보태 좀 더 쾌적한 아파트로 이사 가는 것이 더 합리
적이라고 판단하지 않을까? 동네 이웃과 오래 살아온 정 때문에, 혹은 자녀 교육
문제 때문에 신도시를 떠나지 않겠다고 버티는 주민들이 얼마나 되겠는가? 그 도
시들은 태생부터 서울 근교의 전형적인 베드타운이 아니던가? 서울 진입의 기회

를 엿보며 계속해서 외곽순환도로 위를 움직이는 이주민들의 도시.

물론 신도시 탈출의 우선권은 2000년대 초반 이전, 그러니까 가격에 거품이 끼기 이전에 아파트를 구입한 이들에게 주어질 것이다. 그들이라면 시세보다 싼 가격으로 거래를 성사시킬 수 있을 테니까. 그들은 한 푼이라도 더 받아내는 것보다 한 시라도 더 빨리 빠져나가는 것이 중요하다고 판단할 것이 뻔하다. 이들의 급매 거래가 또다시 아파트 가격을 재조정하는 사이, 상투를 잡은 탓에 이러지도 못하고 저러지도 못하고 남은 이들은 발을 동동 구르다가 어쩔 수 없이 감가상각의 논리와 유지보수의 미덕을 터득해야만 할 것이다."

27 진명선, "서울·연세·고려대생 35퍼센트가 '상위 10퍼센트 자녀'", 〈한겨레〉, 2012. 3. 2.

28 김재영, 〈달을 향하여〉, 《폭식》(창비, 2009).

29 "TV에 쏠린 전 국민", 〈동아일보〉, 1969. 7. 17.

30 "90년대 중반 달 관광, 한 사람 왕복 만 불로", 〈경향신문〉, 1969. 7. 12.

31 박민규, 〈딜도가 우리 가정을 지켜줬어요〉, 203쪽.

32 서하진, 〈아빠의 사생활〉, 《착한 가족》(문학과지성사, 2008), 50쪽.

33 손홍규, 〈투명인간〉, 《톰은 톰과 잤다》(문학과지성사, 2012), 7~36쪽.

34 송호근, 《그들은 소리내 울지 않는다》(이와우, 2013), 231쪽.

35 박민규, 〈딜도가 우리 가정을 지켜줬어요〉, 203쪽. 인용문의 문장을 약간 수정했다.

3장 한강의 두 번째 기적

1 공지영, 〈광기의 역사〉, 《존재는 눈물을 흘린다》(창비, 1999), 50쪽.

2 F. 스콧 피츠제럴드 지음, 김영하 옮김, 《위대한 개츠비》(문학동네, 2009), 185쪽.

3 김영하, 《빛의 제국》(문학동네, 2006), 170쪽.

4 김영하, 《빛의 제국》, 170쪽.

5 이성욱, 〈신사동, 일그러진 천국의 현상학〉, 《공간의 문화정치》(현실문화연구, 1995), 73~85쪽.

6 조은, 《사당동 더하기 25》(또하나의문화, 2012), 74~75쪽. 당시 사당동의 빈민 가족들에 대한 현장 연구를 진행하던 어느 사회학자는 이 동네에 불어닥쳤던 투기 열풍에 대해 25년이 지난 뒤 다음과 같이 소상히 정리한 바 있다. "10평 무허가 주택의 가격은 1987년 2월 2,000만 원에서 1989년 말에는 1억 2,000만 원으로 6배가량 올랐으며, 아파트 입주권이라 불리는 '가옥주 딱지'는 1987년 3월부터

아파트 게임

1988년 10월 사이에 2,000만 원에서 4,500만 원으로 2,500만 원 올랐다. 이 '가옥주 딱지'는 입주권이라기보다는 입주 분양 우선권에 해당했다. 세입자 분양권은 1987년 11월부터 160만~170만 원에 거래되었고, 1988년 10월 초에는 최고 650만 원까지도 거래되었다." 당시 마흔한 살이었던 이 사회학자는 하루가 다르게 오르던 "철거 아파트 딱지의 유혹" 앞에서 연구자 윤리 규정을 위반하고픈 욕망을 느꼈다고 고백한다. "빈곤에 대한 연구비를 받기 위해 여기저기에 구색 맞춰 프로젝트 제안서를 쓰는 것"보다는 "차라리 철거 재개발 딱지 몇 장만 사면 독립적으로 빈곤 연구를 할 수 있는 연구소도 차릴 수 있겠구나 하는 생각이 들 정도"로 '딱짓값'이 치솟고 있었던 것이다.

7   전인권, 《남자의 탄생》(푸른숲, 2003), 77쪽.

8   황지우, 〈버라이어티 쇼, 1984〉, 《겨울-나무로부터 봄-나무에로》(민음사, 1992), 49쪽.

9   박완서, 《그 남자네 집》, 100쪽.

10 박완서, 《못 가본 길이 더 아름답다》(현대문학, 2010), 72쪽.

11 "민자 '부동산의원' 투기 이모저모", 〈한겨레〉, 1993. 3. 23.

12 몇몇 고위 공직자가 1980년대 중·후반에 경부고속도로를 따라 남하하며 용인 등지에 대규모의 땅을 매입한 사실이 밝혀지기도 했다.

13 황지우, 〈박쥐〉, 《겨울-나무로부터 봄-나무에로》(민음사, 1992), 83쪽.

14 1990년대 초반 국내 대기업을 중심으로 등장했던 경영혁신 담론에 대해서는 다음의 분석을 참조하라. 서동진, 《자유의 의지 자기계발의 의지》(돌베개, 2010), 135~169쪽. 서동진에 따르면, 이 기업의 신경영 전략은 "저임금에 기반한 저가형 제품의 대량생산을 통해 성장했던 산업 시대의 한국 경제와 그를 지탱했던 노동 과정, 그리고 그것의 한계와 폐해(높은 불량률, 이직과 결근, 노동자의 소외 등)"를 극복하기 위한 대안처럼 제시되었지만, 실제로는 "전 지구적 자본주의로의 이행과 더불어 한국의 자본이 미국 중심의 새로운 경제 체제와 초국적 경제기구의 명령에 종속되면서 선택한 새로운 경영 형태"에 불과했다. 그럼에도 이 경영 담론은 대중 매체를 통해 "한 기업가의 영웅적인 선택과 결단"이 만들어낸 기업 혁신의 성공담으로 서사화되었다.

15 오태진·승인배, "임원 대규모 인사-재교육 연수", 〈조선일보〉, 1993. 12. 21.

16 하원, "질 경영 선언 삼성 이건희 회장", 〈조선일보〉, 1993. 8. 4.

17 구효서, 《자동차는 날지 못한다》, 293쪽.

18 이광회, "부동산 레이더", 〈조선일보〉, 1999. 12. 6.

19 차학봉, "강남 재건축 아파트 '절세 상속 중?'", 〈조선일보〉, 2000. 2. 15. 이 기사에 따르면 실제로 "시세가 2억 1,000만~2억 2,000만 원 하는 강남의 13평짜리 저층 아파트 기준시가는 7,700만~8,000만 원 정도"였고, "이 때문에 3,000만~4,000만 원의 전세를 끼고 20세 이상 자녀 명의로 아파트를 구입하면 증여세는 70만~80만 원 정도에 불과"했던 것이다.

20 실제로 2000년대 초반에 '1가구 2주택' 이상을 보유했던 1940, 1950년대생들의 경우 비거주 주택을 자녀들에게 서둘러 증여하는 경우가 적지 않았다. 표면적으로는 자녀들의 분가를 미리 준비하는 것이었지만, 실제로는 기준시가의 오름폭이 점점 커지면서 이후 매매할 때 양도세를 내는 것보다 미리 증여세를 내고 명의를 옮겨놓는 것이 훨씬 더 합리적이라는 판단 때문이다. 이 과정에서 아파트를 통한 증여는 자연스럽게 편법적 절세의 한 방편으로 자리 잡았다. 이런 증여 방식은 2006년에 종합부동산세 세대별 합산과 부동산 실거래가 신고제가 본격적으로 도입되기 직전에 한 번 더 세간의 주목을 받기도 했다.

21 당시 강남구의 평당 분양가가 860만 원대, 서초구가 910만 원대, 그리고 양천구가 660만 원대였다. 차학봉, "상반기 부동산시장 결산(상)", 〈조선일보〉, 2000. 6. 26.

22 이 문장은 다음 소설에서 인용한 것이다. 박완서, 《그 남자네 집》, 62~63쪽.

23 차학봉, "벚꽃으로 뒤덮인 아파트 단지", 〈조선일보〉, 2000. 4. 14.

24 실제로 이 아파트는 분양 당시 362 대 1의 경이로운 청약 경쟁률을 보였다.

25 서하진, 〈아빠의 사생활〉, 76쪽.

26 2003년 11월에 방영된 KBS 1TV의 〈한국 사회를 말한다〉는 당시 재건축 아파트 투기 내막을 자세히 살펴보았다. 이 프로그램의 제작진은 그해 3월에 재건축 사업 승인이 확정된 잠실 주공아파트 2, 3단지 전체 7,730가구의 등기부 등본을 분석했는데, 이에 따르면 소유자와 보유자가 일치하는 경우는 1,080가구로 전체의 14퍼센트에 불과했고, 절반에 가까운 보유자들이 송파구, 강남구, 서초구에 거주하고 있었고, 각각 2,986가구, 611가구, 252가구였다. 이 밖에 강남을 제외한 서울과 수도권 거주자는 26퍼센트, 서울과 수도권을 제외한 지역에 거주하는 집주인은 10퍼센트의 비율을 점했다. 이 단지의 13~19평 소형 아파트들은 당시 4억 5,000만~8억 원대의 시세를 형성하고 있었는데, 전체 아파트 중 5,500채가 담보대출로 인해 근저당권이 설정돼 있었고, 평균 근저당권 설정금액은 1억 7,500만 원이었다. 근저당권 설정금액이 2억 원 이상인 아파트도 1,437채나 되었으며, 4억 원을 넘는 아파트도 107채에 달했다. 제작진은 대개 대출금의 130퍼센트 수준으로 근저당권을 설정하는 것을 감안하면 평균 담보 대출금은 1억 3,000만 원대일 것이

라고 추정했다. 김태훈, "재건축 잠실주공 2·3단지는 투기아파트?", 〈한국일보〉, 2003. 11. 1.

27 유하룡, "평당 1억 원! 반포 주공 2단지 18평형 실거래가 최고매매가", 〈조선일보〉, 2006. 8. 26.

28 김승옥, 〈서울 1964년 겨울〉, 《무진기행》(문학동네, 2004년), 268쪽. 문학평론가 김현이 이 소설에 대한 짧은 비평문을 마무리하는 대목에서 "6·25를 국민학교 3, 4학년 때 겪고 4·19를 대학 1, 2학년 때 겪은" 대학원생과 구청 병사계 직원이 이후에 어떤 삶을 살았을까라는 질문을 던지고서는 서둘러 다음과 같은 추론을 내놓는다. "지금 대학원생은 아마도 미국 유학쯤 다녀와서 유수한 기업체의 이사쯤 되어 있을 것이고 구청 병사계 직원은 돈을 벌기 위해 그의 사소한 직권을 남용하지 않았을까?" 그런데 여기서 한 걸음 더 나가자면 다음과 같은 추론도 가능해 보인다. 앞서 언급한 강남 1세대 중상류층에 속한 복부인들 중 한 명이 바로 이 대학원생의 아내일 수도 있다는 것 말이다. 이에 대해서는 다음을 참조하라. 김현, 〈김승옥의 서울 1964년 겨울〉, 《우리 시대의 문학/두꺼운 삶과 얇은 삶》(문학과지성사, 1993), 122쪽.

29 이 대목에서 IMF 외환 위기 이후 금융 부문의 변화상을 살펴볼 필요가 있다. 지주형에 따르면, 1990년대 말 구조조정 당시, BIS 자기 자본 비율이 재벌의 생사를 가르는 기준이 되면서 은행의 기업 대출 비중은 크게 감소했다. 1996년에 75퍼센트에 달했던 기업 대출 비중은 2005년에는 저금리 기조에도 42.1퍼센트가 줄어들었다. 이와 함께 "초국적 자본이 지배하게 된" 금융 부문은 "주요 영업 분야를 산업 부문에 대한 자금 공급에서 부동산 담보 대출이나 카드 대출처럼 더 안전하고 수익성 높은 소매 금융이나 유가 증권 투자로 옮"겨갔다. 이에 대해서는 다음을 참고하라. 지주형, 《한국 신자유주의의 기원과 형성》(책세상, 2011), 328쪽, 478쪽.

30 이에 대해서는 다음을 참고하라, 성석제, 〈꽃 피우는 시간: 노름하는 인간〉, 《홀림》(문학과지성사, 1999), 31~32쪽.

31 오윤희, "송도 입주할 대학 첫 공모 인천경제청 10개 대 몰려 땅 모자라", 〈조선일보〉, 2006. 5. 11.

32 오윤희, "아파트 한 채 프리미엄이 6억 송도국제도시 투기판 전락", 〈조선일보〉, 2006. 6. 9.

33 실제로 마린시티의 초고층 주상복합 아파트들은 센텀시티의 고급 아파트 단지와 함께 거의 10년 동안 침체 상태에 놓여 있던 부산의 부동산 시장에 새로운 활력을 불어넣었다. 2009년에는 전국 상승률 상위 10곳 가운데 해운대구 등 부산의 6개

구가 포함되기도 했다.

34   이 대목은 다음의 글을 참고했다. 미셸 드 세르토, 〈도시 속에서 걷기〉, 박명진 외
      편, 《문화, 일상, 대중》(한나래, 1996), 155~157쪽.

35   꽃무늬의 미적 감수성과 그 역사에 대해서는 다음을 참고하라. 박해천, 《콘크리트
      유토피아》(자음과모음, 2011), 157~197쪽.

36   한 경제주간지는 2011년 11월에 다음과 같은 내용의 기사를 실었다. "해운대 아이
      파크 계약자의 거주 지역을 토대로 추론해보면 12~13퍼센트가 서울 사람이다. 주
      로 세컨드하우스 개념으로 집을 구입한 것으로 여겨진다. 나머지는 부산 거주자들
      이 대부분이다. 하지만 전매가 허용됐기 때문에 초기 계약자와 현재 집주인은 거
      의 일치하지 않는다. 전체 물량의 70퍼센트 정도가 집주인이 교체됐다. 적어도 70
      퍼센트 이상이 한 차례 이상 분양권 거래를 한 셈이다." "'해운대 불패신화'의 이
      면", 〈머니위크〉, 2011. 11. 3. 이런 측면에서 보자면 마린시티의 마천루들은 금융
      위기 이후 투자처를 찾아 헤매던 수도권의 과잉 유동성이 지역 중상류층의 유동성
      을 설득, 협업을 통해 축성한 기념비라고 볼 수도 있다.
      그런데 마린시티의 파급력은 단순히 부산에만 한정되지 않았다. 마린시티의 주상
      복합 아파트 분양 이후, 10년 가까이 정체 상태에 머물렀던 부산의 부동산 시장은
      상승세로 들썩이기 시작했고, 그 여파는 수도권을 제외한 광역도시들로 확대되었
      다. 수도권 아파트들이 하락세를 면치 못하던 이명박 정권 시기에 5대 광역시의
      아파트 가격 평균 상승률은 40퍼센트 대였고, 부산은 그 흐름을 주도했다.
      물론 이와 같은 부동산 시장의 상승세를 뒷받침한 에너지원의 상당 부분은 지역의
      경제 성장이 아니라 가계 대출이었다. 부산의 경우만 놓고 보자. 2011년 지역 총
      생산의 규모는 약 59조 원대였고 2008년 이후 성장률은 4퍼센트 미만이었던 반
      면, 가계 대출 규모는 2007년 26조에서 2012년 35조 원으로 급증했고, 이 가운
      데 25조 원이 주택 담보 대출이었다.

37   홍원상, "먹구름 낀 부동산 시장 위기를 기회로 만드는 길은?", 〈조선일보〉, 2008.
      7. 22. 이경은, "돈, 나이별 계획을 짜라", 〈조선일보〉, 2008. 11. 6. 신경희, "신혼
      부부주택·보금자리주택 …… 지금부터 준비", 〈조선일보〉, 2008. 12. 19.

38   백영옥, "이 죽일 놈의 부동산", 〈조선일보〉, 2007. 1. 25.

39   흥미롭게도 조선일보는 부동산 시장의 불확실성이 높아지던 2008년 중반부터 서
      울을 비롯한 지방자치단체의 도시 정책을 아파트 공급 위주의 재개발 정책에서 젠
      트리피케이션을 통한 도심 재생 정책으로 전환해야 한다고 주장하기 시작했다. 차
      학봉, "도시의 흉물에서 꽃핀 예술", 〈조선일보〉, 2008. 7. 7. 차학봉, "예술가와

부동산", 〈조선일보〉, 2009. 1. 19. 차학봉, "불도저식 재개발의 종언", 〈조선일보〉, 2009. 2. 3.

40 이 무렵 조선일보는 모 은행 자산관리 전문가들의 대담 내용을 담은 기사를 실었다. 그 기사에서 해당 은행의 도곡 PB 센터장은 당시 "큰손들의 움직임"에 대해 다음과 같이 말하고 있었다. "올 초만 해도 낙폭이 과다한 강남권 아파트들을 마구 주워 담더니 지금은 상가 등 수익형 부동산들을 마구 주워 담고 있습니다." 이경은, "하반기엔 방망이 짧게 잡고 방어적으로 가죠", 〈조선일보〉, 2009. 6. 18.

41 구해근, 〈한국의 중산층을 다시 생각한다〉, 《창작과 비평》 통권 155호(2012. 봄.), 417~419쪽. 한편, 신광영은 2000년대 초반의 한국 노동패널 4차 자료, 은행의 고액 예금자 규모, 증권 시장의 거액 투자자 규모를 근거로 국내의 신 자산 계층(신 교수의 표현은 자산 계급)이 적게는 5만 명에서 많게는 8만 명에 달할 것으로 추산했다. 2001년 노동패널 4차 자료에 따르면, 임대를 목적으로 토지, 주택, 건물 등을 보유한 가구는 전체 가구의 거의 5.8퍼센트인 83만 가구였고, 이 중 연간 3,000만 원 이상의 임대 소득을 올리는 가구는 약 4만 2,000가구였다. 한편 2003년 자료에 따르면, 10억 이상의 금융 자산을 가지고 있는 고객을 대상으로 하는 일부 은행의 프라이빗 뱅킹 대상자가 약 5만 2,000~5만 6,000명 정도였다. 그리고 2002년 주식 시장에서 1억 이상의 거액 투자자가 국내 주식 소유자 380만 명 중 2.1퍼센트를 차지하는 약 8만 명 정도로 추산되었다. 신광영은 이런 수치를 근거로 은행, 주식, 부동산 등에 투자하는 집단이 대체로 동일한 사람이라고 가정하고, 신 자산 계층의 규모를 추산했다. 신광영, 《한국의 계급과 불평등》 (을유문화사, 2004), 166~178쪽.

42 이러한 삼각관계와는 무관하게 아파트가 2012년 18대 대선의 판세에 미친 영향에 대해서는 다음의 칼럼을 참고하라.

"모 부동산 정보업체는 올해 11월 말 기준 전국의 아파트 시가 총액을 약 1,931조 원으로 추산했다. 17대 대선이 치러진 2007년 말에 비해 약 363조 원이 늘어난 규모다. 언론에서는 부동산 침체를 걱정하고 각 대선 후보 진영에선 하우스푸어 관련 대책 마련에 부심하는 상황임에도, 지난 5년간 오히려 아파트 시장의 규모는 커졌다는 것이다. 왜 이런 일이 벌어진 것일까? 이 정보업체에 따르면, 이유는 크게 두 가지다. 첫째, 신규 물량의 증가이다. 전체 아파트 매매가는 5년 전에 비해 0.29퍼센트 하락했지만, 약 116만 가구가 새로 공급됐다. 둘째, 아파트 시장의 양극화 현상이다. 서울과 경기도의 아파트 가격은 각각 6.7퍼센트, 11.43퍼센트 하락했으나 지방 아파트 가격은 대폭 상승했다. (……) 여기서 흥미로운 대목은 수도권과 지방의 아파트 양극화이다. 세종시 출범과 혁신도시 조성, 고환율 정책으로 인한 지방 수출 기업의 호조, 4대강 사업의 낙수효과, 평창 동계올림픽과 여수 엑스포 등이 지방의 아파트 값 상승세를 견인한 것으로 보인다.

이런 상황을 염두에 두면, 지방 거주 중산층의 상당수는 최근 5년간, 2002~2007년에 수도권 중산층이 경험했던 부동산 버블을 반복 경험했을 것이라고 추론할 수 있다. 그러니까 2012년의 그들은 적어도 아파트에 관해서만큼은 수도권의 2007년과 유사한 상황을 살고 있다는 것이다. 이에 따르면, 그들에게 '하우스푸어'란 아직 오지 않은 미래이거나 수도권에서 들려오는 풍문일 따름이다.

이런 추론을 대통령 선거라는 맥락에서 대입해보면, 지방 중산층이 MB정권에 느끼는 감정의 색채가 수도권 중산층과는 전혀 다를 가능성이 높지 않을까? 수도권의 부동산 버블이 한창 정점을 찍고 있었던 시기에 치러진 두 차례 선거 결과를 들여다보자. 2007년 대선 당시 이명박과 이회창, 범보수 후보들의 수도권 지지율은 60퍼센트를 훌쩍 넘어섰다. 이런 흐름은 그 이듬해의 18대 총선에도 이어져, 현 여당은 수도권 선거구 총 111개 중 81개의 지역구를 획득했다. 많은 전문가가 지적했듯이, 수도권 중산층 상당수가 자산 시장에 대한 이해관계를 고려해 전략적으로 투표한 결과였다. 누군가는 '아파트 투표'라고 불렀고, 또 누군가는 '욕망의 정치'라고 명명했다.

이 '욕망의 정치'가 바로 오늘 지방의 투표장에서 반복될 것이라고 예측해보는 것은 어떤가? 지난 4월의 총선을 보자. 이 선거는 '정권 심판론'만 되풀이한 야권의 무능을 증명한 사건으로 해석되곤 한다. 하지만 혹시 '욕망의 정치'가 지방에서 위력을 발휘하고 있음을 보여준 것은 아니었을까? 수도권에서는 부동산 하락세와 함께 양극화에 내몰린 중산층의 아우성이 넘쳐난 반면, 지방에서는 뒤늦게 자본소득의 맛을 본 중산층이 '아파트 투표'를 결행한 것은 아니었을까? 실제로 야권은 수도권과 호남을 제외한 전 지역에서 열세였고, 진보 후보들은 노동자 정치 1번지라는 울산과 창원에서 지리멸렬했다." 박해천, "대선과 아파트 시장의 양극화", 〈경향신문〉, 2012. 12. 19.

43 이 문장은 다음 소설의 본문을 약간 수정한 것이다. 김영하, 〈거울에 대한 명상〉, 《호출》(문학동네, 1997), 252쪽.

44 저출산의 쓰나미가 처음 당도한 것은 당연하게도 산부인과였다. 산부인과 전공의 지원자 수는 2004년에 239명에서 2008년에 106명으로 최저점을 찍었다가 2012년에는 120명을 기록했고, 지방 도시의 산부인과 수도 빠르게 줄어들었다. 이제 곧 각종 사교육 산업이 소비자층의 감소로 인해 위기에 당면하게 되리라는

것은 자명한 일이다.

45 전체 4년제 사립대(약 140여 개 대학)의 적립금은 2001년 3조 1,017억 원, 2005
    년에는 4조 4,138억 원이었고, 이후에도 계속 증가해 2010년에는 7조 6,676억
    원, 2011년에는 7조 9,463억 원을 기록했다. 한편 전국 250여 개 사립대학(4년제
    대학, 대학원 대학, 전문대 포함)의 2011년 누적 적립금은 총 11조 1,500억 원이었
    다. 최현준·이재명, "4조 원 남아도는 대학, 등록금 또 "인상"", 〈한겨레〉, 2007.
    1. 23. 강도원, "반값 등록금은 뒷전 …… 대학들 수백억 건물 짓는 중", 〈조선일보
    〉, 2012. 9. 22.

46 이런 상황을 압축적으로 보여주는 지표가 국민연금의 장기 재정 추계였다. 정부의
    예측에 따르면 2044년부터 국민연금 적립 기금은 적자로 돌아서고, 은퇴 후 연금
    생활자로서 생활을 시작할 즈음에는 바닥을 드러낸다. 김성모, "국민연금, 2060년
    완전 고갈 …… 소진되면 바로 걷어서 바로 지급", 〈조선일보〉, 2013. 3. 29.

47 최인훈, 《소설가 구보씨의 일일》(문학과지성사, 2009), 280~281쪽.

48 최인훈, 《소설가 구보씨의 일일》, 241쪽.

49 김홍중, 《마음의 사회학》(문학동네, 2009), 42쪽.

50 강내희, 〈4·19 세대의 회고와 반성〉, 《문화과학》 통권 62호(2010. 여름.),
    150~152쪽. 강내희 교수는 1950년생임에도 특이하게도 자신을 4·19 세대로 호
    명한다.

4장   이름 하여 신세대, 그리하여 청춘의 시뮬라크르

1   1980년대와의 연속성 속에서 1990년대의 대학 문화를 살펴보고 신세대 담론과
    연관 아래 학생 운동권의 부침을 분석한 글로는 다음을 참고하라. 이재원, "시대유
    감, 1996년 그들이 세상을 지배했을 때―신세대, 서태지, X세대", 《문화과학》 통권
    62호(2010. 여름.), 92~112쪽.

2   김경욱, 〈미림아트시네마〉, 《자전소설》(강, 2012), 17쪽.

3   이에 대해서는 다음의 책을 참조하라. 최흡, 《은하철도 999 캔디 캔디 유리가면
    마징가Z 겟타 로보 먼나라 이웃나라 황금박쥐의 비밀》(부천만화정보센터, 2008),
    그리고 최샛별·최흡, 《만화! 문화사회학적 읽기》(이화여자대학교 출판부, 2009).

4   조립식 장난감, 즉 '프라모델'은 아이들로 하여금 조립 과정에 몰입케 함으로써 과
    외 금지로 남아도는 시간을 자발적으로 소비하게끔 하는 하나의 방식이었다는 점
    을 이해할 필요가 있다. 박완서의 연작 소설 〈저문 날의 삽화 1〉에 잠깐 등장하는

첫 번째 장면을 보자. 60대 주인공 여성은 외손자와 외손녀가 프라모델을 만드는 모습을 지켜보는 중이다. 잠시 외할머니 집에 맡겨진 두 꼬마는 잠자리에 들 시간이 한참 지났건만 지친 기색 없이 초롱초롱한 눈빛으로 장난감을 만드는 데 열중한다. 화자인 외할머니는 다음과 같이 묘사한다. "계집애는 오빠 옆에 바싹 붙어 앉아 접착제 튜브를 아껴가며 조금씩 짜주고 있었고 사내 녀석은 가느다란 나무젓가락 끝에 그걸 묻혀서 로켓의 날개를 붙이고 있었다. 계집애는 선망과 찬탄으로, 사내 녀석은 몰입과 자신감으로 둘 다 발가니 상기해 있었고 숨결이 할딱이고 있었다. 로켓은 거의 다 돼가고 있었다. 그때가 조립식 장난감의 전성시대였다."(박완서, 〈저문 날의 삽화 1〉, 《나의 가장 나종 지니인 것》(문학동네, 2006), 21쪽.) 외할머니는 손주들이 완성된 장난감을 더는 갖고 놀지 않고 내팽개치는 걸 보고선 자신의 딸에게 아이들에게 낭비벽이 생길까 걱정되니 "조립식 장난감 좀 작직 사주어라." 하고 말한다. 하지만 이내 이 장난감이 "가지고 놀라는 장난감"이 아니라 "만들면서 놀라는 장난감"이라는 사실을 깨닫게 된다.

5   제이슨 박, "소비하고 소유하는 자아", 〈아트인컬처〉, 2006년 6월호, 98~105쪽.

6   그를 둘러싼 상황도 이런 변화를 쉽게 만들어주었다. 이를테면 남북 간의 군사적 긴장이 어느 때보다 높아진 정치적 국면인 터라 도시를 바라보는 창공 위의 시선을 상상하는 것은 별로 어려운 일이 아니었다. 매달 한 번씩 민방위 훈련의 날이면 사이렌 소리와 전투기 굉음을 사운드 트랙 삼아 인적이 사라진 도시의 풍경을 바라보는 데 익숙했으니까. 게다가 그들은 각종 전집류의 책들로 지형지물을 쌓아 올리고 그 위에 1/35로 축소된 플라스틱 모델들을 배치함으로써 자기 방에다가 전쟁 디오라마를 연출하곤 하지 않았던가. 또한 그 무렵 텔레비전에서 〈환상특급〉이라는 제목으로 필립 K. 딕 등 1950년대 냉전 시대의 미국 SF 소설을 원작으로 삼는 단막극 시리즈를 방영해주고 있었던 터라 "나를 바라보는 또 다른 나"라는 주제 역시 그리 낯선 것이 아니기도 했다.

7   미술가 Sasa[44]와 박미나는 이 시기 특정 세대에 의한 일본 애니메이션의 독특한 수용 방식이 1990년대 초반 한일 축구경기 응원전에서 어떤 흥미로운 장면을 연출했는지에 대해 다음과 같이 말한 바 있다.

    Sasa[44]: 우리 둘 다 1970년대 초반에 태어났어요. 자라면서 일본과 미국 문화 영향을 많이 받았는데, 재밌는 것은 영향 받은 문화들이 어느 나라 건지 그때는 몰랐다는 거예요. 한참 뒤에야 알았죠. 일본 애니메이션 〈마징가 제트〉도 한국 건 줄 알았어요. 1990년대 초에 한일 축구경기가 있었어요. 한일전은 언제나 난리잖아요. 그런데 갑자기 붉은 악마가 〈마징가 제트〉 한국판 주제곡을 응원가로 "기운

센! 천하장사!" 하면서 부르니까 울트라 니폰이 깜짝 놀란 거예요. "아, 역시 한국
애들은 차원이 다르구나."라고 하면서요.

박미나: 울트라 니폰은 붉은 악마가 고도의 전략을 세웠다고 생각한 거죠.

Sasa[44]: 한국어로 번역한 〈마징가 제트〉 주제곡을 불러서 우리의 기를 죽이려
고 하는구나. 울트라 니폰은 이렇게 생각하고 깜짝 놀랐던 거죠. 자기 문화가 다른
나라에서 어떻게 변형되는지 알 수 없으니까요. 그게 1990년대라는 거예요."

박미나 & Sasa[44], 〈자유롭게 번식하는 시대 수집가〉, 《나나프로젝트 6》(안그라
픽스, 2010), 169쪽.

8 　아즈마 히로키 지음, 이은미 옮김, 《동물화하는 포스트모던》(문학동네, 2007),
　　33~52쪽.

9 　문화적 인터페이스라는 개념은 원래 미디어 이론가 레프 마노비치의 것이다. 그에
　　따르면 이 개념은 "컴퓨터가 우리와 문화적 데이터가 인터랙션을 하도록 하는 방
　　식"을 의미하며, 웹사이트, CD-ROM과 DVD 작품, 멀티미디어 백과사전, 온라인
　　미술관과 잡지, 컴퓨터 게임, 그리고 그 외의 뉴미디어 문화 객체들의 디자이너들
　　이 사용하는 인터페이스를 포함한다. 컴퓨터가 보편적인 디지털 미디어로서 제공
　　하는 다양한 문화적 인터랙션의 물질적 형식을 지시하는 셈이다. 레프 마노비치의
　　문화적 인터페이스가 실제로 존재하는 물리적 실체를 가리키는 반면, 본 장에서
　　사용하는 문화적 인터페이스는 바로 그 인터페이스와의 반복적인 접촉을 통해 사
　　용자의 신체에 각인된 문화적 인터랙션의 정신적 모델을 뜻한다. 레프 마노비치
　　지음, 서정신 옮김, 《뉴미디어의 언어》(생각의나무, 2004), 118~122쪽.

10 　이후 데이터베이스와 패턴 알고리즘에 대한 논의는 다음을 참고했다. 레프 마노비
　　치, 《뉴미디어의 언어》, 284~291쪽. 그리고 아즈마 히로키, 《동물화하는 포스트모
　　던》, 104~117쪽.

11 　백민석, 〈이 친구를 보라〉, 《장원의 심부름꾼 소년》(문학동네, 2001), 145~146쪽.

12 　유명 심야 라디오 프로그램의 DJ였던 전영혁에 대해서는 〈씨네21〉 김혜리 기자의
　　다음 인터뷰를 참조하라. 김혜리, "음악 선곡이 제겐 비평입니다: 전영혁", 《그녀에
　　게 말하다》(씨네북스, 2008), 197~216쪽. 이 책에서 김혜리는 전영혁을 다음과
　　같이 소개한다. "전영혁과 얽힌 기억을 질문 받는 사람들의 눈은 순해지고 뺨에
　　홍조가 오른다. 음악 때문에 불면의 청춘을 보낸 30대, 40대라면 설명이 필요하
　　지 않으리라. 프루스트식으로 말해 그들에게 DJ 전영혁은 "자작나무를 탔던 한때"
　　의 표상이다. 어쩌면 그들의 서랍 구석에 잠들어 있는 낡은 테이프에는 서툰 녹음
　　솜씨 탓에 카멜이나 클라투의 음악 끝자락에 묻어난 청년 전영혁의 음성이 남아

있을지도 모른다. (……) 전영혁은 김민기, 양희은과 같은 1952년생 용띠다. 〈월간 팝송〉 편집장을 거쳐 1986년 KBS 제2FM 〈25시의 데이트〉로 디스크자키 일을 시작했다. 프로그램 간판은 〈1시의 데이트〉, 〈FM 25시〉, 〈전영혁의 음악세계〉로 바뀌었고, 중도에 시간대 문제로 SBS FM으로 터를 잠시 옮기기도 했지만, 전파가 외면한 좋은 음악을 알린다는 원칙엔 미동도 없었다."

13 김경욱, 〈미림아트시네마〉, 18쪽.

14 1988년에 국내 개봉했던 저우룬파 출연의 홍콩 영화 제목이다.

15 구회영, 《영화에 대해 알고 싶은 두세 가지 것들》(한울, 1991), 232쪽.

16 여기서 한 가지 덧붙여야 할 것은 이들 대다수가 잊지 않고 새로운 비밀 장비를 하나씩 장만해두었다는 것이다. 주지하다시피 그 장비는 바로 피시 통신을 위한 아이디와 모뎀이었다.

17 김영하, "인물분석: 귀족주의자 K", 〈오늘예감〉, 통권 5호(1996. 봄), 210쪽.

18 김영하, "인물분석: 귀족주의자 K", 210~213쪽.

19 김영하, 《나는 나를 파괴할 권리가 있다》(문학동네, 2010), 15~16쪽.

20 백민석, "믿거나말거나박물지 세 개", 〈이다〉 창간호(1996), 74~76쪽.

21 유하, 《이소룡 세대에 바친다》(문학동네, 1995), 154쪽.

22 유하, 《이소룡 세대에 바친다》, 8~9쪽.

23 장정일, 《아담이 눈뜰 때》(김영사, 2005), 35~43쪽.

24 그래도 이것만큼은 지적해야겠다. 무라카미 하루키는 다음과 같은 문장을 쓸 줄 아는 작가였다고 말이다. "1978년은 야쿠르트 스왈로즈가 우승한 해이다. 나는 봄에 쓰기 시작해서 우승이 결정되기 전후에 완성했다. 야쿠르트는 29년 만의 첫 우승이었고, 나는 스물아홉 살이었다." 무라카미 하루키, "내 작품을 말한다", 〈계간 문학동네〉 통권 2호(1995. 봄), 506쪽. 자기 세대의 대중문화를 내면화한 상태로 무심하게 일상을 바라보는 그의 문장은 국내 독자들에게 새로운 경험이었던 것만큼은 분명하다.

25 장정일, 《아담이 눈뜰 때》, 84쪽.

26 박해현, "너희가 장정일을 믿느냐", 〈계간 문학동네〉, 통권 2호(1995. 봄), 104쪽.

27 강헌, "마침내 록밴드의 함장이 되어 돌아온 신해철", 〈리뷰〉 제5호(1995. 겨울), 374~401쪽.

28 유하, 《이소룡 세대에 바친다》, 186쪽.

29 대중문화에 대해 나름 유연한 입장을 가졌던 문학평론가 김현은 자신이 속한 4·19 세대가 1960년대에 경험한 문화적 경관에 대해 다음과 같이 이야기한 바 있다.

4·19 세대는 "인쇄 매체의 중요성을 깊이 인식하고 있었으나 (1960년대 후반에 등장한 영화와 텔레비전 같은—인용자 주) 새 영상 매체들의 폭발적 선전 가치를 잘 이해하지 못하고 있었다. 그들에게 있어 영상 매체는 저급한 매체였고, 그들이 자신을 의탁할 수 있는 자리가 아니었다. (……) 그들은 그 이전 세대들과 다르게 영상 매체의 등장을 20대에 겪었으나, 그것을 이용할 줄 몰랐다." 또한 이전 세대와는 달리 일본과 중국이라는 매개항 없이 서구의 문물을 받아들인 덕분에 "일본에 대해 그 이전 세대들처럼 심각한 콤플렉스를 느끼지 않아도 되"었다. 4·19 세대가 "전범으로 삼은 것은 노장, 선, 정주학, 양명학 등이 아니었고, 그렇다고 실학, 판소리, 탈춤, 민요도 아니었다. 그들이 전범으로 삼은 것은 니체, 키르케고르, 헤겔, 프로이트, 카뮈, 사르트르, 말로, 생텍쥐페리, 토마스 만, 헤세, 헤밍웨이, 포크너 같은 외국 문인들이었다. 이들은 전범이었지 경쟁자가 아니었다." "그들의 체험은 거의 이남에 한정되었으며, 그래서 소설의 공간이 좁았다. 그들의 미국 체험은 기껏해야 이미 송병수(〈쑈리 킴〉)가 보여준 세계를 추체험하는 정도였다. 사일구 세대에게 미국은 아직도 '미국의 꿈'이라는 표현 속에 집약된 미국이었으며, 역사의 모범이었다." 김현, 〈60년대 문학의 배경과 성과〉, 《분석과 해석/보이는 심연과 안 보이는 역사 전망》(문학과지성사, 1992), 243~244쪽.

30 그 시점에 등장한 유홍준의 《나의 문화유산 답사기》는 이런 희극적인 상황의 반영물이 아니었을까? 이 책의 핵심적인 의도는 서구 고급문화의 한국적 대응물을 목록화한 다음, 독자들로 하여금 '관광'의 형식으로 그 목록을 경험하도록 유도하는 것이었으니까 말이다. 관광이라는 경험의 형식이야말로 이 세대가 가장 선호하던 문화적 인터페이스라 보아도 좋을 것이다.

31 '기호학적 게릴라전'은 기호학자 움베르토 에코가 제안한 전략적 개념으로, 대상의 지배적인 의미나 약호 체계를 교란하기 위해 다의적 해석의 가능성을 모색하는 일련의 행위를 일컫는 것이다. 한편 '이데올로기적 진지전'은 마르크스주의자 안토니오 그람시가 군사 전략에서 빌려온 개념으로, 이데올로기와 문화의 영역에서 헤게모니를 쥐고 있는 자본주의적 주체 형성의 다양한 기제들에 대항하기 위한 중장기적인 투쟁 형식과 전략을 의미했다.

32 허준석, 〈전자오락실의 미친 열정은 온라인에서도 지속되는가〉, 《한국의 디자인 02–시각문화의 내밀한 연대기》(디플, 2008), 156~171쪽.

33 조태상, "번쩍거리는 분홍색 괴물", 〈월간 디자인〉, 2012. 11., 169쪽.

34 정이현, 〈삼풍백화점〉, 《오늘의 거짓말》(문학과지성사, 2007), 39쪽.

35 윤이형, 〈큰 늑대 파랑〉, 《큰 늑대 파랑》(문학과지성사, 2011), 138~139쪽.

36 송경아, 〈신세대?〉, 《책》(민음사, 1996), 58쪽.

37 〈ID Peace B〉는 2000년에 발매된 보아의 데뷔 앨범의 제목이자 첫 수록곡의 제목이다.

38 〈허리케인 비너스〉는 2010년에 발매된 보아의 6집 앨범의 제목이자 수록곡의 제목이다.

39 어느 프랑스 비평가의 지적대로 그녀는 청춘의 중간 단계를 거치지 않고 "섹시하고 '가와이'(귀여운)한 10대의 이미지"에서 "보다 성숙한 여성적 이미지"로 점프해 버렸던 것이다. 프레데릭 마르텔 지음, 권오룡 옮김, 《메인스트림》(문학과지성사, 2012), 328쪽.

40 이 노래가 담긴 신해철의 2집 〈Myself〉에 대해 평론가 강헌은 다음과 같이 말했다. "새로운 질서로 재편되고 있던 1990년대 대중의 감수성을 견인하는 최고의 테크노 앨범으로 손색이 없는 이 앨범의 내면적 의의는 심신과 윤상이라는 아이돌 스타와 한판 승부를 겨루는 한편으로 아티스트로의 이행을 감지할 수 있는 빛나는 통찰력을 발전시켜간 것이다." "마침내 록밴드의 함장이 되어 돌아온 신해철", 385쪽.

41 이 대목에서 소설가 정이현의 단편 소설 〈위험한 독신녀〉에 등장하는 양채린이라는 인물이 본문의 화자에게 반면교사의 역할을 해주었다는 사실도 밝혀야겠다. 1960년대 중반 태생인 그녀는 1989년에 대학을 졸업한 뒤 10년이 넘는 시간 동안 사라졌다가 2004년에 동창생의 눈앞에 다시 나타난다. 그런데 그 모양새가 무척 진기하다. "품이 헐렁한 청재킷과 청치마, 드라이어로 한껏 세운 뒤 헤어스프레이를 뿌려 닭 벼슬처럼 빳빳하게 고정시킨 앞머리, 발목까지 올라오는 흰색 캔버스천의 농구화까지", 그녀는 서른여덟의 나이임에도 1989년의 머리 모양과 옷차림을 고스란히 유지하고 있는 것이다. 자신만의 판타지 속에 스스로를 유폐시킨 채로 정신적 성장을 멈춰버린 그녀. 본문의 화자는 소설 속에서 펼쳐지는 양채린의 행각을 묵묵히 읽어가면서 남의 일 같지 않다는 생각에 빠져들었다. 만일 자신이 40대에 접어든 신세대의 눈앞에 나타난다면, 양채린처럼 시대착오적이면서도 우스꽝스럽게 보일 가능성이 매우 높았기 때문이었다. 그는 특수효과나 보조장치의 도움 없이 2010년대의 현실 속으로 뛰어드는 것이 무모한 짓이라는 사실을 깨달았다. 타임머신 조종사의 실수로 잘못 배달된 과거의 유령 꼴이 되기 십상일 테니까. 정이현, 〈위험한 독신녀〉, 《오늘의 거짓말》(문학과지성사, 2007).

1 박완서, 《그 남자네 집》, 56~61쪽.

2 박완서, 《그 남자네 집》, 63~64쪽.

3 김승옥, 〈그와 나〉, 《무진기행》(문학동네, 2004), 362쪽.

4 김승옥, 〈서울 1964년 겨울〉, 263쪽.

5 김승옥, 〈서울 1964년 겨울〉, 261쪽.

6 김승옥, 〈역사(力士)〉, 《무진기행》, 82~84쪽.

7 김승옥, 〈역사(力士)〉, 86쪽.

8 여기서는 다루지 않지만 당시 여성 노동자의 주요한 주거 모델로는 벌집 이외에도 '기숙사'가 있었다. 이에 대해서는 다음을 참고하라. 김원, 《여공 1970》(이매진, 2006), 607~647쪽.

9 신경숙, 《외딴방 1》(문학동네, 1999), 40~41쪽.

10 신경숙, 《외딴방 1》, 52~53쪽. 한편 자식들의 타향살이를 염려하며 서울에 올라온 S씨의 어머니는 시골의 장에서 강아지를 판 돈으로 도시의 시장에서 전자밥통과 보온물통을 사준다. "곤로 심지에 불을 붙일 때마다 확 풍기는 석유 냄새"에 아찔한 두통을 느끼곤 했던 S씨는 "쌀을 안쳐서 스위치를 꽂기만 하면" 밥을 해주는 전자밥통을 기특하게 여긴다. 신경숙, 《외딴방 1》, 159~160쪽.

11 신경숙, 《외딴방 1》, 185쪽. 한편 여러 가지 이유로 공장에서 적당한 일자리를 찾지 못한 여성들을 위한 방도 있었다. 식모 방이 바로 그런 방이었다. 중형 이상 평형대 아파트의 주방 바로 옆에 위치한 방. 잠을 청하기 위해 자리에 누웠을 때나 급한 용무로 화장실의 좌변기에 앉아 있을 때조차 집주인 아주머니의 눈치를 살펴야 하는 편치 않은 처지였지만, 그래도 그 방은 그녀들에게 도시 중산층이 누리는 현대적 일상의 세목을 가까이서 관찰할 기회를 제공했다.

12 윤흥길, 〈아홉 켤레의 구두로 남은 사내〉, 《아홉 켤레의 구두로 남은 사내》(문학과지성사, 2007), 160쪽.

13 윤흥길, 〈아홉 켤레의 구두로 남은 사내〉, 151~153쪽.

14 양귀자, 《원미동 사람들》(살림, 2011), 26쪽.

15 공지영, 〈무엇을 할 것인가〉, 《인간에 대한 예의》(창작과 비평사, 1994), 133쪽.

16 박민규, 〈갑을고시원 체류기〉, 《카스테라》, 273~304쪽.

17 한편 2000년대 이후 고시원의 변화상에 대해서는 다음의 책을 참고하라. 정민우, 《자기만의 방》(이매진, 2011).

18   박민규, 〈갑을고시원 체류기〉, 283쪽.

19   김애란, 〈서른〉, 《비행운》(문학과지성사, 2012), 291쪽.

20   김애란, 〈기도〉, 《침이 고인다》, 194~195쪽.

21   베이비붐 세대 일부는 다세대 주택, 고시원, 원룸 오피스텔, 도시형 생활주택 같은 거주용 방들의 임대사업에 뛰어들기도 했다. 이를테면 2000년대 후반, 신도시에 고시원을 개장한 50대 중반의 K씨가 그런 사례라고 할 수 있다. 평범한 주부였던 K씨는 "평소 부동산 투자에 관심이 많던 남편"의 제안을 받아들여 신도시의 상가를 인수해 고시원을 열었습니다. 근린상가로 구분 등기된 4층 상가를 경매로 낙찰받았고, 꽤 많은 공사비를 들여 총 35개의 방을 만들어 고시원으로 리모델링했다. (성선화, 《빌딩 부자들》(다산북스, 2011), 162~165쪽.) 한편 대학가 주변의 가정집을 증축해 고시원을 개장하는 경우도 있었다. 멀쩡한 2층 양옥이 일련의 개조과정을 거치면서 3~4층짜리 고시원으로 변신하곤 했다.

22   김애란, 〈큐티클〉, 《비행운》, 210쪽.

23   김애란, 〈도도한 생활〉, 《침이 고인다》, 29쪽.

24   김애란, 〈큐티클〉, 214쪽.

25   김애란, 〈큐티클〉, 212~213쪽.

26   김애란, 〈침이 고인다〉, 《침이 고인다》, 43~80쪽.

27   조신, "운동권이 사교육 시장 접수", 〈주간 한국〉, 2005. 10. 26.

28   김애란, 〈성탄특선〉, 《침이 고인다》, 81~114쪽.

아파트 게임

그들이 중산층이 될 수 있었던 이유

박해천 지음

1판 1쇄 발행일 2013년 9월 16일
1판 4쇄 발행일 2017년 1월 16일

발행인 | 김학원
경영인 | 이상용
편집주간 | 김민기 위원석 황서현
기획 | 문성환 박상경 임은선 김보희 최윤영 조은화 전두현 최인영 이혜인 이보람 이효온
디자인 | 김태형 유주현 구현석 박인규 한예슬
마케팅 | 이한주 김창규 이정인 함근아
저자 · 독자 서비스 | 조다영 윤경희 이현주(humanist@humanistbooks.com)
스캔 · 출력 | 이희수 com.
용지 | 화인페이퍼
인쇄 | 청아문화사
제본 | 정민문화사

발행처 | (주)휴머니스트 출판그룹
출판등록 | 제313-2007-000007호(2007년 1월 5일)
주소 | (03991) 서울시 마포구 동교로23길 76(연남동)
전화 | 02-335-4422 팩스 | 02-334-3427
홈페이지 | www.humanistbooks.com

ⓒ 박해천, 2013

ISBN 978-89-5862-656-5 03300

● 이 도서의 국립중앙도서관 출판시도서목록(CIP)은 e-CIP홈페이지(http://www.nl.go.kr/ecip)와 국가자료공동
목록시스템(http://www.nl.go.kr/kolisnet)에서 이용하실 수 있습니다.(CIP제어번호: CIP2013017539)

만든 사람들

편집주간 | 황서현
기획 | 정다이
편집 | 김선경
본문 사진 | 이득영
본문 인포그래픽 디자인 | 김형재 최준우 자료 정리 | 박재현 전현우
디자인 | 민진기디자인
문의 | 이효온(lho2001@humanistbooks.com)